번역의 기술

이은숙
고려대학교 대학원 문학박사(응용어문 전공)
현재, 한국번역연구원 연구위원
　　　부산번역원 연구위원
　　　부산외국어대학교, 동아대학교 외래교수

논　문 「해석이론과 등가에 관한 연구」
　　　「영어 수동구문의 한국어 번역 연구」
　　　「문학번역 평가의 문제: 충실성과 가독성을 중심으로」
　　　「문화적 차이에 따른 한·영 언어 비교 연구」
　　　「영어 수동구문에 대한 연구」 외 다수
번역서 『번역학 입문』(*Introducing Translation Studies I —Theories and Applications*)
저　서 『번역의 이해』

번역의 기술

초판 발행일 2011년 8월 30일
지은이　이은숙
발행인　이성모
발행처　도서출판 동인 / 주소 • 서울시 종로구 명륜동2가 237 아남주상복합아파트 118호 / 등록 • 제1-1599호
TEL　(02) 765-7145 / FAX: (02) 765-7165
E-mail　dongin60@chol.com / Homepage: donginbook.co.kr
ISBN　978-89-5506-477-3
정가　16,000원

※ 잘못 만들어진 책은 바꿔 드립니다.

번역의 기술

이은숙 지음

도서출판 동인

| 책머리에 |

　미국의 작가이면서 번역학자인 Henry James는 "번역은 무엇인가"라는 질문에 "불가능이라는 새장 속에 갇힌 황금의 새"라고 표현했다고 한다. 그 의미를 풀어서 설명해 본다면 '불가능'이란 언어적·문화적 차이를 극복하는데서 오는 어려움 또는 번역의 한계를 나타내는 것이고 '새장'은 번역의 방법 또는 번역자의 관점을 말하는 것이며 '황금의 새'는 전달할 내용 즉 문화적 가치를 의미하는 것으로 필자 나름대로 해석하고자 한다.
　번역은 세계를 향한 문화의 창이라고 할 만큼 현대에 이르러 번역의 역할은 더욱 중시되고 있다. 새로운 학문, 사상, 기술 등 모든 분야는 번역을 통해 다른 언어권에서 유입되고 있는 만큼 번역은 문화유입의 가장 자연스러운 방법인 동시에 또한 경제적 방법이며 우리 문화를 타 언어권에 알리는 지름길이기도 하다.
　번역은 단순히 언어기호의 전환이 아니고 문자라는 형식 안에 그 언어를 사용하는 민족의 정신, 세계관(이데올로기), 즉 넓은 의미에서 문화의 역동적이고 고유한 내용이 농축되어 있는데 이 모든 것을 다른 형식으로 바꾸어 표현하는 것이 번역작업이다.
　통역이 메시지의 이해와 정확한 전달이 주목적이라면 번역은 이해를 통해서 감동을 재현해야 하는 것이다. 문화적 차이를 극복하고 원문의 의미를 공유하기 위해서는 표면적인 단어와 구절의 옮김이 아닌 내용을 중심으로 한 자유스러운 표현을 택하되 원문 텍스트의 범주를 벗어나서는 안 된다.
　문화적 역사적으로 다른 배경 아래 각기 별도의 세계관을 가지고 성장한 언어 사이에서 등가를 추구하여 원문과 목표언어에 모두 충실한 번역을 하는 것은 모든 번역사들이 풀어야 할 과제이다. 일반적으로 우리의 영어 학습과정에서 등가성 문제를 도외시하였고 우리말 번역을 영어식 언어방식으로 생각하여 영어식 어법의 한국어 문장으로 번역되는 예가 흔하다. 상호 이해와 소통이 안 되는 언어들끼리 의사소통과 정보교환의 수단으로 번역을 사용함에 따라 원문과 번역문 어디에 중점을 두어야 하는가 하는 문제는 오랫동안 번역사들의 관심사가 되어 왔다. 좋은 번역을 하기 위해서는 영어 원문의 의미를 정확하게 파악해야 하는 것은 물론이며 두 언어의 구조적 차이를 이해하며 기계적 대응보다는 한국어의 언어표현방식에 적합하고 인지적, 정서적 요소들도 고려하는 세심한 배려가 필요하다.

　이 책은 저자가 지난 봄 학기동안 사이버대학에서 번역수업을 진행하면서 활용했던 15주 총 26차시의 수업교안을 토대로 만들어졌다. 2009년에 출간한 『번역의 이해』에서 다소 미흡했던 번역 실습 부분을 한층 더 보강하였으며, 다양한 사례와 번역의 기술적 측면을 강조하고자 노력하였다. 실전번역에서 중요한 부분을 차지하는 대명사, 무생물 주어 구문, 서술어 번역, 수동구문, 품사전환 등을 심도 있게 분석하였다. 번역은 절대적인 논리와 규칙적인 이론 적용의 학문이 아니다. 따라서 번역의 기술적 측면에서 다양한 방법과 의견이 있을 수 있으며 이 책에서 제시한 내용은 하나의 방법론임을 이해해 주길 바란다.

　최근 들어 전공을 불문한 많은 대학생들과 대학원생 그리고 일반인들이 번역에 대해 관심과 이해의 폭이 커져가고 있음을 새삼 느끼면서 본 책자는 여전히 미진한 구석이 많고 번역학의 모든 내용을 정리하기에는 다소 아쉬움이 많다. 독자 여러분의 따가운 질책과 비판을 겸허히 받아들일 것이다.

　끝으로 흔쾌히 이 책자를 맡아 출판해주신 동인 출판사 사장님을 비롯하여 편집 선생님들과 그 밖의 관계자 여러분과 항상 진심 어린 격려를 해주신 어머님 장일심 여사께 고마운 마음을 전하고 싶다.

2011년 8월
이은숙

TABLE ● of ● CONTENTs

책머리에 …… 5

1차시	번역의 기본 원리 및 용어 이해 ……	9
2차시	번역의 정의 ……	17
3차시	커뮤니케이션과 등가 ……	28
4차시	번역사의 번역 능력 ……	40
5차시	언어와 문화와의 관계 ……	53
6차시	번역의 방법 (1) ……	64
7차시	번역의 방법 (2) ……	76
8차시	번역 평가 ……	88
9차시	영어 수동문 이해와 번역 ……	101
10차시	영어 수동문 번역 분석 ……	115
11차시	번역 평가 – 텍스트 분석 (1) ……	127
12차시	번역 평가 – 텍스트 분석 (2) ……	138
13차시	번역 평가 – 텍스트 분석 (3) ……	153
14차시	번역 평가 – 텍스트 분석 (4) ……	166

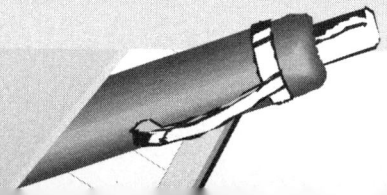

15차시	영어 문법 범주별 번역 연습 (1) ……	180
16차시	영어 문법 범주별 번역 연습 (2) ……	193
17차시	영어 문법 범주별 번역 연습 (3) ……	204
18차시	영어 문법 범주별 번역 연습 (4) ……	216
19차시	시사/언론 텍스트 번역 실습 (1) ……	225
20차시	시사/언론 텍스트 번역 실습 (2) ……	236
21차시	문학작품 번역 연습 ……	246
22차시	문학작품 번역 연습 및 수정 ……	259
23차시	영상번역의 이해 ……	273
24차시	영상번역 실무 ……	289
25차시	자막번역 실습 (1) ……	305
26차시	자막번역 실습 (2) ……	319

참고문헌 …… 333
찾아보기 …… 342

1차시 번역의 기본 원리 및 용어 이해

학습 내용

(1) 번역의 기본원리 이해
(2) 커뮤니케이션의 개념 확립
(3) 주요 용어 정리

사전 평가

(1) 번역과 통역은 동일한 언어 행위이다.　　　| 정답: X
(2) 번역은 커뮤니케이션의 중개활동이다.　　　| 정답: O
(3) Source Language는 원문언어를 가리킨다.　| 정답: O

1. 번역의 기본원리

① 번역은 언어와 문화 간의 차이를 극복하여 전달해야 한다.
② 번역은 언어의 교환 작업으로 커뮤니케이션 활동에 속한다.
③ 번역은 의사소통 활동으로 메시지의 이해와 전달 행위이다.
④ 번역사는 메시지의 중개자로서 기능한다.
⑤ 번역은 원문 이해를 통해서 감동을 독자에게 전달해야 한다.
⑥ 언어 사이의 등가를 실현시키는 행위이다.
⑦ 어떤 언어로 된 글을 다른 언어의 글로 바꾸어 옮기는 행위이다.
⑧ 어떤 나라의 말이나 글을 다른 나라의 말이나 글로 바꿔 옮기는 행위이다.
⑨ 통역활동도 크게 번역의 범주의 하나로서 설명할 수 있다.
⑩ 의사소통의 내용을 의미 변화 없이 그대로 전달하는 것이 중요하다.

⑪ 의미전달에 있어 문화적 거리감을 메워 주어야 한다.
⑫ 번역사의 적절한 중개역할이 의미 이해에 핵심적 요소이다.
⑬ 크게 직역¹ 중심과 의역² 중심의 번역활동으로 나누어 볼 수 있다.
⑭ 작가의 의도를 이해하고 원문의 내용을 고스란히 담아내는 언어활동이다.
⑮ "있는 말 빼지 말고, 없는 말 넣지 말기"

Roman Jakobson(1959)

- 언어내부적(intralingual) 번역: 동일한 언어 내의 기호들 사이에서의 번역
- 언어간(interlingual) 번역: 다른 언어 간의 기호들을 옮기는 번역
- 기호간(intersemiotic) 번역: 언어기호를 음악이나 그림, 영화 등의 비언어적 기호들로 옮기는 번역행위

Etienne Dolet(1509-1546)

플라톤의 '대화'편을 잘못 번역해서 처형을 당한 프랑스 번역사로서 "번역한 언어가 영혼과 귀에 만족을 줄 수 있어야 한다"고 하면서 원문언어의 이해와 목표어의 완전함 둘 다를 모두 강조한다.

Etienne Dolet가 주장한 번역의 원리
- 번역사는 불분명한 것을 명백히 할 자유가 있음과 동시에 원작의 의미를 완전히 이해해야 한다.
- 번역사는 단어 대 단어식의 번역을 피해야 한다.
- 번역사는 정확한 어조를 살리기 위해 적절한 단어를 선택하고 배열해야

---

¹ 직역: 원문의 문법구조와 어순, 문체 등에 충실하게 번역하는 방법
² 의역: 원문의 구조와 어순보다는 번역 대상독자를 위한 쉽고 자연스럽게 의미를 전달하는 방법

한다.
- 번역사는 원천언어와 목표언어를 완전히 통달해야 한다.

⑯ 통상 '번역'이라는 표현은 서로 다른 언어 간의 전환을 말한다.
⑰ '번역하다'라는 뜻의 프랑스어 동사인 'traduire'는 라틴어 동사 'traducere'에서 파생하여 의미를 설명해 보면 '저편으로 인도하다, 한 점에서 다른 점으로 옮기다'의 뜻이 담겨있다.
⑱ 번역의 개념은 단순한 단어의 의미전달이 아닌 사고나 비언어적인 부분으로까지 개념이 확대된다.
⑲ 번역의 핵심개념으로 등가(equivalence)는 원문과 번역문 사이의 의미적, 화용적, 문화적, 커뮤니케이션 상황 등 모든 요소를 고려한 총체적 가치의 동일성을 나타낸다.
⑳ 한 언어로 쓰인 텍스트의 의미를 해석하여 다른 언어로 원문과 동일한 메시지를 소통해주는 등가의 텍스트로 생산하는 것 <Wikipedia>
㉑ 제 1언어로 이루어진 문어커뮤니케이션과 동일한 의미를 갖도록 제2언어로 쓰인 문어 커뮤니케이션 <Wordnet>
㉒ 하나의 텍스트에 대한 단 하나의 번역본만이 가장 잘된 번역본이라는 결정적 규범에서 벗어나 다양한 관점과 맥락에서 번역을 바라보는 관점(개방적 태도)이 필요하다.
㉓ 직역과 의역이라는 이분법적 사고에서 벗어나 번역을 통해 우리 국어를 한층 고양시키며 한국어 표현역량을 키우는 계기가 되도록 해야 한다.

2. 커뮤니케이션의 이해

1) 커뮤니케이션의 기본원리
① 의사소통과정을 통하여 정보를 전달하고 이해한다.

② 메시지 생산자 및 사용자, 메시지, 커뮤니케이션 상황으로 이루어진다.
③ 특히 커뮤니케이션 상황이 메시지 이해에 중요한 요소가 된다.
④ 언어적 및 문화 간의 차이를 극복하는 소통행위이다.
⑤ 번역은 비교적 적은 시간 제약과 글로 남는 커뮤니케이션 활동에 속한다.

2) 커뮤니케이션의 4가지 구성

①, ② **메시지 생산자 및 사용자**
- 메시지를 전달하려는 사람과 전달받을 대상을 가리킨다. 즉 커뮤니케이션의 두 당사자이다.
- speaker/audience or author/reader 관계
- 메시지 수신자는 개인이거나 집단일 수 있으며 메시지 생산자와 사용자가 동일인인 경우도 가능하다.

③ **메시지**
- 커뮤니케이션 행위의 직접적 대상이다.
- 총체적인 정보를 나타내는 정보의도(informative intention)와 전달하고자 하는 내용(content)으로 이루어진다.
- 소통행위를 시작하는 사람의 지식과 경험, 명령, 의도 등을 포함하는 총체적 정보를 나타낸다.

④ **커뮤니케이션 상황**
- 의사소통이 이루어지는 맥락을 의미한다.
- 동일한 메시지라 하더라도 소통상황에 따라 의미는 달라질 수 있다.
- 커뮤니케이션 요소 중 가장 의미전달에 가장 중요한 요소이다.

3. 주요 용어 정리

Source Language(SL)	원문언어, 원천언어, 출발어
Target Language(TL)	목표언어, 번역문, 도착어
Source Text(ST)	원문텍스트
Target Text(TT)	목표텍스트
Literal Translation(직역)	원문의 통사구조와 어순을 그대로 유지하면서 번역하는 방법
Free Translation(의역)	원문의 문법구조 보다는 목표언어에 더욱 자연스럽게 의미중심으로 번역하는 방법
Fidelity(충실성)	원문의 통사구조와 어순, 문체 등을 정확하고 충실하게 전달하려는 특성
Readability(가독성)	목표언어 독자에게 자연스럽게 쉽고 읽힐 수 있도록 번역하는 특성
Equivalence(등가)	본래 수학과 형식논리학에서 유래하였으며 번역의 핵심개념으로서 포괄적인 의미로 사용됨. 의미적, 화용적, 커뮤니케이션 상황, 기능적 부분을 모두 고려한 총체적 개념임.
번역사(Translator)	전문적 훈련과정을 거쳐 고유 업무로 직업적으로 번역하는 직업인
번역가(Master of translation)	직업적 훈련 여부에 관계없이 번역에 매우 능하여 결과적으로 사회적 합의에 의해 일정 수준 이상의 번역능력을 가진 것으로 인정받는 사람
번역자(a person who translates a particular text)	전문적·직업적 자격을 갖추지 않은 사람이 부수적인 업무로 번역하는 경우를 가리킴. (정호정 2008; 60)

정리하기

1. 번역의 기본원리 이해
   - 번역은 언어와 문화 간의 차이를 극복하여 전달해야 한다.
   - 번역은 언어의 교환작업으로 커뮤니케이션 활동에 속한다.
   - 번역은 의사소통 활동으로 메시지의 이해와 전달 행위이다.
   - 번역사는 메시지의 중개자로서 기능한다.
   - 번역은 원문 이해를 통해서 감동을 독자에게 전달해야 한다.
   - 언어 사이의 등가를 실현시키는 행위이다.

2. 커뮤니케이션의 구성요소
   ①, ② 메시지 생산자 및 사용자
   - 메시지를 전달하려는 사람과 전달받을 대상을 가리킴. 즉 커뮤니케이션의 두 당사자임.
   - 메시지 수신자는 개인이거나 집단일 수 있으며 메시지 생산자와 사용자가 동일인인 경우도 가능함.
   ③ 메시지
   - 커뮤니케이션 행위의 직접적 대상임.
   - 총체적인 정보를 나타내는 정보의도(informative intention)와 전달하고자 하는 내용(content)으로 이루어짐.
   ④ 커뮤니케이션 상황
   - 의사소통이 이루어지는 맥락을 의미함.
   - 동일한 메시지라 하더라도 소통상황에 따라 의미는 달라질 수 있음.
   - 커뮤니케이션 요소 중 가장 의미전달에 가장 중요한 요소임.

3. 주요 용어 정리
   - Source Language(SL): 원문언어, 원천언어, 출발어
   - Target Language(TL): 목표언어, 번역문, 도착어

- Source Text(ST): 원문텍스트
- Target Text(TT): 목표텍스트
- Literal Translation(직역): 원문의 통사구조와 어순을 그대로 유지하면서 번역하는 방법
- Free Translation(의역): 원문의 문법구조보다는 목표언어에 더욱 자연스럽게 의미중심으로 번역하는 방법

평가하기

1. 번역의 기본원리에 관한 설명으로 틀린 것을 고르시오.
    ① 번역은 언어와 문화 간의 차이를 적절하게 잘 전달하여야 한다.
    ② 번역은 언어 간의 교환 작업으로 커뮤니케이션 활동에 속한다.
    ③ 번역은 의사소통 활동의 하나이다.
    ④ 독자보다는 원문에 가능한 가깝게 표현하도록 노력해야 한다.
    ▎정답: 4

2. 커뮤니케이션의 구성요소가 아닌 것은?
    ① 메시지   ② 텍스트
    ③ 커뮤니케이션 상황   ④ 메시지 생산자
    ▎정답: 2

3. 다음의 번역활동에 대한 설명 중 맞는 것을 모두 고르시오.
    ① 번역은 시간상의 제약으로 이해와 동시에 즉각적인 표현으로 구두로 나타내는 활동이다.
    ② 번역은 원문과 목표언어 모두를 고려한 총체적 등가행위이다.
    ③ 언어내부적(intralingual) 번역은 동일한 언어 내의 기호들 사이에서의 번역을 가리킨다.
    ④ 커뮤니케이션의 구성요소는 네 가지로 나누어질 수 있다.
    ▎정답: 2, 3, 4

4. 다음의 용어 설명 중 틀린 것은?
    ① Source Language(SL): 원문언어를 가리킨다.
    ② Target Language(TL): 목표언어를 가리킨다.
    ③ Fidelity: 가독성을 가리킨다.
    ④ Source Text(ST): 원문텍스트를 가리킨다.
    ▎정답: 3

2차시 번역의 정의

학습 내용

(1) 번역의 다양한 정의 이해
(2) 정의를 통한 번역 주요 개념 확립
(3) Holmes와 Toury의 번역학 지도 이해

사전 평가

(1) Nida는 의미를 중심으로 자연스러운 번역을 강조하였다.   ▎정답: O
(2) Interlingual Translation은 다른 언어 간의 번역전환을 가리킨다.   ▎정답: O
(3) 번역은 오직 언어적 전환을 중심으로 하는 행위이다.   ▎정답: X

1. Nida와 Catford의 번역론

'번역하다'라는 뜻의 프랑스어 동사인 'traduire'는 라틴어 동사 'traducere'에서 파생하여 의미를 설명해 보면 '저편으로 인도하다, 한 점에서 다른 점으로 옮기다'의 뜻이 담겨있다. ⇒ 단순한 단어의 의미전달을 넘어선 폭넓은 개념

> 번역의 본질은 원천언어가 전하는 의미에 가장 가깝고 자연스러운 등가를 목표언어로 재생산하는 행위이다. − Nida & Taber

번역은 원문언어의 메시지에 가장 가깝고 자연스런 등가를 목표언어에서 재생산하는 것으로, 메시지의 뜻을 가장 가깝게 그리고 가장 자연스럽게 전달할 수 있는 것이어야 한다. 즉 문법적 형식의 동일성(identity)보다는 **의미상의 등가**(equivalence)가 중요하다는 것이다. 이는 원문의 형태보존보다는 **의미의 재생**을 더욱 강조하는 방식이다.

▶ **역동적 등가(dynamic equivalence) 강조**
원문의 독자가 느끼는 의미와 감응을 목표언어 독자에게도 **동일한 효과**를 전달해야 한다.

그는 특히 성경번역가로서 요한복음 1:29에 나와 있는 "하나님의 어린양(Lamb of God)"을 예로 들면서 "There is the Lamb of God, who takes away the sin of the world(GNB)"(세상 죄를 지고 가는 하나님의 어린양입니다.)에서 "어린 양"은 희생을 의미하는 동물로서 깨끗하고 순결한 존재라는 의미이다.

그러나 파푸아뉴기니에서는 문화적 현상이 다르므로 형식적 등가인 "양"이 염소보다 순결하지 않으며 오히려 양보다는 염소가 순결하고 깨끗한 가축으로 인식된다. 이 경우 내용적 의미의 번역은 "**어린 염소**(Goat of God)"로 번역되어야 한다. (예: 에스키모 인들에게 "**하나님의 물개**(Seal of God)"로 표현함)

1) Nida의 번역론

- 언어마다 고유한 특성이 있다.
- 의사소통을 효과적으로 하기 위해서는 언어마다 가지고 있는 고유한 특성을 존중해야 한다.
- 메시지의 형태가 근본적인 요인이 아닐 때에는 한 언어에서 표현될 수 있는 것은 다른 언어로도 표현될 수 있어야 한다.
- 메시지의 의미를 유지하기 위해서는 형태는 변해야 한다.
- 성경의 언어도 그 어떤 자연언어와 동일한 한계를 가지므로 번역사가 시도해야 할 것은 성경기록자가 이해했던 바대로 본문의 의미를 재생산하는 것이다.

2) Catford의 번역론-언어학 중심의 번역학자

- 초기 등가개념의 주창자로서 언어적 차원의 치환 단계에서 등가를 성취하는 것을 목표로 함. 등가는 원문언어의 텍스트적 성분 ⇒ 목표언어의 텍스트적 성분으로 대체되는 것
- 어떤 언어로 쓰인 텍스트요소를 등가의 다른 언어로 교체하는 것이다.
- 층위전환: 원문의 문법적 의미를 목표언어에서는 어휘를 통해 전달
- 품사전환/구조전환/번역단위 전환을 통해 번역이 일어남.

> 예 1. 영어: Minho has a good character.
>   한국어: 민호는 성격이 참 좋다.
> 2. 영어: He is a best driver.
>   한국어: 그 사람은 운전을 잘 한다.

영어-명사중심언어 / 한국어-서술어 중심언어이므로 영어에서는 명사를 꾸미는 형용사가 발달한 반면, 한국어에서는 서술어를 꾸미는 부사가 발달함
⇒ 영어의 형용사를 한국어의 부사나 서술어로 바꾸어주면 자연스러운 번역달성!

2. 학자들의 번역의 정의

① Gloria Anzilotti
   번역이란 작가의 의도를 헤아리는 작업으로서 **의사소통적 요소**가 중요하다.
② Gogol
   이상적인 번역은 시야에 어떤 것이 끼어있는 것을 모르는 채 **투명한 유리창**을 통해 보는 것처럼 원문을 들여다보는 것이다.
③ Niranjana
   번역은 **문화를 맺어주는 다리**이며 매개체이다.
④ Catford
   어떤 언어로 쓰인 텍스트요소를 **등가**의 **다른 언어**로 교체하는 것이다.
⑤ Delisle

기호의 재현이 아니라 개념이나 **의미의 재현**이다.
⑥ Lawendowsky
어떤 언어 기호의 조합이 다른 언어 기호의 조합으로 전이되는 것이다.
⑦ Nord
번역은 목표텍스트에서 의도하거나 요구하는 기능에 따라 선정된 특정 원천 텍스트와 관련이 있는 기능적인 목표텍스트의 생산이다.
⑧ Sager
외부의 요인으로 동기가 부여된 **산업 활동**으로서, **정보기술의 지원**을 받으며 의사소통을 위한 특정요구에 따라 다양할 수 있다.
⇒ 공통점: 텍스트 번역, 의사소통 활동, 자연스러운 등가 강조.

⑨ Seleskovitch, Lederer - 해석이론(The Interpretive Theory of Translation)
- 파리의 통번역대학원 출신의 학자들이 **회의통역을 바탕**으로 만든 번역이론
- 번역행위를 담론적 행위로 접근한다.
- 번역의 대상은 언어가 아니라 **텍스트**이며 번역행위는 서로 다른 언어로 표현된 텍스트를 이해하고 등가를 재현해야 하는 행위
- 원문과 번역문은 성격, 목표, 언어 사용집단의 문화적 관계와 이들의 정신적, 지적, 정감적 풍토와 함수관계에 있으며 원어와 역어의 시기와 장소에 고유한 특징들까지도 고려해야 하는 **총체적 의사소통행위**이다.
- 해석이론은 **의미이론**이며 **등가에 의한 번역**이다.
- 한 언어에서 다른 언어로 옮기는 번역에 있어서 어휘들을 크게 둘로 나누어 '대응어(correspondent)'와 '문맥적 등가표현' 혹은 문맥어(contextual word)로 분류하였다.
- 대응(correspondence): 원문텍스트와 목표텍스트에서 동일한 의미로 교환되는 언어적 관계를 가리킨다.
- 대응을 담화와는 별개로 다른 언어 간의 형성되는 동일한 관계 또는 코

드변환 작업의 산물로 정의함(Delisle).

> **예** 영어의 literature = 불어의 littérature, documentation, documents 등으로 전환할 수 있다. 의도적으로 선택된 낱말이나 숫자, 지시물이 분명한 기술용어, 열거요소 등을 가리킨다.

3. Holmes와 Toury의 번역학 지도

James S. Holmes의 『번역학의 명칭과 특성』(The name and nature of translation studies 1988b/2000)은 1972년 덴마크의 코펜하겐에서 열린 제 3차 국제응용언어학회의 번역부분에서 발표한 논문을 보완하여 완성한 것이다.

Holmes는 결정적으로 번역학이 망라하는 영역들을 기술하면서 **포괄적인 뼈대**를 제시했으며 이 지도는 이스라엘의 저명한 번역학자인 Gideon Toury에 의해 제시되었다.

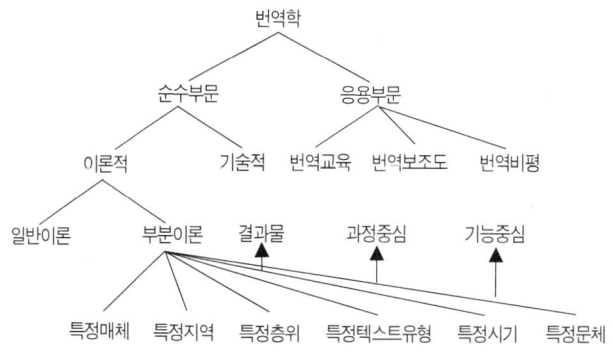

그림 1. Holmes의 번역학 분류(Toury 1995: 10)

위의 그림에서 '순수부문'의 대상을 설명하면 다음과 같다.

① 번역현상 기술: **기술번역 이론**(descriptive translation theory)

② 이러한 현상을 설명하고 예측하기 위한 일반적인 원리 확립: **번역이론** (translation theory)

- 이론적인 부분은 일반이론과 부분이론으로 나누어지며, '부분'이론에서는 그림에서 논의된 여섯 가지 변수 – 특정매체, 특정지역, 특정층위, 특정 텍스트유형, 특정시기, 특정문체 – 에 따라 제한된다.
- 기술적 접근법(DTS)은 ① 번역 결과물 중심, ② 번역과정 중심, ③ 번역 기능중심으로 나눌 수 있다.
- 응용번역학 분야에는 번역사 훈련, 사전 및 용어은행 개발과 같은 번역지원, 번역정책 및 번역비평 등의 하위분야가 있다.

1) 번역학 연구의 방향으로 제시
① 번역이론 자체에 대한 연구 ② 번역연구 방법론 및 모델개발을 위한 연구라는 두 가지 연구유형의 중요성을 강조하였다. 또 번역학에 대한 이론적, 기술적, 응용적 연구가 서로 독립적이고 단선적이 아닌 서로 유기적인 협력을 주장하였다.

2) 학문적 의의
Holmes의 번역학 지도는 번역학의 다양한 영역들을 정리하고 분야 간의 명확성과 분야별 협동을 강조할 수 있게 하였다는 의미를 갖는다.

3) Toury 번역학의 확충 영역
번역사 훈련이나 번역 비평 같은 응용분야 활동
　이론적 접근과 기술적 접근이 각각 독립된 형태로 발전해 갈 것이며 자신이 "번역학의 응용 확충분야(applied extensions of the discipline)"라고 이름 붙인 분야는 단독으로 발전할 것이라고 주장하였다.

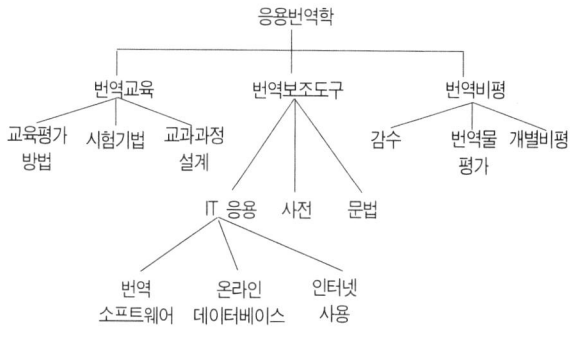

그림 2. Toury의 응용번역학 분류

IT응용의 하위분야인 번역소프트웨어, 온라인 데이터베이스, 인터넷 사용 부분은 최근 **하나의 비즈니스로서 번역**을 한 차원 끌어올릴 수 있는 잠재성이 풍부하다.

최근 번역학계에서는 번역비평부분에 대한 연구가 활발하여 영미번역연구회의 번역평가 사업(2005, 2007)은 좋은 호응을 얻고 있다.

번역학자 이상원은 구체적인 번역평가 규범을 다음과 같이 마련했다.

표 1. 출판번역독자들의 번역평가규범(이상원, 2006)

상위 규범	하위 영역	
기본적 태도 규범	1) 기본 지향	2) 번역 여부 판단
출발 텍스트와의 관련성 규범	1) 텍스트 이해 3) 단어 및 표현 이해 5) 형태 유지 7) 언어 유희	2) 문장 이해 4) 첨삭 6) 숫자 표기

상위 규범	하위 영역	
도착 텍스트의 효율성 규범	1) 텍스트 구성 3) 단어 및 표현 구성 5) 외국어 고유명사 발음 표기 7) 역주 9) 새로운 한국어 인지명 창조	2) 문장 구성 4) 오탈자 6) 대우법 8) 띄어쓰기
배경지식 규범	1) 전문 용어 3) 시대 배경 5) 종교 7) 제 3의 외국어 지식 9) 지리 11) 자연 과학 지식	2) 신화 내용 4) 대중문화/스포츠 6) 제도와 관습 8) 저자 및 도서 관련 지식 10) 고전 문학 지식 12) 예술
윤리 규범	1) 번역사 윤리 3) 기타 관련인 윤리	2) 편집인 (출판사) 윤리
정책 규범	1) 번역사 선정 3) 분책 출판	2) 원본 도서 선정 4) 중역

정리하기

1. Nida의 번역론
   ① Nida & Taber: 번역의 본질은 원천언어가 전하는 의미에 가장 가깝고 자연스러운 등가를 목표언어로 재생산하는 행위이다.
   ② 번역은 원문언어의 메시지에 가장 가깝고 자연스런 등가를 목표언어에서 재생산하는 것 ⇒ 메시지의 뜻을 가장 가깝게 그리고 가장 자연스럽게 전달할 수 있는 것이어야 한다. 즉 문법적 형식의 동일성(identity)보다는 의미상의 등가(equivalence)가 중요하다는 것이다. 이는 원문의 형태보존보다는 의미의 재생을 더욱 강조하는 방식이다.
   ③ 역동적 등가(dynamic equivalence)강조 ⇒ 원문의 독자가 느끼는 의미와 감응을 목표언어 독자에게도 동일한 효과를 전달해야 한다.

2. 학자들의 번역 정의
   ① Anzilotti: 번역이란 작가의 의도를 헤아리는 작업으로서 의사소통적 요소가 중요하다.
   ② Gogol: 이상적인 번역은 시야에 어떤 것이 끼어있는 것을 모르는 채 투명한 유리창을 통해 보는 것처럼 원문을 들여다보는 것이다.
   ③ Niranjana: 번역은 문화를 맺어주는 다리이며 매개체이다.
   ④ Catford: 어떤 언어로 쓰인 텍스트요소를 등가의 다른 언어로 교체하는 것이다.
   ⑤ Delisle: 기호의 재현이 아니라 개념이나 의미의 재현이다.
   ⑥ Lawendowsky: 어떤 언어 기호의 조합이 다른 언어 기호의 조합으로 전이되는 것이다.

3. Seleskovitch, Lederer - 해석이론(The Interpretive Theory of Translation)
   ① 파리의 통번역대학원 출신의 학자들이 회의통역을 바탕으로 만든 번역이론

② 번역행위를 담론적 행위로 접근함
③ 번역의 대상은 언어가 아니라 텍스트이며 텍스트를 이해하고 등가를 재현
④ 원문과 번역문은 성격, 목표, 언어 사용집단의 문화적 관계를 고려하는 총체적 의사소통 행위
⑤ 해석이론은 의미이론이며 등가에 의한 번역

평가하기

1. Nida의 번역원리에 대한 설명으로 틀린 것을 고르시오.
   ① 의미가 잘 전달되는 자연스러운 등가를 추구하였다.
   ② 언어의 고유한 특성을 잘 살려야 한다.
   ③ 형식적 등가개념을 강조하였다.
   ④ 역동적 등가개념을 강조하였다.

   ▎정답: 3

2. 다음의 학자들이 주장하는 번역의 내용이 틀린 것은?
   ① Catford: 언어적 등가관계를 중요시 하였다.
   ② Delisle: 번역은 기호의 재현이다.
   ③ Nida: 형식적 등가개념을 강조하였다.
   ④ Niranjana: 번역은 문화를 맺어주는 다리이다.

   ▎정답: 3

3. Holmes의 번역학 분류에서 응용부분에 속하지 않는 분야는?
   ① 번역교육   ② 번역비평   ③ 번역보조도구   ④ 번역설계

   ▎정답: 4

4. 해석이론에 해당하는 설명이 아닌 것은?
   ① 번역행위를 담론적 행위로 접근함
   ② 대표 학자로는 Catford와 Lederer가 있다.
   ③ 번역의 대상은 언어가 아니라 텍스트이다.
   ④ 회의통역을 바탕으로 만들어진 이론이다.

   ▎정답: 2

3차시 | 커뮤니케이션과 등가

학습 내용

(1) 번역 커뮤니케이션 이해
(2) 등가번역 개념 확립
(3) 번역 사례 학습

사전 평가

(1) 커뮤니케이션은 4가지 요소로 구성된다.　　　　| 정답: O
(2) 등가는 번역의 핵심개념에 속한다.　　　　　　　| 정답: O
(3) Nida는 문법적 형식의 등가를 강조하였다.　　　| 정답: X
(4) Baker는 텍스트적 등가를 제안하였다.　　　　　| 정답: O

1. 번역 커뮤니케이션 이해

동일한 의사소통과정에 참여하는 당사자들의 정보전달 및 교환의 과정으로, 지식과 경험 제공, 충고하기, 명령하기, 질문하기 등을 포함한다.

- 문어 커뮤니케이션: 문자화된 텍스트를 통한 정보전달 및 교환
- 구어 커뮤니케이션: 발화내용, 제스처, 바디랭귀지, 수화, 시선처리 등

표 1. 커뮤니케이션 당사자(정호정 2008)

정보이동방향별	정보의 근원 - source	정보의 도착 - destination
행위별	메시지 생산자	메시지 사용자
	메시지 발신자	메시지 송신자
언어 작업별	부호화 작업 encoder	탈부호화 작업 decoder
소통행위별	소통자	피소통자
일반용어	연사, 발화자, 저자	청중, 청자, 독자

⇒ 커뮤니케이션에 참여하는 두 당사자를 지칭하는 용어는 커뮤니케이션 상황에 따라 다양하게 나타남

1) 다른 문화 간 커뮤니케이션

① 하나 이상의 부호체계를 사용하면 화자와 청자 간 소통 어려움 발생 가능성이 있다.
② 소통 당사자들이 갖고 있는 공유지식과 인지적 보완소가 달라서 소통에 어려움이 있다.
③ 번역상황에서는 번역사가 언어장벽과 문화거리감을 중재해야 한다.
④ 에스키모 독자는 'Lamb of God(하느님의 양)'→'Seal of God(하느님의 어린물개)'으로 의미를 전달할 필요가 있다.
⑤ 상징적 동물, 색깔 등은 문화마다 다른 의미와 맥락을 지닌다.

■ **인지적 보완소**(cognitive complements, Lederer 2000)
세상에 대한 지식, 원문저자와 독자를 비롯한 커뮤니케이션 상황에 대한 지식, 해당 발화나 텍스트에서 기술된 것을 기초로 문맥을 이해하는 광범위한 문맥지식

■ **커뮤니케이션의 4가지 구성**
① 메시지 생산자
② 메시지 사용자
③ 메시지
④ 커뮤니케이션 상황

커뮤니케이션의 성공(communication success): 메시지 생산자의 의도가 수신자에게 제대로 전달되어 '커뮤니케이션 효과(communicative effect)'를 일으킬 때 가능하다.
커뮤니케이션 실패(communication failure): 의도하는 커뮤니케이션 효과가 실제로 이루어지지 않는 경우를 가리킴.

■ Gutt(1992: 14)

① 커뮤니케이션 성공은 소통자가 전달하고자 하는 정보의도를 피소통자가 성공적으로 추론해 내는 경우 ⇒ 메시지 수신자가 메시지 송신자와 반드시 의견이 일치할 필요는 없음.

② 커뮤니케이션의 성공의 전제조건은 메시지의 특성에 달려 있다. 메시지 생산자와 수신자가 동일한 부호체계(동일언어)와 탈부호화(의미 해독)방식을 공유해야 한다.

2) 커뮤니케이션의 본질

① 언어의 부호체계/부호화-탈부호화 과정의 연속
② 경제성의 원칙(principle of economy) 작용 ⇒ 최소의 노력으로 최대의 효과를 거둘 수 있는 방식으로 커뮤니케이션 활동

　　예 얼굴도 작아. / 돈도 많아. / 춤만 잘 춰.
　　　Mary got pregnant <u>and</u> John was very pleaded.
　　　Mary got pregnant <u>but</u> John was very pleaded. (Grice 1975)

③ 함축 및 추론 작용

▶ 청중 및 독자의 수고를 최소화하면서 소통행위 실현

2. 등가번역 원리 이해

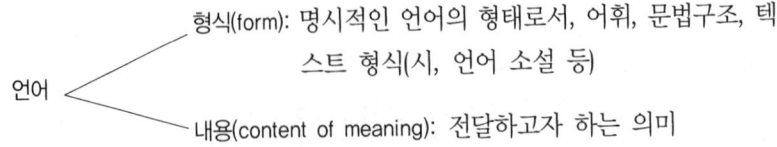

언어 ─┬─ 형식(form): 명시적인 언어의 형태로서, 어휘, 문법구조, 텍스트 형식(시, 언어 소설 등)
　　　└─ 내용(content of meaning): 전달하고자 하는 의미

▶ 번역은 원문언어의 형식과 내용을 목표독자에게 효율적으로 전달하는 것

1) 대응(correspondence)

① 원문텍스트와 목표텍스트 사이의 언어 형태적 일치
② 어휘 간의 일치, 문법구조의 일치
③ 두 언어 간의 사전에 근거한 짝 맞추기
④ 초벌번역에서 사용
⑤ <u>숫자, 기술어휘, 전문 용어 번역에 해당</u>
⑥ Nida의 형식적 대응(formal correspondence): 원문의 어휘와 의미에 가장 가까운(closest equivalent) 목표어 어휘나 표현간의 관계
⑦ Köller(1979): 두 언어체계 간의 형태적 유사성
⑧ Catford(1965): 랑그(langue) 차원의 유사성

2) 등가(equivalence)

① 두 텍스트(원문/번역문)간의 **내용적 동등성** 혹은 강한 유사성
② 대응관계가 존재하지 않을 때 원 문장의 표현에 상관없이 동일한 의미를 전달
③ Delisle(1993): 번역사가 두 텍스트 사이에서 구축하는 동질성의 관계
④ Catford: 원문과 번역문간의 실질적 유사성 ⇒ 텍스트적 등가
⑤ Nida: 역동적 등가(dynamic equivalence) 강조 ⇒ 원문독자가 느끼는 감응을 동일한 영향과 효과로 번역 독자에게 전달하게 하는 것
⑥ Köller: 실제 텍스트와 발화 간의 등가관계
⑦ Baker: 번역텍스트가 원문에 대한 번역으로 간주되게 하는 특성

다음은 관용적 등가 사례(정호정 2008)로, 사회 속에서 점차적, 반복적 사용으로 굳어진 대응어들이다.

한국어	영어
강세시장	Seller's market
분실물 센터	Lost & Found
문맹률	Literacy
현재가	Present value

3) Kade(1968) - 어휘 차원의 등가 분류

① 일대일 등가(one-to-one equivalence)

원문의 단일어휘/표현이 목표어에도 존재하는 경우

> 예 프랑스어 pére =영어 father =독일어 vater

② 일대다 등가(one-to-many equivalence)

원문의 단일어휘/표현이 목표어에 두 개 이상 존재

> 예 영어 father: 한국어 아버지, 부친(父親), 가친(家親), 엄친(嚴親) 등

③ 일대부분 등가(one-to-part of one-equivalence)

원문의 단일어휘/표현의 일부 개념만이 목표어의 단일어휘/표현으로 존재

> 예 영어 brother: 한국어의 형 or 남동생을 지칭하는 의미의 일부만을 가리킬 때

④ 영(零)의 등가(nil equivalence)

원문의 단일어휘/표현이 목표어에 존재하지 않는 경우

> 예 독일어 Schadenfreude(남이 잘못되는 것을 고소해 하는 느낌: 한국어나 영어에 상응하는 단일어휘/표현이 없는 경우(정호정 2008)

4) Köller(1979)

① 외연적 등가(Denotative equivalence)

언어외적인 실제 세상에 존재하는 동일한 개념을 가리키는 원문과 목표언어 어휘 사이의 등가

② 내포적 등가(Connotative equivalence)

원문과 목표언어의 사용자들이 생각하는 동일하거나 비슷한 연상을 불러일으키는 어휘 사이의 등가

③ 텍스트 규범적 등가(Text-normative equivalence)
   비슷한 맥락에서 사용되는 원문과 목표언어 간의 등가
④ 화용적 등가(Pragmatic equivalence)
   목표어 독자중심의 등가
⑤ 형태적 등가(Formal equivalence)
   철자, 음성에서의 등가

5) Baker(1998)

텍스트적 등가(textual equivalence): 원문과 목표텍스트 간의 '정보의 흐름(information flow)', 전개방식, 응집성 유지 등에서 동일한 기재와 역할 간의 등가 성립

6) Newmark(1998) & Neubert(1985)

기능적 등가(functional equivalence): 원문과 목표 텍스트가 각각 속하는 언어문화 집단 내에서 수행하는 기능적인 측면을 고려한 등가 개념

7) Reiss & Vermeer(1984)

스코포스(skopos; 목적) **개념**: 번역 결과물 평가에 텍스트의 목적과 기능적 요소를 고려하여 평가하는 원리로, 원문의 목적과 의도를 충분히 살려 번역하는 것

표 2. 텍스트 등가 유형

텍스트 타입	정보중심유형 (informative)	표현중심유형 (expressive)	효과중심 (operative)
언어기능	정보적	표현적	호소적
언어차원	논리적	심미적	대화적
텍스트초점	내용중심	형식중심	효과중심
번역방법	평이한 산문체 유지 필요에 따라 명시화	저자와의 동일시전략 원저자의 관점에서 접근	각색/번안기능 활용 효과의 등가추구

3. 등가 번역 사례

영어원문 샬롯 브론테(Charlotte Brontë)의 『제인 에어』(Norton Critical Edition 1971)
번 역 본 영미연에서 우수 추천본으로 평가받은 유종호(민음사 2006)역
전후맥락 제인이 존과 싸웠다는 이유로 붉은 방에 갇힌 후 부당한 대우에 분노하는 부분이다. 이 대목은 당시 어린 제인이 느낀 것이 아니라 성숙한 어른이 되어 옛일을 회상하며 서술한 것이다.

(1) ST: I was ①<u>a discord</u> in Gateshead Hall: I was like nobody there; I had nothing in harmony with Mrs. Reed or her children, or her chosen vassalage. … 중략 …. ②<u>a heterogeneous thing</u>, opposed to them in temperament, in capacity, in propensities; ③<u>a useless thing</u>, incapable of serving their interest, or adding to their pleasure; ④<u>a noxious thing</u>, cherishing the germs of indignation at their treatment, of contempt of their judgement. (Jane Eyre, Norton Critical Edition 1971 p. 12, 밑줄은 필자의 표시임.)

TT: 게이츠헤드 저택에서의 나는 ①<u>위화(違和)의 존재</u>였다. 나는 그곳의 아무와도 같지 않았다. 리드 부인과도 그 자녀들과도 또 그녀가 좋아한 하인들과도 조화되는 면이 전혀 없었다. … 중략 …. 사실 나는 기질에 있어서나 능력에 있어서나 성벽에 있어서나 그들과는 정반대되는 ②<u>이질적인 존재</u>였다. 그들의 이익에 보익되지도 못하는 ③<u>무용지물</u>이었고 그들의 취급에 노여움의 싹을, 그들의 판단에 경멸의 싹을 안겨주는 ④<u>해로운 존재</u>였다. (유종호 역 P. 35)

먼저, ST의 밑줄 친 각각의 어휘는 성숙한 화자에 의해 어린 시절의 제인을 규정한 표현들인데 유종호는 병렬된 어감을 살려서 "위화", "이질적인 존재", "무용지물", "해로운 존재"로 각기 달리 옮기고 있다. 그런데 "a discord"를 "위화(違和)의 존재"라는 표현은 한자어로서 의미전달이 낯설고 가독성이 떨어진다고 할 수 있다.

(2) ST: I reflected. Poverty looks grim to grown people; still more so to children: they have not much idea of industrious, working, ① respectable poverty; … 중략 …. ②Poverty for me was synonymous with the degradation. (p. 55)

　　TT: 나는 생각해보았다. 가난이란 것은 어른들에게는 기분 나쁜 것이지만 어린이들에게는 특히 더한 법이었다. 어린이들은 부지런히 일하는 ①의젓한 청빈(淸貧)이란 것을 이해하지 못한다. … 중략 …. 따라서 ②당시의 나에게는 가난은 타락의 동의어였다. (유종호 역 p. 40)

　　상황 어른이 된 제인이 당시의 상황을 회상하는 부분

원문의 첫 번째 밑줄 친 부분을 "의젓한 청빈(淸貧)"이라는 한자어로 표현하였으며 원문의 통사구조(형용사+명사)를 TL에서 그대로 직역함. ⇒ 실제 한국어 표현에서는 '형용사+명사구조'는 '~이 …하다'식의 주어+서술어구조로 전환하는 것이 자연스러운 경우가 많다.

청소년 독자들이 읽는다면 다소 어렵게 느낄만한 어휘이다. 또한 두 번째 밑줄부분의 번역 "가난은 타락의 동의어"도 원문의 단어에 대한 직역의 형태를 나타냄.

　　예 Mr. Kim is a good driver. ①김씨는 좋은 운전수이다(원문 구조에 따른 번역이지만 실제 한국어에서는 부자연스러운 구조임). ②김씨는 운전을 잘한다. or 김씨는 운전이 노련하다(이때, 김씨는 주제어이며 문장은 주어는 '운전이'이며 서술어는 '노련하다' 즉 SV의 문형이 된다.)

(3) ST: ①A new chapter in a novel is something like a new scene in a play; and when I draw up the curtain this time, ②reader, you must fancy you see a room in the George Inn at Millcote. (p.65)

　　TT: ①소설 속의 새 장(章)은 연극 속의 새 장면과 같다. ②독자여! 내가 여기서 막을 올리면 밀코트에 있는 조지 여인숙의 방이 하나 보인다고 상상해 주길 바란다. (유종호 역 p. 167)

첫 문장은 "소설 속의 새 장(章)은 연극 속의 새 장면과 같다"라는 직유의 서술 형태를 보이고 있으며 원문의 "reader" 번역에서는 두 번째 문장 서두에 위치하고 있다. ⇒ 독자들로 하여금 새로운 환기와 관심을 불러일으키는 효과를 주고 있다.

원문의 예스러운 문체와 형태를 살리려 노력했으며 의미의 정확성을 주기 위해 한자어를 다수 사용했다. ⇒ Köller의 텍스트 규범적 등가와 Baker의 텍스트적 등가 적용된 번역

정리하기

1. **번역 커뮤니케이션의 이해**
   커뮤니케이션의 4가지 구성
   ① 메시지 생산자
   ② 메시지 사용자
   ③ 메시지
   ④ 커뮤니케이션 상황

   커뮤니케이션의 성공의 전제조건은 메시지의 특성에 달려 있다. 메시지 생산자와 수신자가 동일한 부호체계(동일언어)와 탈부호화(의미 해독) 방식을 공유해야 함. **커뮤니케이션의 성공(communication success)** ⇒ 메시지생산자의 의도가 수신자에게 제대로 전달되어 '커뮤니케이션 효과(communicative effect)'를 일으킬 때 가능하다.

2. **등가(equivalence) 번역 원리이해**
   두 텍스트(원문/번역문) 간의 내용적 동등성 혹은 강한 유사성
   ① Delisle(1993): 번역사가 두 텍스트 사이에서 구축하는 동질성의 관계
   ② Catford: 등가 용어 최초 사용, 원문과 번역문간의 실질적 유사성 ⇒ 텍스트적 등가
   ③ Nida: 역동적 등가(dynamic equivalence) 강조 ⇒ 원문독자가 느끼는 감응을 동일한 영향과 효과로 번역 독자에게 전달하게 하는 것
   ④ Köller: 실제 텍스트와 발화 간의 등가관계

3. **Köller(1979)**
   ① 외연적 등가(Denotative equivalence)
   ② 내포적 등가(Connotative equivalence)
   ③ 텍스트 규범적 등가(Text-normative equivalence)
   ④ 화용적 등가(Pragmatic equivalence)

⑤ 형태적 등가(Formal equivalence)

4. Baker(1998)

텍스트적 등가(textual equivalence): 원문과 목표텍스트 간의 '정보의 흐름(information flow)', 전개방식, 응집성 유지 등에서 동일한 기재와 역할 간의 등가 성립

5. Reiss & Vermeer(1984)

스코포스(skopos; 목적) 개념: 번역 결과물 평가에 텍스트의 목적과 기능적 요소를 고려하여 평가하는 원리로서 원문의 목적과 의도를 충분히 살려 번역하는 것

평가하기

1. 커뮤니케이션의 원리에 대한 설명으로 틀린 것을 고르시오.
   ① 동일한 의사소통과정에 참여하는 당사자들의 정보전달
   ② 구어 커뮤니케이션은 발화내용, 제스처, 바디랭귀지 등을 포함한다.
   ③ 커뮤니케이션의 성공은 메시지 수신자에 달려있다
   ④ 언어교환작업으로서 번역은 커뮤니케이션 활동에 속한다.
   ▮ 정답: 3

2. 등가번역에 대한 설명으로 맞는 것을 모두 고르시오.
   ① Nida는 형식적 대응을 더욱 강조하였다.
   ② 원문과 번역문간의 내용적 동등성을 의미한다.
   ③ Köller는 등가개념을 5가지로 분류하였다.
   ④ Baker는 형태적 등가개념을 강조하였다.
   ▮ 정답: 2, 3

3. Köller의 등가개념에 해당되지 않는 것은?
   ① 외연적 등가   ② 내포적 등가   ③ 형태적 등가   ④ 목적성 등가
   ▮ 정답: 4

4. 다음의 등가번역에 관한 설명 중 틀린 것을 고르시오.
   ① Nida의 역동적 등가는 목표 텍스트 독자중심의 원리이다.
   ② Baker는 텍스트적 등가를 제안하였다.
   ③ Reiss는 목적 중심의 스코포스이론을 주장하였다.
   ④ 숫자, 기술어휘 등은 대응의 원리로 번역해야 한다.
   ▮ 정답: 4

4차시 번역사의 번역 능력

학습 내용

(1) 언어장벽과 문화중개 원리 이해
(2) 번역사 요건 개념 확립
(3) 번역사 역할 및 단체 이해

사전 평가

(1) 번역사는 독자의 이해를 돕기 위해 가독성을 우선시 할 수 있다. ┃정답: O
(2) 문학번역은 원문의 충실성만을 고려하여 번역해야 한다. ┃정답: X
(3) 커뮤니케이션의 성공은 언어중개만으로 가능하다. ┃정답: X
(4) 배경지식과 주제의식은 Lederer가 제안한 통·번역사 자격요건에 해당한다.
┃정답: O

1. 언어장벽과 문화중개

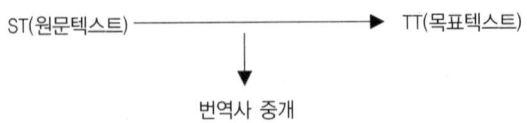

① 번역사는 원문의 메시지를 독자가 이해할 수 있도록 중개 및 전달한다.
② 언어중개+문화중개⇒커뮤니케이션 성공
③ 두 문화 사이의 거리와 간극을 좁혀주어야 한다. 특히 문화적 특수성을 반영하고 있는 어휘를 가리키는 **문화소(cultureme)번역**이 중요한 도전이 됨.

1) 한국어 문화소
① 친척관계표현, 전통 음식 및 세시 풍속, 고유 문화재
② 쌀: 밥, 죽, 미음, 떡, 수라 등으로 조리 방법과 취식자에 따라 다양한 어휘 존재

2) 통역/번역 언어 분류 – AIIC(국제회의통역사협회)
① A언어(A language)
    통번역사의 모국어로서 통번역 활동에서 최종 도착어
② B언어(B language)
    통번역사의 모국어 이외의 A언어로서 완벽한 구사력을 갖춘 언어
③ C언어(C language)
    통번역사가 구사력은 미흡하지만 완전히 이해할 수 있는 언어로서 통역 시 출발어가 되는 언어

3) 능동언어와 수동언어
① 능동언어
    통번역사가 전문적인 통역·번역 서비스를 제공할 수 있는 도착어 ⇒ 해당 언어 텍스트를 말하거나 쓸 수 있는 '**생산능력**' 중심
② 수동언어
    통번역사가 전문적인 통역·번역 서비스를 제공할 때 출발어가 되는 언어 ⇒ 해당 언어 텍스트의 듣거나 읽는 '**이해능력**' 중심
    > **예** 프랑스어에서 영어로 통역이 이루어지는 경우, 프랑스어는 해당 회의의 수동언어가 되며 영어는 능동언어가 되는 것이다.

통역·번역의 수준을 높이기 위해 통역·번역사의 **모국어가 도착어가 되는 방향**으로 이루어져야 한다.

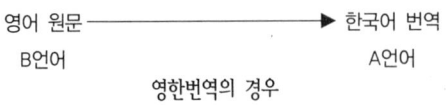
영한번역의 경우

국제회의통역사협회는 수준 높은 통역 번역을 담보하기 위해 인바운드 통·번역[3]을 권고한다.

2. 번역사의 번역 능력
1) 문학번역의 관점에서 번역사 능력 분석
번역사가 갖추어야 할 능력 또한 번역물의 평가에서 중요한 개념이다.

(1) 언어적 측면
① 원문언어와 목표언어에 대한 각각의 충실성과 가독성에 대한 번역사의 인식이 중요하다.
② 원문에 대한 **충실성**은 **문학번역**에서 특히 중요한 개념이다. 통사론적, 의미론적, 화용론상의 충실성을 모두 고려하여 적절한 번역어를 찾아내야 한다.
③ Rydning은 A(모국어)에서 B(외국어)로의 번역에서 번역사가 겪는 한계의 문제를 지적했다.

> 한 문학작품의 문체적 표현 가능성은 무제한적이거나 두운법·각운·리듬·은유·아나그램·말놀이 등 엄청나게 다양하다. 이들은 모두 역자에게는 저자가 나타내고자 한 정감적 효과들을 역어에 고유한 문체적 방법에 의해 독자들에게 재현되도록 해야 하는 과제들이다. 이 어려운 일들의 성공은 역자의 솜씨와 밀접한 관련이 있는데, 이 솜씨는 미적 능력, 문학적 능력, 문학 텍스트의 저자와의 친숙성 등이 요구된다.

---

[3] 인바운드 통역·번역: B언어를 출발어로 하여 A언어를 도착어로 사용하는 통역·번역

번역의 질적 등가는 두 유형의 동일성, 즉 **명시적 · 묵시적 정보들의 동일성**과 정서적 효과들의 동일성으로부터 확인될 수 있다.

① 원어의 확실한 이해
② 외국문화를 배경으로 하는 주제에 대한 충분한 지식
③ 적절한 방법
④ 모국어 표현의 질이 번역자에게 요구된다.

한편, 작가가 '의도하는' 텍스트의 기능은 무엇이며 저자가 글을 통해 독자들에게 어떤 효과를 주려고 하였는지를 파악해야 한다.

Nord가 주장한 바대로 작가가 의도한 것과 텍스트를 수용하는 독자들이 받아들이는 정도에 있어 차이가 있을 수 있다.

번역사는 원문텍스트의 다양한 비유표현들 가운데 실제로 작가가 의도적으로 쓴 것과 일상적 언어습관에 따른 무의식적 은유를 구별해 냄으로써 작가의 의도를 파악하여 번역해야 한다.

▶▶ **번역사의 역할**(Nord 1991)
첫째, 번역사는 원작가의 의도를 올바로 해석해야 한다.
둘째, 번역사는 자신이 원문을 해석한 것을 목표언어 독자들이 제대로 해석할 수 있도록 언어화해야 한다.
셋째, 원문텍스트의 독자들과 목표언어텍스트 독자들의 배경지식과 기대는 같거나 번역사에 의해 동일하게 유지되어야 한다.

(2) 텍스트 수용적 관점

언어학, 사회학, 심리학적인 면을 고려하여 목표언어의 독자들에게 자연스럽게 읽혀지고, 번역의 표현이 목표문화에 적절한 내용으로 되어 있을 것 등을 특징으로 한다.

텍스트 수용자는 텍스트를 수용할 수 있다면 사소한 장애나 불연속적인 요소에 대하여 **관용적인 태도**를 취하게 되는데 문법적으로 문화적으로 다른 언어를 번역할 때도 번역가는 **수용적인 태도**가 요구된다.

(3) 문학적 층위의 관점
① 문학 언어의 함축성·다의성·낯섦 등을 이해, 재현해야 하는데 번역이 가능하다는 입장에서 원문의 메아리, 울림, 소리와 의미의 상호작용을 이해하며 텍스트를 재생산
② 언어의 함축적 의미 전달
③ 언어의 상황과 시적 문맥을 성공적으로 재현

하나의 텍스트는, 하나의 언어는 같은 언어 내에서도 원전과 똑같이 전달될 수는 없고 최선의 상황에서 번역될 수 있을 뿐이다.
  모국어로 쓰인 시 작품을 읽는 독자들의 경우, 그것이 자신의 모국어로 쓰인 것이라 해서 모두 똑같이 작품에 반응하지는 않는다. 그들은 자신의 언어로 시작품의 언어를 번역해서 읽는 것이다. 문학이 언어의 특수화 된 기능이듯이 번역도 문학의 특수화 된 기능인 것이다. 여기서 중요한 것은 **번역사의 창의력**이다.

■ Marianne Lederer(1999) - 통역사/번역사 자격의 '4대 기둥(four pillars)'
① 출발어(원문) 구사력
② 모국어 구사력
③ 배경지식과 주제지식
④ 통역·번역방법론 지식

■ Kußmaul(1995) & Nord(1991, 1995)
① 양대언어 구사력
② 지식기반

③ 통역 번역방법론에 대한 지식
④ **양대문화중개능력(biculturalism)**

2) 번역사: 언어와 문화의 중재자

언어는 그 언어가 사용되고 있는 사회에 속한 사람들의 세계관이나 사상을 표현하며 그 사회의 문화는 언어를 매개로 한다.

학문, 지식, 교양 등의 여러 다른 문화요소들의 학습과 실행은 언어라는 매개를 통하여 이루어지기 때문에 언어는 그가 속한 **문화의 가장 전형적이고 대표적이며 중심적인 요소**라고 할 수 있다.

(1) 학자들 주장

① Sapir

"문화는 언어와 불가분의 관계"라고 제시함

② Lado

언어란 사회·문화적 맥락과 분리할 수 없는 관계에 있으므로 의사소통을 위해서는 대상언어에 대한 사회, 문화적 배경을 이해하여야 한다.

③ 최현욱

영어의 "aunt"에 대응하는 단일어가 한국어에는 없고 "이모", "고모," "숙모", "백모" 등의 예를 들으면서 각기 그 의미를 달리하는데 이는 우리나라에서 소수 민족집단이 없으므로 한국인이라는 민족의식이 매우 강하고 **가족중심의 유교문화전통**을 가지고 있어 가족구성원간의 관계를 지시하는 용어가 발달되어 있음.

④ 신성철

문화교육의 필요성 강조. "양 문화 간의 의사소통이 이루어지려면 상대방의 사고유형을 이해해야 한다. 양 언어가 가지고 있는 사회문화적 배경과 정서적인 배경을 모르면 완전한 의미의 의사소통이 거의 불가능하다. 언어가 나타내는 사고유형이나 문화유형이 다르면 그만큼 이해가 어렵다."

번역사는 텍스트를 이해하기 위해서는 문화에 대한 지식 또한 필수적이다. 두 언어권의 문화에 대한 정확하고 체계적인 지식을 필요로 한다. 두 문화 사이의 차이를 인식하지 못한다면 매우 심각한 오역을 낳을 수도 있다.

  문학번역에서 어떤 번역방법을 취할 것인가에 따라 번역 텍스트는 원문의 충실성을 우선시 하면서 직역의 관점에서 번역을 수행할 수도 있고 가독성을 우선시 하는 번역도 있을 수 있다. 구체적인 번역상황과 텍스트 유형을 고려하여 적절한 방법을 선택해야 한다.

  번역은 모국어의 영역을 끊임없이 넓혀주는 작업이며 번역은 모국어가 새로운 낱말을 창조하는 일을 거들어주고 모국어의 문법적 의미론적 구조에 영향을 주어 모국어가 언어적으로나 개념적으로 더욱 풍성하도록 도와준다.

3. 용어정리

정호정은 다음과 같이 분류하고 있다(2008 p.60).

	용어정의	영어 등가 표현
번역자	전문적·직업적 자격을 갖추지 않은 사람이 부수적 업무의 일부로서 혹은 외국어학습 등의 목적을 갖고 번역을 수행하는 경우	A person who translates a particular text
번역사	전문적 훈련과정을 거쳐 고유 업무로 직업적으로 번역하는 경우	Translator
번역가	직업적 훈련 여부에 관계없이 번역에 매우 능하여 결과적으로 사회적 합의에 의해 일정 수준 이상의 번역능력을 가진 것으로 인정받는 경우	Master of translation

(1) 번역사 인증제도

현재 활발하게 논의 중에 있다. 번역사로 활동하고 있는 모든 사람들을 일정한 인력 풀로 묶고, 개별적인 자격검증과 평가 과정을 거쳐 번역사 자격 유지 요건을 규정하는 한편, 번역사별 능력 등급 및 활동 범주를 분화할 수 있는 장점이 있다.

번역에 대한 사회적 인식도 훨씬 높아질 수 있다.

(2) 번역사의 전문성

"통역사 번역사의 지적수준이 연사(원문텍스트저자)의 지식수준과 동일할 필요는 없지만 비견될 만큼의 비슷한 지적능력이 있어야 한다(1967 p.104)."

— Seleskovitch

① 분석과 이해의 전문가
② 커뮤니케이션 전문가
③ 문화간극 중개의 전문가

4. 번역사의 역할/단체

1) 세계번역사연맹(FIT)-www.fit-ift.org

프랑스어 공식명칭 Féderation Internationalae des Traducteurs(The International Federation of Translators)의 첫 글자를 따서 'FIT'로 통용되며, 1953년 Caillé가 직업번역사들의 권익보호를 도모하기 위해 비정치적 성격의 단체로 번역사들의 윤리적이고 실질적인 이익을 도모하기 위해 창설되었다.

세계 각국의 번역관련단체들이 단체회원자격으로 참여하고 있다.

2007년 9월 집계, 전 세계 100여 단체가 참여하고 번역사, 통역사 및 번역·통역용어학자들의 단체에도 문호를 개방하고 있다.

2) 국제회의 통역사 협회(AIIC)

1953년에 국제회의 통역사들의 자격관리 및 권익보호를 위해 결성된 전문단체로, 프랑스어 공식명칭 Association Internationale de Interprétes de Conférence(The International Association of Conference Interpreters)의 첫 글자를 따서 'AIIC'로 불린다.

2007년 9월 집계결과 48개 언어로 전문통역서비스를 제공하는 통역사 회원이 2,774명의 이르고 있다.

엄격한 통역 수준 관리 및 통역사 훈련을 제공하며, 심사 후 가입되면 전문통역사 윤리강령과 전문가표준(Professional Standards)에 서약한다.

3) (사)한국번역가협회(Korean Society of Translators)

1971년 번역가양성과 권익옹호를 위해 창립되었으며, 1974년 UNESCO 자문기구인 FIT에 가입하여 연맹국으로서 유대를 강화하고 있다.

■ 협회 주요 활동
① 국내 문학작품의 외국어 번역
② 번역가의 권익옹호 및 친목도모
③ 문학, 사회, 과학 및 산업 분야 번역연구사업
④ 우수번역가들에 대한 번역상 시상
⑤ 번역관련 세미나 개최 및 국제행사 참가
⑥ 국제번역기구와의 참여, 활동 및 협력
⑦ 번역가 양성을 위한 교양사업
⑧ 번역통신지도 및 첨삭지도를 위한 번역학교의 운영
⑨ 번역위탁물의 교열 및 배정업무
⑩ 번역능력인정시험의 실시
⑪ 웹번역, 사이버 번역교육 등 인터넷사업

▶▷ **번역가 헌장**
- 번역의 사회적 기능을 강조하고
- 번역가의 권리와 의무를 규정하며
- 번역가 윤리 강령의 기초를 마련하고
- 번역가가 번역활동을 수행하는 사회적 환경과 경제적 조건을 개선하며
- 번역가 및 번역전문단체의 행동규범을 권고할 목적으로 번역직업과 불가분의 관계에 있는 일반원칙을 공식문서로 규정하고, 이렇게 함으로써 명료하고도 독립된 하나의 직업으로서 번역에 대한 인식제고에 기여하기를 희망하면서 번역가의 번역활동에 대한 기본 원칙으로서 그 헌장을 선언한다.

▶▷ **번역가의 권리**
1. 모든 번역가는 자신이 수행한 번역물에 대하여, 자신이 번역활동을 수행한 국가에서 다른 지적노동자에게 부여하는 모든 권리를 갖는다.
2. 번역은 지적 창작이기 때문에 지적 창작물에 부여되는 법적보호를 받는다.
3. 그러므로 번역가는 자신의 번역물에 대한 저작권을 보유하며, 따라서 원저작자와 동일한 권리를 갖는다.
4. 이에 번역가는 자신의 번역물에 대하여 그 저작자로서 모든 도덕적 권리를 보유한다.
5. 따라서 번역가는 번역물의 저작자로서 인정되는 권리를 평생 동안 가지며, 이에 따라 그 중에서도 다음과 같은 권리가 보장된다.
    a) 번역물이 공식적으로 사용되는 경우에는 언제나 번역가의 이름은 명료하고 모호하지 않게 제시되어야 한다.
    b) 번역가는 번역물의 왜곡, 삭제 또는 기타의 변형을 거부할 권리를 갖는다.
    c) 출판업자와 기타 번역물의 이용자는 번역가의 사전 동의 없이 번역물의 내용을 변경할 수 없다.
    d) 번역가는 번역물의 부적절한 사용을 금지시킬 권리와 일반적으로 자신의 명예나 명성을 손상시키는 번역물에 대한 공격에 반박할 권리를 갖는다.
6. 또한 번역물의 출판, 상연, 방송, 재번역, 개작, 변형 또는 기타의 수정을 승인할 독점적 권리와 일반적으로 번역물을 어떤 형태로건 사용 할 권리는 번역가에게 있다.
7. 번역물의 공개적 활용에 대하여 번역가는 계약이나 법률에 의한 요율로 보수를 받을 권리를 갖는다.

정리하기

1. 언어장벽과 문화중개
   ① 번역사는 원문의 메시지를 독자가 이해할 수 있도록 중개 및 전달한다.
   ② 언어중개와 문화중개 능력은 커뮤니케이션 성공의 중요한 요소이다.
   ③ 두 문화 사이의 거리와 간극을 좁혀주어야 한다.
   ④ 특히 문화적 특수성을 반영하고 있는 어휘를 가리키는 **문화소(cultureme)번역**이 중요하다.

2. 통역/번역 언어 분류 - AIIC(국제회의통역사협회)
   ① A언어(A language): 통번역사의 모국어로서 통번역 활동에서 최종 도착어
   ② B언어(B language): 통번역사의 모국어 이외의 A언어로서 완벽한 구사력을 갖춘 언어
   ③ C언어(C language): 통번역사가 구사력은 미흡하지만 완전히 이해 할 수 있는 언어로서 통역시 출발어가 되는 언어

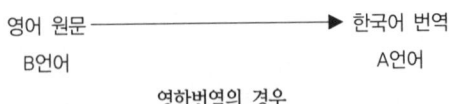

3. 번역사의 역할(Nord 1991)
   ① 번역사는 원작가의 의도를 올바로 해석해야 한다.
   ② 번역사는 자신이 원문을 해석한 것을 목표언어 독자들이 제대로 해석할 수 있도록 언어화해야 한다.
   ③ 원문텍스트의 독자들과 목표언어텍스트 독자들의 배경지식과 기대는 같거나 번역사에 의해 동일하게 유지되어야 한다.

4. 번역사의 번역능력
① 번역사는 텍스트를 이해하기 위해서는 문화에 대한 지식 또한 필수적이다.
② 두 언어권의 문화에 대한 정확하고 체계적인 지식을 필요로 한다.
③ 두 문화 사이의 차이를 인식하지 못한다면 매우 심각한 오역을 낳을 수 있다.

▶ 문학번역에서 어떤 번역방법을 취할 것인가에 따라 번역 텍스트는 원문의 충실성을 우선시 하면서 직역의 관점에서 번역을 수행할 수도 있고 가독성을 우선시 하는 번역도 있을 수 있다. 구체적인 번역상황과 텍스트 유형을 고려하여 적절한 방법을 선택해야 한다.

평가하기

1. 번역사의 올바른 역할이 아닌 것은?
   ① 번역사는 원작가의 의도를 올바로 해석해야 한다.
   ② 번역사는 문화에 대한 지식도 필요하다.
   ③ 번역사는 충실한 번역만을 최우선으로 해야 한다.
   ④ 번역사는 커뮤니케이션의 중재자의 역할을 수행한다.
   ┃정답: 3

2. 다음의 통번역 언어 설명으로 맞는 것을 모두 고르시오.
   ① A언어는 통번역사의 모국어로서 통번역 활동에서 최종 도착어를 가리킨다.
   ② B언어는 통번역사의 모국어 이외의 A언어로서 완벽한 구사력을 갖춘 언어
   ③ C언어는 통번역사가 구사력은 미흡하지만 완전히 이해 할 수 있는 언어로서 통역시 출발어가 되는 언어
   ④ 능동언어는 통번역사가 전문적인 통역·번역 서비스를 제공할 수 있는 출발어이다.
   ┃정답: 1, 2, 3

3. Marianne Lederer가 주장하는 통역·번역사 요건의 4대기둥이 아닌 것은?
   ① 출발어(원문) 구사력   ② 커뮤니케이션 능력
   ③ 배경지식과 주제지식   ④ 통역·번역방법론 지식
   ┃정답: 2

4. 번역사는 '분석과 이해의 전문가'라고 제안한 학자는 누구인가?
   ① Eugene Nida   ② Peter Newmark
   ③ Seleskovitch   ④ Nord
   ┃정답: 3

5차시 언어와 문화와의 관계

학습 내용

(1) 문화적 속성과 번역
(2) 문화비유와 번역
(3) 문화기준과 번역

사전 평가

(1) 한국어는 영어에 비해 친족관계의 용어가 발달되어 있다. ▮정답: O
(2) 고맥락 문화에서는 소통양식이 명확하고 정확하다. ▮정답: X
(3) 한국을 포함한 아시아 국가들은 고맥락문화에 속한다. ▮정답: O
(4) 맥락은 커뮤니케이션이 발생되는 물리적, 사회적 환경을 말한다. ▮정답: O

번역행위는 범문화적이고 당연히 문화를 고려할 수밖에 없다. 문화 고유의 어휘, 비유적 표현들, 서로 다른 문화적 성향이 어떻게 번역에 영향을 미치는가를 살펴봄으로써 번역에서 문화적 요소를 이해하는 것은 필수요소이다.

1. 문화어휘와 번역

문화권의 가치적 중요성에 따라 한 문화권에서는 어떤 현상이나 사물을 둘 또는 그 이상의 범주로 나누어 나타내는데 비하여 한 가지 범주로 나타내는 문화권도 있다. 동일한 어휘라도 문화권에 따라서 어휘가 세분화되어 다양하게 나타날 수도 있고 다양하게 나타나지 않을 수도 있다.

> 예 한국어 → 혈족관계에 대한 표현이 매우 발달.
> 영어 → 혈족관계와 존칭표현이 발달되어 있지 않음.

한국어	영어
이모, 고모, 숙모 등	uncle, aunt, brother, etc.
친사촌, 외사촌, 고종사촌, 이종사촌	cousin

단어의 의미도 문화에 따라 달라질 수 있다.

- 영어 bedroom→독일어로 'Zimmer, Kinderzimmer, Jugendzimmer, Schlafzimmer'
- 영어 you→너, 너희들, 당신들, 그대, 그대들, 여러분, 제군들, 자네, 자네들, 애, 여보게

한국인들은 '**우리**'라는 의식이 강하여 '우리 집', '우리 학교' 등 '나' 대신 '우리'를 주로 사용한다. 하지만 영, 미인은 'My house', 'My school' 등 'My'라는 표현을 자주 쓴다. 번역자는 이러한 사항들을 **문화적 맥락과 경험**을 바탕으로 현실적으로 처리해야 한다.

또한 한국어의 고유한 문화적인 색채가 많이 함유된 **지개, 안주, 온돌, 연탄, 문풍지, 다듬이돌, 널뛰기** 등을 외국어로 옮길 경우 그 나라의 적절한 어휘로 어떻게 옮길 것인가를 하는 문제에서 번역자는 양 문화에 대해 알고 있지 않으면 번역을 할 수 없으며 번역자가 양 언어문화를 제대로 고려하고 인지하여 문화중재자로서의 역할을 잘 수행한 것을 의미한다.

문화 중재 중요성 사례

2차 세계대전 당시 연합군이 일본군에게 항복할 것을 요구하기 위해 포츠담에서 의결된 최후통첩을 보냈다. 기자회견석상에서 스즈키 수상은 의견을 피력해 달라는 질문을 받았을 때, "일본정부는 그 통첩에 큰 의미를 부여하지 않는다. 우리가 해야 할 일은 그 통첩을 **모쿠사츠**(きくさつ)하는 것이다"라고 대답하였다. 일본내각은 자신들

의 의도적인 의미를 전하기 위해 그 단어를 주의 깊게 선택했다. 훗날 일본 각료들은 그 당시 항복에 관한 협상의 필요성을 느꼈고 좀 더 구체적인 논의를 위한 시간이 필요해서 "특별히 할 말이 없다(No comment)"는 의미를 전달하려 했던 것이라고 말했다.

불행하게도 '모쿠사츠(きくさつ)'라는 단어는 '묵살하다', '은근히 경멸하다'라는 의미를 나타낸다. 서구의 통역사들은 후자의 의미를 택했고 포츠담의 최후통첩은 거부된 것으로 해석되었다. 결과적으로 번역상의 문제가 전쟁을 지속시켰으며 이는 세계 역사상 처음으로 원자탄을 사용한 계기가 되었다고 볼 수 있다.

비유적 표현은 그 민족의 문화적 배경지식과 매우 밀접한 관련을 맺고 있다. 다음의 예문을 보자.

(1) a) The man is a square. 그 남자는 고지식하고 변통 없는 사람이다.
    b) The cop is a pig. 그 순경은 탐욕스런 사람이다.
    c) He is a chicken. 그는 겁쟁이다.
    d) The telephone line is dead. 전화선이 불통이다.
    e) I am from Missouri. 나는 의심이 많다.
    f) The man is a fox. 그 남자는 교활하다.
    g) He is a skunk. 그는 비열한 사람이다.

위에서 보는 바와 같이 영어를 한국어로 번역하는데 있어서 영어문화권의 문화적 배경, 특히 우리와는 생소한 구미문화권의 언어관습에 대한 이해가 선행되어야 한다.

관용표현이나 속담 또한 한 나라의 오랜 문화적 전통 가운데서 자연적으로 생겨난 것이기 때문에 그 말의 배경에 대한 이해가 필요하다. 다음을 보자.

(2) a) kick the bucket: 죽다.
    b) spill the beans: 알아서는 안 될 사람에게 비밀을 누설하다.
    c) put one's best foot forward: 좋은 인상을 주려고 노력하다.

d) fly off the handle: 크게 화가 나다.
e) get on the ball: 주의를 기울여 잘하다.
f) talk shop: 자기 직업이나 전문분야의 이야기를 하다.
g) talk through one's hat: 사실을 알거나 이해하지 못하면서 어떤 것에 대해 말하다. 바보같이 혹은 무식하게 말하다.
h) Too many cooks spoil the broth.
　① 요리사가 너무 많으면 묽은 수프를 망친다.
　② 사공이 많으면 배가 산으로 올라간다.
i) Seeing is believing.
　① 보는 것이 믿는 것이다.
　② 백 번 듣는 것이 한번 보는 것만 못하다.
j) Walls have ears.
　① 벽에도 귀가 있다.
　② 낮말은 새가 듣고 밤말은 쥐가 듣는다.
k) He that never did one thing ill never do it well.
　① 어떤 일을 잘못해 보지 아니한 자는 결코 그것을 잘 할 수 없다.
　② 실패는 성공의 어머니이다.
l) Step after step goes far.
　① 한 걸음 한 걸음이 멀리 간다.
　② 천리 길도 한 걸음부터
m) Little head great wit.
　① 작은 머리에 큰 지혜가 들어 있다.
　② 작은 고추가 맵다.

(이석규 2002: 143)

(2-a)의 관용구에서 보면, 영국인이나 미국인이라면 "The old man kicked the bucket"의 의미가 "그 노인이 세상을 떠났다"와 같은 의미라는 것을 당장 알아차릴 것이지만, 문장그대로 번역하면 "그 노인이 양동이를 발로 찼다"라는 엉뚱한 말이 되고 만다. 또한 (2)의 h)에서 m)까지의 속담표현에서 보면 각 ②번에 해당하는 표현들이 우리나라의 **문화적 맥락**을 고려한 제대로 된 번역임을 알 수 있다.

사례모음

신약성서의 마가복음에는 **"children of the bridechamber"**라는 명사구가 나오는데 이 구절은 유대인의 관용적 표현에 익숙하지 않은 사람에게는 이를 이해하는데 상당한 어려움을 줄 것이다.

이 표현은 영어로 의미를 살려 번역하려면 'the friends of the bridegroom' 또는 'wedding guests', '신랑의 친구들' 또는 '결혼식에 참여한 손님들'로 번역을 하는 것이 합당할 것이다.

또한 신약성서 로마서에는 **"heap coals of the fire on his head"**라는 구절이 있는데 한국어로는 '그의 머리 위에 숯불을 쌓아 놓다'라는 말로 번역된다. 그러나 이는 **'어떤 사람을 자기가 한 행동에 대해 부끄럽게 여기도록 하다'**라는 뜻이 담겨져 있다. 만약 이러한 문화적 배경을 무시하고 번역을 한다면, 그 메시지의 형식은 그대로 전환된다 할지라도 그 내용은 전혀 옮겨지지 않는 결과(오역)를 가져오게 된다.

어떤 유럽회사가 문화고유의 비유적 표현의 의미를 제대로 몰랐기 때문에 태국에서 실수를 한 예를 보자.[4] 이 회사는 **"안 보면 마음도 멀어진다.(Out of sight, out of mind)"**는 관용적 표현을 그만 "보이지 않는 것들은 제정신이 아니다.(Invisible things are insane)"라고 번역한 것이다.

또한 미국의 펩시회사는 독일 시장에서 **"펩시와 함께 활력을!(Come alive with Pepci!)"**이라는 그들의 펩시콜라 광고 슬로건을 바꾸지 않을 수 없었다고 한다. 왜냐하면 'Come alive'라는 말을 독일어로 직역하면 **"무덤 밖에서 나오라(Come out of the grave)"**라는 뜻이 되기 때문이다. 그리고 아시아 지역에서도 똑같은 슬로건이 "당신의 조상을 죽음으로부터 되돌리시오(Bring your ancestors back from the dead)"로 직역되었다.

▶ 그 문화 고유의 속담, 관용적인 표현들을 알지 못할 때 번역자는 원문의 본래 의미와는 다른 번역을 하여 커다란 오역을 낳을 수 있다. 출발어의 표현을 이루는 단어들이 그 문화권 내에서는 어떤 역사적 사건이나 종교, 신화, 독특한 풍습, 지방적 특색 등에 의해 가치가 부여된 것이지만 목표어의

---

[4] 최윤희 1998: 61.

문화권에서는 그와 동일하거나 등가적인 문화적 가치를 지니지 못한다.
▶ 번역자는 '이중 문화자'로서 양 문화에 대한 올바른 인지를 통하여 잘못된 번역으로 인해 양 문화권에 미칠 수 있는 의사소통장애나 불상사를 최소화하기 위해서라도 **문화중재자**로서의 역할을 제대로 수행함이 절실히 요청되는 것이다.

3. 문화기준과 번역

1) 맥락

커뮤니케이션이 발생되는 물리적, 사회적 환경을 말한다. 이러한 환경은 커뮤니케이션의 행위를 규정하는데 도움이 된다. 우리가 커뮤니케이션이 이루어지고 있는 환경을 알고 있으면 그 커뮤니케이션의 정확성을 훨씬 더 잘 예측할 수 있게 된다(최윤희 1998:71).

고 맥락문화(일본, 중국, 한국)	저 맥락문화(서구사회)
상황적 단서 높이 의존 부정적, 함축적, 간접적 소통특징 획일적 소통양상 상세한 배경정보 불필요	정확성, 명확성 및 솔직한 소통양상 개방적 커뮤니케이션

2) Hall(1959)

인식과 커뮤니케이션에 있어서 문화적 유사성과 상이성을 살피는 효과적인 준거점을 제공하였다. 사람들이 **상황(setting)**에 얼마나 많은 의미를 부여하느냐에 따라 **높은 맥락(고맥락)**과 **낮은 맥락(저맥락)**으로 구분한다.

따라서 문화는 각기 유형을 달리하면서 우리에게 주목할 것과 무시할 것을 설정해 준다. 따라서 고/저맥락 문화에 관한 연구는 우리들에게 사람들이 주목하는 것과 무시하는 것에 관한 통찰력을 제공한다(최윤희 1998: 71).

3) 한국어의 존칭어

각 민족은 자신만의 고유한 문화가 있으며, 각 민족의 문화는 그 민족의 언어에 고스란히 스며있다. 따라서 번역은 이렇게 한 언어에 스며있는 문화를 다른 고유의 언어 문화를 통해 적절히 전달하지 않으면 그 기능을 다했다고 말할 수 없다. 번역사가 원어에 스며있는 문화와 역어에 스며있는 문화를 제대로, 그리고 적절하게 중재하고 매개하는 일은 그의 최우선의 과제인 것이다.

존칭어는 사회 문화적인 차이로 발생하므로 번역할 때 특히 유의해야 할 부분이다. 한국어에는 영어에 없는 경어법 체계가 발달되어 있다. 영한 번역에서 특히 화자간의 사회적 신분과 나이를 고려하고 문맥상황에 적합한 존칭어를 고려해야 한다. 다음의 영한 문학 번역사례를 살펴보기로 한다.

높임	아주 높임 (하십쇼체)	두루 높임 (해요체)
	예사 높임 (하오체)	
낮춤	예사 낮춤 (하게체)	두루 낮춤 (해체)
	아주 낮춤 (해라체)	

한국어 존칭표현

(3) 문맥상황:『폭풍의 언덕』중...1801년 영국. 히드클리프집에 세든 주인공과 그 집에서 일하는 가정부의 대화.

> ST: "<u>You have lived</u> here a considerable time," I commenced; "<u>did you not say</u> sixteen years?"
> "<u>Eighteen, sir</u>; I came, when the mistress was married, to wait on her; <u>after she died</u>, <u>the master retained me</u> for his house-keeper."(*Wuthering Heights* 36)
> TT1: "여기 산 지가 꽤 오래 <u>됐지</u>?" 하고 나는 말을 꺼냈다. "십 육년 동안이 라고 <u>했던가</u>?" "십 팔년이라 합니다. 돌아가신 안주인이 시집

    오셨을때 시중을 들려고 함께 왔으니까요. <u>돌아가신</u> 다음에는 <u>주인 께서</u> 가정부로 <u>두신걸요</u>." (『폭풍의 언덕』 김종길 역 39)
  TT2: "여기서 꽤 오래 살았다고 <u>하던데</u>?" 내가 운을 뗐다. "16년이라고 <u>했던가요</u>?" "18년입니다. 이 댁 <u>아씨가</u> 시집올 때 시중들려고 따라왔으니까요. 아씨가 <u>돌아가신 뒤</u> 전 주인께서 집안 살림을 제게 맡기셨죠." (유명숙 역 36)
  TT3: "이쪽으로 온지는 꽤 오래 되었<u>다면서</u>? 16년이라고 <u>했던가</u>?" "18년이에요. 부인이 시집을 왔을 때, 따라왔으니까요. <u>부인이 돌아가신</u> 뒤에도 가정부로 계속 일하고 <u>있었어요</u>." (인병선 역 33)

 번역문 1과 3을 보면 다소 신분이 높은 측인 로크우드가 시중드는 가정부에게 우리말의 '비존대 두루 낮춤(해체)' 번역문 2에서는 "~던데, ~했던가요?'로 '비존대 두루낮춤과 존대 두루높임(해요체)'을 함께 사용하고 있다.
 원문이 쓰였던 시대와 문화적인 상황에 맞춘 번역을 생각해 볼 때 **1801년 영국에서 수직적인 신분의 상황**에서 주인이 가정부에게 존댓말을 사용하지 않았을 것이다. 그러나 현 시대에서는 주인과 가정부 사이의 대화에서 종횡으로 엄격했던 인간관계의 완화 등으로 **'두루 높임'**의 표현을 쓰는 경우는 많이 볼 수 있다. 따라서 번역문2의 경우도 가능하다고 할 것이다.
 이번에는 가정부의 번역을 살펴보자. 원문의 "after she died,"를 번역문 1-3 모두 **주체높임 '-시'**를 붙였는데 자신이 모셨던 주인마님에 대한 존경과 공경의 뜻을 나타낸다.
 다음은 『제인 에어』 작품에서 제인의 어린 시절 동안 함께 지낸 하녀 베씨(Bessie)와 애벗(Miss Abbot)의 관계에 있어 신분의 차이와 두 하녀가 제인을 대하는 차이가 나타나는 부분을 살펴보겠다. **등장인물간의 관계에 따른 어법**은 화용론상의 측면에서 중요하다.

  (4) ST: Miss Abbot joined in:-
    "And <u>you ought not to think yourself</u> on an equality with the Missis Reed and Master Reed, because Missis kindly allows you to be brought up with them. They will have a great deal of

money, and <u>you will</u> have none: <u>it is your place to be humble,
and to try to make yourself agreeable to them</u>." (*Jane Eyre* 25)
TT: 애보트양이 말참견을 하였다.
"그리고 부인이 도련님 남매와 함께 너를 기꺼이 키워준다고 해서 그
들과 대등하다고 <u>생각하면 못써</u>. 도련님 남매는 돈을 많이 갖게 될 테
지만 <u>너는 그렇지 못해</u>. <u>공손하게 굴어서 모두의 마음에 들도록 해야
하는 것이 네 처지다</u>." (『제인 에어』 유종호 역 18)

번역문을 살펴보면, 하녀 애보트는 제인에게 반말을 쓰고 있는 것을 알 수 있다. 내용적인 면에서 애버트는 리이드 부인의 하녀로서 제인을 쌀쌀맞게 주인님의 군식구로 대하고 있다. 그래서 반말투의 번역이 그러한 관계를 더욱 잘 나타내는 면이 있겠지만 **신분상으로는 제인의 하녀이므로 반말보다는 존댓말 표현**이 화용론적으로 적절하다.

(5) ST: "<u>What we tell you, is for your good</u>." added Bessie, in no harsh voice:"you should try to be useful and pleasant, then, perhaps, you would have a home here; but if you become passionate and rude, <u>Missis will send you away, I am sure</u>." (*Jane Eyre* 25)
TT: "<u>모두 너를 위해서 우리가 이런 말을 하는거다</u>."라고 거칠지 않은 목소리로 베시가 덧붙였다. "상냥하고 쓸모 있는 사람이 되려고 힘써야 해. 그러면 여기가 아늑한 집이 될 거야. 골이나 내고 말썽이나 부리면 <u>마님은 너를 내쫓고 말거다</u>, <u>틀림없이</u>." (유종호 역 18)

소설의 내용을 보면 베씨는 하녀 애벗보다 제인을 인간적으로 다정하게 대하고 있다. 이러한 관계가 번역에서 세심하게 드러나야 하는데 유종호역에는 베씨나 애벗이 모두 제인에게 반말로 대화를 하고 있는 점을 알 수 있다.

정리하기

1. **문화어휘와 번역**

    한국어에는 혈족관계에 대한 표현이 매우 발달되어 있다. 그러나 영어 문화권에서는 혈족관계와 존칭표현이 발달되지 않았다. 한국어에서는 친족관계의 말은 매우 복잡하게 나타난다. 예를 들어 영어에서 'cousin'은 한국어에서는 친족관계 표현에 의해 다양한 방법으로 번역되어야 한다. 'cousin'이라는 말은 영어에서는 아버지의 형제의 아들과 딸, 아버지의 누이의 아들과 딸을 모두 표현하지만 한국어에서는 다음과 같은 것 중 어느 것으로도 번역될 수 있다.
    - 친사촌 (아버지의 형제의 아들과 딸)
    - 외사촌 (어머니의 형제의 아들과 딸)
    - 고종사촌 (아버지의 여동생 또는 누나의 아들과 딸)
    - 이종사촌 (어머니의 언니 또는 여동생의 아들과 딸)

2. **문화비유와 번역**

    영어를 한국어로 번역하는데 있어서 영어문화권의 문화적 배경, 특히 우리와는 생소한 구미문화권의 언어관습에 대한 이해가 선행되어야 한다. 관용표현이나 속담 또한 한 나라의 오랜 문화적 전통 가운데서 자연적으로 생겨난 것이기 때문에 그 말의 배경에 대한 이해가 필요하다. 다음을 보자.

    a) kick the bucket: 죽다.
    b) spill the beans: 알아서는 안 될 사람에게 비밀을 누설하다.
    c) put one's best foot forward: 좋은 인상을 주려고 노력하다.
    d) fly off the handle: 크게 화가 나다.
    e) get on the ball: 주의를 기울여 잘하다.
    f) talk shop: 자기 직업이나 전문분야의 이야기를 하다.
    g) talk through one's hat: 사실을 알거나 이해하지 못하면서 어떤 것에 대해 말하다. 바보같이 혹은 무식하게 말하다.
    h) Too many cooks spoil the broth.
    ① 요리사가 너무 많으면 묽은 수프를 망친다.
    ② 사공이 많으면 배가 산으로 올라간다.

평가하기

1. 고맥락 문화에 대한 설명으로 알맞지 않은 것은?
   ① 주로 아시아국가에서 일어나는 커뮤니케이션 양상이다.
   ② 비유적이고 함축적인 의사소통행위이다.
   ③ 개방적 소통방식에 해당한다.
   ④ 커뮤니케이션 상황에 크게 의존한다.

   ▎정답: 3

2. 다음의 영어 관용어구에 대한 한국어 번역이 알맞지 않은 것은?
   ① The man is a fox. 그 남자는 교활하다.
   ② He is a skunk. 그는 겁쟁이다.
   ③ fly off the handle. 크게 화가 나다.
   ④ get on the ball. 주의를 기울여 잘하다.

   ▎정답: 2

3. 다음의 속담풀이가 어색한 것은?
   ① Too many cooks spoil the broth. 사공이 많으면 배가 산으로 올라간다.
   ② Seeing is believing. 백 번 듣는 것이 한번 보는 것만 못하다.
   ③ Walls have ears. 낮말은 새가 듣고 밤말은 쥐가 듣는다.
   ④ He that never did one thing ill never do it well. 한 가지를 보면 열을 안다.

   ▎정답: 4

6차시 번역의 방법 (1)

학습 내용

(1) Newmark의 번역원리 이해
(2) Vinay & Darbelnet의 번역이론 정리
(3) Nida의 번역이론 이해

사전 평가

(1) Newmark가 설명하는 번안(adaption)은 원문언어를 강조하는 번역방법이다. ┃ 정답: X
(2) 모사(calque)는 직접번역 방법에 속하는 방법이다. ┃ 정답: O
(3) Vinay & Darbelnet는 번역방법을 일곱 가지로 분류하였다. ┃ 정답: O
(4) Nida는 형식적 대응을 자연스러운 번역방법으로 제안하였다. ┃ 정답: X

1. Peter Newmark

① SL(원문)의 강조

　단어 대 단어번역, 직역, 충실한 번역, 의미중심의 번역

② TL(번역문)의 강조

　번안, 자유번역, 관용어구 중심의 번역, 소통중심의 번역

SL emphasis 원문언어 강조	TL emphasis 목표언어 강조
Word-for-word translation 단어 대 단어 번역	Adaption 번안
Literal translation 직역	Free translation 자유 번역
Faithful translation 충실한 번역	Idiomatic translation 관용어 중심 번역
Semantic translation 의미중심번역	Communitive translation 소통중심 번역

1) 충실한 번역

원문언어의 구조와 문체, 저자의 의도 등을 목표언어로 그대로 전환해주는 방법으로, 원문의 형태와 의미에 모두 충실한 번역이 되도록 하는 방법이다.

문화와 밀접한 관련이 있는 어휘는 소리 나는 그대로 옮겨 '음차(音借)번역' 하고 원문언어 내의 문법이나 어휘에 잘 맞지 않는 표현도 그대로 목표텍스트에 옮겨주는 번역 방법이다.

2) 의미중심 번역

원문텍스트의 언어적 구조, 압운, 문체, 의성어 등을 목표텍스트에 재현하기 어려운 경우 '의미상의 등가'로 적절히 전환해 주는 방법으로, 좀 더 유연하고 번역사의 창의적인 예외를 인정하는 것이다.

의미중심의 번역은 원저자가 사용하는 언어의 층위에서 이루어지고 표현 중심의 텍스트(expressive texts)에서 사용된다.

3) 자유번역

목표텍스트의 가독성적 측면을 고려하여 번역사가 내용을 쉽게 풀어서 번역하는 방법이다. 원문 텍스트보다 텍스트 길이가 다소 긴 의역을 특징으로 하며 장황해질 수 있는 번역방법이다.

4) 소통중심의 번역

목표언어 독자가 쉽게 이해할 수 있도록 하는 방법이다. 예를 들어 불어의 "bissiger Hund and chien mechant"의 메시지를 의미적으로 영어로 전환하면 dog that bites! 혹은 bad dog!이 아니라 beware the dog!으로 소통적으로 번역해야 한다고 주장한다. 문화적 측면에서도 외래의 요소들을 목표언어의 문화요소로 전환할 수 있다.

비문학적 텍스트, 기술적 그리고 정보성의 텍스트, 광고에서 쓰일 수 있다고 설명하고 있다.

> 소통적 번역은 원문의 독자들이 받는 효과와 가능한 한 가깝게 TL의 독자들에게 동일한 효과를 주기 위해 노력한다. 의미론적 번역은 제2언어의 의미론적 그리고 구문론상의 구조들이 원문의 정확한 맥락상의 의미에 가능한 한 다가갈 수 있도록 시도한다(Peter Newmark).

Newmark는 번역의 주요 목적은 **정확성**과 **경제성**에 있다고 주장이 두 목적에 가장 잘 부합하는 방법으로 **의미중심의 번역**과 **소통중심의 번역**을 꼽고 있으며 TT의 충실함에 더 가치를 두고 있으나 텍스트의 유형과 번역의 목적 및 대상독자에 따라 번역방법을 선택해야 한다고 주장한다.

2. Vinay & Darbelnet

'불어와 영어의 비교문체론'(*Stylistique Comparée du Français et de L'anglais,* 1958, 1995)에서 직접번역과 간접번역의 두 가지 번역전략과 일곱 가지의 번역방법을 소개하고 있다.

직접번역 전략 → 직역중심, 간접번역 전략 → 의역중심

1) 직접번역 전략

(1) 차용(borrowing)

차용은 원문언어의 어휘가 목표언어의 어휘 안에 존재하지 않는 어휘 공백이 존재할 경우, 원문언어의 어휘를 음가중심으로 목표언어로 전이하는 번역방법을 가리킨다. 다음은 번역을 통해 한국어에 차용된 단어들이다.

    a. orchestra(오케스트라), drama(드라마), partner(파트너), system(시스템) 등
    b. cognac(코냑), bourgeois(부르주아), début(데뷔), ballet(발레) 등

  c. arbeit(아르바이트), pang(빵) 등

차용은 일반적으로 미지의 개념을 드러내며 모든 번역방식들 중에서 가장 간단한 방법이다. 어휘와 통사적 측면에서 원문텍스트에 **가장 충실하게 번역**하는 방법이다.

(2) **모사**(calque)
차용의 일부로서 원문언어의 어휘나 표현을 목표언어의 어휘나 표현으로 축어적으로 번역하는 방법을 나타낸다. 모사는 구를 차용하는 것이다. 다음의 예를 살펴보기로 한다.

  a. iron curtain 철의 장막
  b. hot potato 뜨거운 감자
  c. a bean in one's own eye 제 눈 속에 있는 들보(마태복음 7:3)
  d. see in one's mind's eye 마음의 눈으로 보다

a, b는 한국어에 없는 표현이었으나 영어에서 들여와 그대로 쓰는 경우이며 c, d도 마찬가지다. 특히 c, d는 단어나 구의 단위가 아니라 원문언어의 구조를 들여와서 그대로 목표언어에서 쓰인 형태이다.

(3) **직역**(literal translation)
단어 대 단어의 치환번역을 가리키는 것으로 영어와 한국어는 동일 문화권도 동일어족의 언어도 아니지만 직역 번역이 가능한 경우가 있다. 다만, 영어의 주어+동사+목적어의 어순을 한국어의 주어+목적어+동사의 어순으로 맞춰주면 된다. 다음의 예를 살펴보자.

  a. Where are you? 너는 어디에 있니?
  b. Life is journey. 인생은 여정이다.

c. This train arrives at Union Station at ten. 이 기차는 10시에 유니언역에 도착합니다. (전성기 역 28)

2) 간접번역 전략

직접번역전략에 비해 원문텍스트의 언어형태로부터 비교적 자유롭게 벗어날 수 있는 간접번역전략에는 네 가지 번역방법이 있다.

(1) 치환(transposition)

치환이란 어휘의 의미를 바꾸지 않고 원문언어의 어휘의 품사를 목표언어의 다른 품사로 바꾸어 번역하는 것을 말한다. 치환에는 의무적 치환과 임의적 치환이라는 두 가지가 있다.

A. 의무적 치환
  a. As soon as he saw me, he ran away.
  b. 그는 나를 보자마자 도망갔다.
  c. You are surprised as though the ghost appeared.
  d. 너는 유령이 나타난 것처럼 깜짝 놀라는구나.

B. 임의적 치환
  a. There are many girls in the classroom.
  b. 교실에는 소녀들이 많다.
  c. Usually Mr. Kim would arrive five to ten minutes late.
  d. 김씨는 5분 내지 10분 늦게 도착하는 게 보통이었다. (필자 예문)

① **의무적 치환** A의 a, b는 영어 접속사인 as soon as와 as though가 각각 '~하자마자, ~처럼'의 한국어 조사로 치환이 일어난 경우이며 목표언어에서 한 가지로밖에 번역할 수 없는 경우
② **임의적 치환** B의 a를 "교실에는 많은 소녀들이 있다"로 번역할 수 있지만 형용사 many를 동사 '많다'로 품사전환하면 B(b)와 같은 좀 더 자

연스러운 목표어가 된다. 임의적 치환의 경우는 번역사가 자연스런 말로 품사전환을 할 수 있다.

(2) 변조(modulation)
변조는 어휘, 사고 및 관점의 전환에 의해 나타나는 메시지의 변이이며 직역이나 치환이 문법적으로 정확하나 목표언어의 정서와 어긋난다고 느껴질 때 사용되는 방식이다. 다음의 예가 변조에 해당한다.

    a. Lost and Found 분실물
    b. It is not easy to solve the problem. 문제의 해결은 어려웠다.
    c. The soup was not very hot. 스프는 식어 있었다.

예문 b와 c를 의미 그대로 번역하면 "문제를 푸는 것은 쉽지 않다."와 "그 스프는 그다지 뜨겁지 않았다."가 된다. 의미는 명확하게 이해가 되지만, 가독성, 즉 우리말의 자연스러운 표현의 측면에서는 어색하다. 한국어에서는 "어렵다", "쉽다", "뜨겁다", "차갑다"가 "쉽지 않다"나 "그다지 뜨겁지 않다"보다 더 자연스럽다.

(3) 등가(equivalence)
등가는 문체나 문장구조에 따른 번역이 아닌 원어의 상황과 동일한 의미를 목표어에서 찾아 번역하는 방법을 말한다. 원문의 단어 하나하나를 사전적으로 번역했을 경우 어색하거나 잘못된 번역이 될 수 있기 때문에 원문언어와 유사한 상황을 목표어에서 찾아 번역하는 방법이 바로 등가다. 두드러진 등가의 예는 **동물의 의성어**이다.

    A. 동물소리의 등가관계
        a. Cook-a-doodle-do 꼬끼오
        b. miaow 냐옹
        c. heehaw 히잉

각 나라마다 공통된 동물이 존재할 수도 있고 어떤 나라에는 있는 동물이 다른 나라에는 없을 수도 있다. 위의 예에서 볼 수 있듯이 닭, 고양이, 말 등은 어느 나라에서나 볼 수 있고, 각 나라마다 이들의 의성어가 존재한다. 따라서 동물의 소리를 번역할 때는 목표어에서 쓰이는 의성어로 대체하면 등가가 성립된다.

    B. 속담의 등가관계
       a. It is raining cats and dogs. 비가 억수같이 쏟아진다.
       b. Like a bull in a china shop 노름판의 개평꾼처럼
       c. Too many cooks spoil the broth. 사공이 많으면 배가 산으로 간다.

(4) 번안(adaptation)

원문언어의 문화요소들이 목표언어에 존재하지 않을 때 해당하는 문화적 지시대상을 목표언어 독자들이 잘 이해할 수 있는 대체물로 대체하는 것을 말한다.

> ▶ 등가와의 구별
>
> 등가는 단어나 구조적인 측면에서는 다르다 할지라도 원문의 상황과 동일한 표현이 목표언어에도 존재하는 경우에 쓰이지만 번안은 단어 구조적 측면뿐만 아니라 **원문의 상황 자체가 목표언어에는 없는 경우**에 쓰이는 방식이다.
> 예를 들어 「신데렐라 이야기」를 「콩쥐팥쥐전」으로 옮기거나 'marmalade & bread'를 '잼과 빵'으로 옮기는 것을 번안으로 볼 수 있다.

3. Eugene A. Nida

형식적 대응(formal correspondence)과 **역동적 등가**(dynamic equivalence)의 개념이다. 그는 목표언어 독자중심의 번역이론을 강조하였다. 다음은 Nida의 두 가지 등가개념에 대한 설명이다.

1) 형식적 대응

형식적 대응은 형식과 내용면에서 메시지 그 자체에 관심을 집중한다. 목표언어로 번역된 메시지는 원문언어의 다른 요소들과 가능한 한 가깝게 일치되어야 하는 것에 주목한다.

형식적 대응은 번역의 정확성을 결정하는데 있어서 원문의 구조를 일차적인 요소로 간주한다. 이러한 번역유형은 종종 **학문적인 각주**와 함께 원문의 구조에 가까운 '**주석번역**(gloss translation)'에 해당한다.

2) 역동적 등가

역동적 등가는 번역문의 독자와 메시지 사이의 관계가 원문의 독자와 메시지 사이의 관계와 기본적으로 동일해야 한다는 '**등가적 효과의 원리**(the principle of equivalent effect)'를 기초로 한다.

메시지는 수신자의 언어적 요구들, 문화적 예상 그리고 표현의 완벽한 자연스러움에 대한 목표에 맞게 재단되어야 한다. **자연스러움**(naturalness)은 Nida에게 있어 주요 필수 조건이다. 실제로 그는 역동적 등가의 목표를 '원문언어 메시지에 가장 가까운 자연스러운 등가를 찾는 것이라고 정의한다.[5] 이러한 **수신자중심의 접근법**은 자연스러움을 성취하기 위해 문법과 어휘 그리고 문화적 관련사항의 변화를 필수적으로 고려한다. 목표언어 독자중심의 번역방법이라 할 수 있으며 그리하여 원문언어의 외래성은 최소화되어야 한다.

Nida에게 있어서 번역의 성공은 우선 무엇보다도 **등가적 반응**을 달성하는데 달려 있다. 이것은 그가 주장하는 번역의 네 가지 기본 요건들 중의 하나이다. 다음은 네 가지 요건들이다.

① 이해하기
② 원문의 정신과 방식을 담아내는 것

---

[5] Nida & Taber 1982: 12.

③ 자연스러움과 평이한 표현의 양식을 가지는 것
④ 비슷한 반응을 이끌어 내는 것

Nida는 등가적 효과를 달성하려면 **의미에서의 일치**가 우선해야 한다고 했다.

▶ 핵심 개념
① 번역은 원문언어의 메시지에 가장 가깝고 **자연스런 등가**를 수용언어에서 재생산해내는 것이다.
② 수용언어의 등가어는 그 메시지의 뜻을 가장 가깝게 그리고 가장 자연스럽게 전달할 수 있는 것이다.
③ 문법적 형식의 동일성(identity)보다는 **의미상의 등가**(equivalence)가 중요하다.
④ 원문의 형태보존보다는 의미의 재생을 더욱 강조하는 방식이다.

인용 사례

신약성서 로마서에는 **"heap coals of the fire on his head"**라는 구절이 있는데 한국어로는 '그의 머리 위에 숯불을 쌓아 놓다'라는 말로 번역된다. 그러나 이 표현은 '**어떤 사람을 자기가 한 행동에 대해 부끄럽게 여기도록 하다**'라는 뜻이 담겨져 있다. 만약 이러한 문화적 배경을 무시하고 번역을 한다면, 그 메시지의 형식은 그대로 전환된다 할지라도 그 내용은 전혀 옮겨지지 않는 결과를 가져오게 된다. 이러한 번역은 적절치 못한 번역이다.

예를 들어 한 동물의 이미지가 한국의 독자들에게 낯설고 이해하는데 필요이상의 수고를 해야 하며 다른 의미로 받아들일 가능성이 있다면 이 이미지에서 풍기는 것을 설명으로 전달하거나 목표언어에서 쓰이는 용어로 바꾸어주어야 한다.

그러나 목표언어의 은유적 표현으로 바꾸거나 의미전달에만 치중하는 경우 외국문화에 대한 흥미와 특정 표현의 문화적 배경을 놓치게 될 수 있다. 문화적 상황에 대한 **설명을 첨가**하는 방법에는 문장 내에서 설명을 하거나 **역주나 각주**를 다는 방법이 있다. 문장 내에서 긴 설명을 하는 경우보다는 역주에서 설명을 하는 것이 간결하면서도 생생하게 의미를 전달할 수 있다.

정리하기

1. Peter Newmark

    번역의 8가지 방법을 SL(원문)의 강조와 TL(목표언어)의 강조로 나누고 있다. SL을 강조하는 번역방법으로는 단어 대 단어번역, 직역, 충실한 번역, 의미중심의 번역이, TL을 강조하는 방법으로는 번안, 자유번역, 관용어구 중심의 번역, 소통중심의 번역이 있다.

    ① 충실한 번역
    - 원문언어의 구조와 문체, 저자의 의도 등을 목표언어로 그대로 전환해주는 방법
    - 원문의 형태와 의미에 모두 충실한 번역이 되도록 하는 방법이다.
    - 문화와 밀접한 관련이 있는 어휘는 소리 나는 그대로 옮겨 '음차(音借)번역'하고 원문언어 내의 문법이나 어휘에 잘 맞지 않는 표현도 그대로 목표텍스트에 옮겨주는 번역방법

    ② 의미중심 번역
    - 원문텍스트의 언어적 구조, 압운, 문체, 의성어 등을 목표텍스트에 재현하기 어려운 경우 '의미상의 등가'로 적절히 전환해 주는 방법
    - 좀 더 유연하고 번역사의 창의적인 예외를 인정하는 것이다.
    - 의미중심의 번역은 원저자가 사용하는 언어의 층위에서 이루어지고 표현중심의 텍스트(expressive texts)에서 사용된다.

2. Vinay & Darbelnet 번역전략
    - 직접번역 전략 차용, 모사, 직역
    - 간접번역 전략 치환, 변조, 등가, 번안

    Vinay & Darbelnet는 **치환**능력은 번역사가 목표언어 구사능력이 뛰어날 때 효과적으로 자주 사용되는 번역기법이 될 수 있는 반면, "우수한 번역사를 가르

치는 진정한 시금석은 **변조**"라고 지적하여 변조의 중요성을 강조하였다.

3. Eugene A. Nida

역동적 등가는 번역문의 독자와 메시지 사이의 관계가 원문의 독자와 메시지 사이의 관계와 기본적으로 동일해야 한다는 '**등가적 효과의 원리**(the principle of equivalent effect)'를 기초로 한다.

메시지는 수신자의 언어적 요구들, 문화적 예상 그리고 표현의 완벽한 자연스러움에 대한 목표에 맞게 재단되어야 한다. **자연스러움**(naturalness)은 Nida에게 있어 주요 필수 조건이다. 실제로 그는 역동적 등가의 목표를 '원문언어 메시지에 가장 가까운 자연스러운 등가를 찾는 것'이라고 정의한다. 이러한 **수신자중심의 접근법**은 자연스러움을 성취하기 위해 문법과 어휘 그리고 문화적 관련사항의 변화를 필요로 한다.

평가하기

1. 다음에서 Newmark가 제안하는 번역방법에 해당되지 않는 것은?
   ① 번안   ② 모사
   ③ 직역   ④ 충실한 번역

   ▌정답: 2

2. Newmark의 소통중심 번역에 대한 설명이 아닌 것은?
   ① 원문의 내용과 문화적인 부분을 목표언어 독자가 쉽게 이해하도록 한다.
   ② 이국적인 요소를 목표언어의 문화요소로 전환할 수 있다.
   ③ 문학적이고 표현중심텍스트에서 주로 사용된다.
   ④ 기술적, 정보적 텍스트에서 사용되는 번역방법이다.

   ▌정답: 3

3. Vinay & Darbelnet의 일곱 가지 번역방법에 해당하지 않는 것은?
   ① 차용   ② 관용어중심번역
   ③ 변조   ④ 등가

   ▌정답: 2

4. Nida의 번역이론에 대한 설명으로 맞는 것을 모두 고르시오.
   ① 형식적 대응과 역동적 등가로 나누어 설명하였다.
   ② 형식적 대응은 등가적 효과의 원리를 가리킨다.
   ③ 역동적 등가에서 특히 자연스러움을 강조하였다.
   ④ 역동적 등가는 목표언어 독자중심의 번역을 나타낸다.

   ▌정답: 1, 3, 4

7차시 번역의 방법 (2)

학습 내용

(1) Venuti의 번역원리 이해
(2) Reiss의 번역원리 이해
(3) Snell-Hornby의 통합접근법 이해

사전 평가

(1) Venuti의 자국화번역은 번역텍스트를 독자에게 접근시키는 번역전략이다.
┃정답: O
(2) 이국화번역은 자기민족 중심의 번역방법이다.   ┃정답: X
(3) 스코포스 이론은 번역의 목적에 기반하는 원리이다.   ┃정답: O
(4) Reiss는 텍스트 유형을 세 가지로 구분하였다.   ┃정답: O

1. Venuti의 번역원리

Venuti는 슐라이어마허로부터 "자국화 번역(친숙하게 하기, domesticating translation)"과 "이국화 번역(낯설게 하기, foreignizing translation)"이라는 개념을 도입하였다.

1) 자국화 번역

① 목표텍스트의 독자들이 원문텍스트의 낯설고 생소함을 가능하면 느끼지 않도록 채택하는 명료하고 자연스러운 번역방법이다.
② 해석학자 슐라이어마허에 따르면 독자를 제자리에 두고 번역텍스트를 번역독자에게 접근시키는 번역전략이다.

③ 자국화 번역은 목표언어의 담화유형에 적합하도록 하고, 자연스럽게 들리도록 도움이 되는 요소들을 추가로 삽입하여 전체적으로 목표텍스트가 목표언어에 적합하도록 한다.
④ 자국화 번역을 선호하는 이유는 독자에게 친근하고 읽기 쉽도록 하여 텍스트의 **가독성**(readability)을 강조하기 때문이다.
⑤ 자국화 번역방법은 목표 언어중심의 방법으로서 유창하며 번역사의 **불가시성**(invisibility)을 높이는 번역방법을 택하게 된다.
⑥ 자국화 번역은 자기민족 중심으로 번역함으로써 타자의 언어와 문화의 특성을 무시하는 폭력행위라고 간주함

2) 이국화 번역

① 원문텍스트에 존재하는 낯설고 이국적인 요소를 목표텍스트에 그대로 옮겨 의도적으로 목표언어권의 문화와 관습에 적합하지 않는 목표텍스트를 생산한다.
② 원문텍스트 저자 또는 원문텍스트를 제자리에 두고 번역독자를 텍스트에 접근시키는 접근법을 말한다.
③ 번역자의 존재가 가시적으로 느껴지도록 하며 원문텍스트가 갖는 외래성을 보호하고 강조하게 된다.
④ 목표언어권의 독자에게 "**낯선 독서 경험**(alien reading experience)"을 하도록 하는 효과를 낸다.
⑤ 자국화 번역이 자기민족 중심이라면 이국화 번역은 자기민족 중심주의에서 벗어나는 것을 의미한다.
⑥ 자국화 번역이 지배적인 영미권에서 이국화 방법을 적용하는 일은 민족주의와 인종주의, 문화적인 자아도취에 저항하는 일이다.

2. Reiss의 기능주의 접근법

1970년대에 들어서면서 텍스트의 기능적인 측면에 대한 연구가 활발히 이루어졌다. Katharina Reiss의 텍스트 종류에 따른 번역연구와 Hans Vermeer의 번역의 목적을 강조하는 **스코포스 이론**(skopos theory)을 전개하였다.

■ **기능주의(functionalism)**

① 1980년대 초반에 독일에서 **번역의 목적**에 관심을 둔 이론이 '기능주의(functionalism)'이다. 그리스어로 '**목적**' 또는 '**기능**'을 의미하는 '**스코포스**'라는 단어에서 명칭을 따옴.
② 대표적인 학자는 Hans Vermeer와 Katharina Reiss로 페르미어는 행위이론을 번역에 접목시킴.
③ Vermeer는 번역을 원문텍스트에 근거한 행위의 일종으로 간주하여 모든 행위에는 '스코포스', 즉 '목적'이 있음을 강조한다.
④ 그는 행위의 개념을 정의함에 있어서 "어떠한 행동이 참다운 행위로 간주되려면 행동을 취하는 사람이 자신이 그렇게 행동한 이유를 설명할 수 있어야 한다(1987: 176)"고 밝혔다.
⑤ 이전의 번역학 이론들이 원문언어 중심으로 모든 번역과정과 번역 결과물을 평가하고 연구했다면 스코포스 이론은 **목표언어 중심으로 번역**을 논하고 연구한다.
⑥ 실용적인 차원에서 번역의 기능을 무엇보다 중시하며 등가개념에 얽매여 있던 번역이론을 새로운 차원으로 끌어올렸다는 점에서 큰 의의가 있다.
⑦ 원문 저자가 텍스트를 쓴 **의도와 목적**이 무엇인지를 분명히 파악하여 번역 행위시 이 목적과 의도를 충분히 살려 번역을 하자는 것이다.

표 1. 텍스트 유형별 주요 기능[6]

텍스트 타입	정보중심유형 (informative)	표현중심유형 (expressive)	효과중심 (operative)
언어기능	정보적	표현적	호소적
언어차원	논리적	심미적	대화적
텍스트초점	내용중심	형식중심	효과중심
번역방법	평이한 산문체 유지 필요에 따라 명시화	저자와의 동일시전략 원저자의 관점에서 접근	각색/번안기능 활용 효과의 등가추구

표 2. Reiss의 텍스트 타입 및 텍스트 장르 분류(1977)

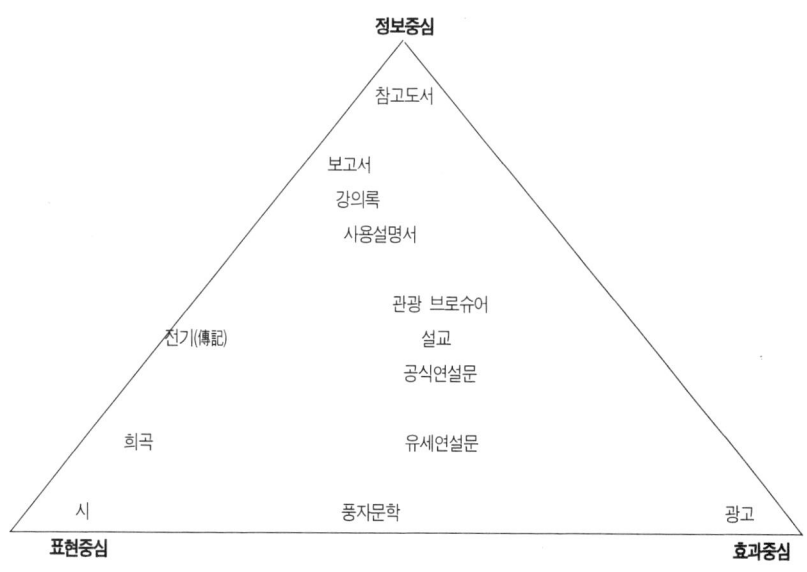

위의 표는 Reiss의 텍스트 유형별 주요 기능과 각각의 텍스트 유형에 해당하는 구체적인 텍스트 장르를 정리한 것이다.

기능주의를 처음 번역학에 도입할 때 주로 번역수준 평가방법론으로서의

---

[6] Munday 2001: 74

가능성을 더욱 중시하였다. 즉 텍스트마다 기대되는 구체적인 기능을 갖고 있어서 번역에서 이 기능이 제대로 수행될 수 있는 방식으로 번역이 이루어 졌는지가 번역결과물 수준 평가의 중요한 기준이 되어야 한다는 것이다.

Vermeer는 번역가가 번역이라는 구체적인 행위를 시작하기 전에 번역가는 원문의 저자나 번역을 의뢰하는 출판사 등 중간 역할을 담당하는 사람에게서 '번역위임사항(translation brief)'을 전달받을 것을 제안하였다. 번역 위임사항에는 다음의 요소를 포함한다.

① 의도된 텍스트 기능
② 목표텍스트 독자
③ 텍스트 수용의 예상 시점 및 장소
④ 텍스트가 전달될 매체
⑤ 텍스트 생산 또는 수용의 이유 혹은 동기(Nord 1997: 60)

'번역 위임 사항'에는 의뢰인이 번역을 위임하는 목적과 조건 등 구체적인 정보가 담겨 있어야 한다. 이러한 구체적인 정보를 사전에 검토함으로써 번역가는 원문분석을 시작하기 전에 원문의 목적과 원문저자의 의도를 파악할 수 있게 된다.

스코포스 이론 하에서 번역과 관련된 주된 목적은 다음 세 가지로 요약해 볼 수 있다.

① 목표언어가 지향하고 있는 커뮤니케이션 목적
② 특정번역방법을 따르는 전략적 목적
③ 번역사가 지향하는 일반적인 목적

독자에 따라 목적이 달라질 수 있다는 전제 하에서 출발하기 때문에 독자층에 따라 적절하다고 판단되는 번역 전략도 달라질 수 있다. 독자층이 달라진 다는 것은 커뮤니케이션의 대상이 바뀜에 따라 목적 자체가 달라질 수 있음을 의미한다.

번역대상 독자 정의를 번역전략 수립의 중요한 변수로 고려하는 한편 번역브리프 또는 번역의뢰서에 규정되어 있는 소통목적을 달성하는데 적합하다고 생각되는 번역방식을 선택적으로 사용할 수 있는 이론적 토대를 마련했다는 점은 큰 기여가 될 수 있을 것이다.

3. Mary Snell-Hornby의 통합접근법

그녀의 책 『번역연구: 통합 접근법』(Translation Studies: An Integrated Approach, 1988, 1995)에서 다양한 언어학과 문학개념을 번역에 통합하기를 시도하였다.

Snell-Hornby는 텍스트 유형분류를 독일의 이론적 배경에서 원형의 개념을 빌려온다. 그녀는 텍스트 유형에 의존하면서 문화역사, 문학연구, 사회문화적 연구와 지역 연구 그리고 법률과 경제, 의학과 과학적 번역과 관련된 특별주제에 관한 연구를 통합한다.

Snell-Hornby는 문학과 "다른" 언어 사이에 엄밀한 분할을 없애는 것이 번역학에 핵심적인 것이라 주장하며 번역연구를 번역가들과 번역이론가들 사이의 '언어와 문화 학제간의 연구'로써 간주한다.

또한 번역연구가 고유한 특별한 '모형과 관행'을 개발할 것과 개별적인 단어의 고전적인 언어학적 접근법보다는 오히려 텍스트와 상황, 문화적 문맥 내의 '관계망'에 집중할 것을 요구한다.

Snell-Hornby는 『이문화간 의사소통으로써의 번역』(Translation as Intercultural Communication, 1994)과 『번역연구: 학제적 학문 분야』 (Translation Studies: An Integrated Approach, 1988, 1995) 그리고 1992

년의 비엔나 번역회의의 논문에서 다양한 범위의 주제들, 즉 역사, 번역 문화, 포스트모더니즘, 해석학, 텍스트간의 관련성, 철학, 특화된 전문용어, 의학, 법, 언어학, 번역이론을 다루고 있음을 알 수 있다.

4. 텍스트 적용-정보중심 텍스트

1) Kyoto Pact Takes Effect-교토의정서 발효

After years of delay, the U. N.'s controversial Kyoto Protocol comes into effect on Wednesday. The treaty is aimed at reducing greenhouse gas emissions, but many of the developed nations subject to the protocol's restrictions are far from meeting their targets. The treaty was agreed to at a 1997 conference and 141 nations ratified it. But it was rejected by Australia and the United States because it excludes large developing nations such as China and India.

▎어휘 1. take effect (법률, 협정 등이) 효력을 발생하다 2. controversial 쟁점이 되는, 물의를 일으키는
3. protocol 조약의정서, 조약원안   4. come into effect (법률 등이) 발효하다
5. treaty (국제간의)조약, 협정, 조약문서   6. meet the target 목표에 도달하다
7. ratify 승인하다, 비준하다

▎모범 번역 수년이나 연기된 끝에 논란이 되고 있던 유엔의 교토의정서가 수요일에 드디어 발효됩니다. 이 국제협정의 의도는 온실효과가스의 방출을 줄이는 것이지만, 의정서의 제약 하에 있는 선진국들 대부분은 (각국의) 감축목표를 달성하기에는 거리가 먼 상황입니다. 이 국제협정은 1997년 회의에서 합의되었고 141개국이 비준했습니다. 그러나 의정서는 중국이나 인도와 같이 면적이 넓은 개발도상국을 제외하고 있다는 이유로 호주와 미국에 의해 거부되었습니다.

2) World Conference on Disaster Reduction-세계재난감소회의

As the U. N. disaster preparedness conference closes in Kobe, Japan, delegates have reportedly agreed on an action plan. The Associated Press says the plan is aimed at reducing casualties and damage from natural disaster. The framework calls on countries to share weather data, formulate their response strategies, and set up relief funds. Earlier in the week, delegates also agreed to establish a tsunami warning system for the Indian Ocean.

▌어휘 1. conference 회의, 협의회   2. delegate 대표자, 사절
3. agree on ~한 점에서 의견이 일치하다   4. be aimed at doing ~하는 것을 목표로 하다
5. casualty 사상자, 피해자, 희생자   6. call on ...to do ...에 ~하도록 촉구하다
7. formulate (방법)등을 고안하다   8. establish (제도, 기구 등을) 확립하다, 설치하다

▌모범 번역 세계재난감소회의가 일본 고베 시에서 폐막됨에 따라, 보도에 의하면 대표자들은 행동계획에 동의했다고 합니다. AP통신에 따르면 계획은 자연재해에 의한 사상자와 피해를 줄이는 것을 목표로 하고 있습니다. 계획의 골격은 각국이 기상자료를 공유하며 재해 시 대응전략을 세우고 또한 구제기금을 설립할 것을 촉구하고 있습니다. 주초에 대표자들은 인도양에 지진해일 경보체제를 확립할 것에도 동의했습니다.

3) International Death Penalty Report-세계 사형 연례 보고서

A European anti-capital punishment group, issuing its annual report on the death penalty around the world. According to the group Hands off Cain, 10 countries have given up capital punishment since the start of 2003. That makes a total of 134 nations that have done away with capital punishment or severely limited the terms of its use. Sixty-two nations still retain the death penalty, executing more than 5,500 people last year. The group says China accounted for more than 5,000 of those, roughly 90 percent.

▌어휘 1. capital punishment 극형, 사형   2. make (숫자가) 합계~이 되다
3. terms 형기, 조항   4. execute 처형하다
5. account for 차지하다   6. roughly 대략

▌모범 번역 유럽의 한 사형반대단체가 세계의 사형에 관한 연례보고서를 발표했습니다. 그 「핸즈 오프 케인」이라는 단체에 따르면 2003년이 시작된 이후 사형제도를 폐지한 나라는 10개국이라고 합니다. 이로써 사형제도를 폐지 또는 그 집행기간을 엄격하게 제한하고 있는 나라는 총 134개국이 되었습니다. 62개국이 여전히 사형제도를 유지하고 있으며 작년에 5,500명 이상이 사형되었습니다. 이 단체에 따르면 그 중 중국에서 처형된 사람은 5,000명 이상으로 (전체의) 약 90%를 차지했다고 합니다.

4) Saturn Moon of Enceladus-토성의 위성에서 대기발견!

Well, it took seven years to get there, but to ...the Cassinni probe has finally discovered an atmosphere on this tiny ice moon of Saturn, known as Enceladus. Now, scientists think that the atmosphere may come from ice volcanoes or ice geysers. And the moon is about 500 kilometers wide and is covered in ice, making it the most reflective object in the solar system. And on a good day, the temperature is about -185 degrees Celsius; that's -300 degrees Fahrenheit. And, as I say, it took seven years to get there, and it's gonna be there for four years, doing all sorts of investigations. The mission will last that long.

▌ 어휘 1. saturn 토성   2. Enceladus 엔셀라두스(토성의 제2위성)
       3. geyser 간헐천   4. Fahrenheit 화씨

▌ 모범 번역 그곳에 도착하기까지 7년이 걸렸지만 토성 탐사기 카시니는 드디어 엔셀라두스로 알려진 이 작은 토성의 얼음 위성에서 대기의 존재를 발견했습니다. 그리고 과학자들은 대기가 얼음화산 또는 얼음 간헐천에서 나오는 것일지도 모른다고 생각합니다. 이 위성은 직경이 약 500킬로미터이며 얼음으로 둘러싸여 있어 태양계에서 가장 반사율이 큰 천체입니다. 맑은 날에는 기온이 약 섭씨 영하 185도, 즉 화씨 영하 300도가 됩니다. 앞서 말한 것처럼 7년이 걸려 그곳에 도착한 탐사기는 4년간 체재하며 여러 가지 조사를 하게 됩니다. 임무는 그만큼 오랫동안 지속될 것입니다.

5. Smoke Linked to Poor Scores-간접흡연으로 아이들 성적 저하

Research published in the January issue of Environmental Health Perspectives — which I gotta renew my subscription to that; it's about out — shows that kids exposed to secondhand smoke have lower test scores in reading, math and problem-solving. The study of 4,400 children found that those subjected to the least amount of secondhand smoke scored an average of seven points higher in standardized math and reading test, compared to children exposed to high levels of secondhand smoke.

▌ 어휘 1. issue (출판물의) …호   2. perspective 예측, 전망
       3. subscription (정기간행물의) 예약구매   4. be out (기한 등이) 마감되다
       5. be subjected to ~을 받게 되다   6. compared to ~와 비교하여

▌ 번역 참고사항 ・Environmental Health Perspectives(「환경건강전망」)은 미국립 환경건강과학연구소가 발행하는 건강에 미치는 환경영향에 관한 정보나 연구 결과 등에 관한 월간지이다.
     ・secondhand smoke는 passive smoking이라고도 한다.

▌ 모범 번역 곧 만기가 되어 갱신을 해야 하는 잡지인 「환경건강전망」 1월호에 발표된 논문에 따르면 간접흡연을 한 아이들은 독해, 수학, 논리적 사고력 시험의 점수가 더 낮다고 합니다. 4,400명의 아이들을 대상으로 한 연구에서 간접흡연을 한 양이 가장 적은 아이들은 수학과 독해의 공통 테스트에서 높은 수준의 간접흡연을 한 아이들에 비해 평균 7점 높은 점수를 받았다는 사실이 밝혀졌습니다.

■원문: CNN 2005, 번역: 김형철 2006

정리하기

1. Venuti

   Venuti는 슐라이어마허로부터 "자국화 번역(친숙하게 하기, domesticating translation)"과 "이국화 번역(낯설게 하기, foreignizing translation)"이라는 개념을 도입하였다.

   ■ 자국화 번역
   ① 목표텍스트의 독자들이 원문텍스트의 낯설고 생소함을 가능하면 느끼지 않도록 채택하는 명료하고 자연스러운 번역방법이다.
   ② 해석학자 슐라이어마허에 따르면 독자를 제자리에 두고 번역텍스트를 번역독자에게 접근시키는 번역전략이다.
   ③ 자국화 번역을 선호하는 이유는 독자에게 친근하고 읽기 쉽도록 하여 텍스트의 **가독성**(readability)을 강조하기 때문이다.

   ■ 이국화 번역
   ① 원문텍스트에 존재하는 낯설고 이국적인 요소를 목표텍스트에 그대로 옮겨 의도적으로 목표언어권의 문화와 관습에 적합하지 않는 목표텍스트를 생산한다.
   ② 원문텍스트 저자 또는 원문텍스트를 제자리에 두고 번역독자를 텍스트에 접근시키는 접근법을 말한다.
   ③ 목표언어권의 독자에게 "**낯선 독서 경험**(alien reading experience)"을 하도록 하는 효과를 낸다.

2. **기능주의**(functionalism)
   ① 1980년대 초반에 독일에서 **번역의 목적**에 관심을 둔 이론이 '기능주의(functionalism)'이다. 그리스어로 '**목적**' 또는 '**기능**'을 의미하는 '**스코포스**'라는 단어에서 명칭을 따옴.

② 대표적인 학자는 **Hans Vermeer**와 **Katharina Reiss**로 페르미어는 행위이론을 번역에 접목시킴.
③ Vermeer는 번역을 원문텍스트에 근거한 행위의 일종으로 간주하여 모든 행위에는 '스코포스', 즉 '목적'이 있음을 강조한다.
④ 그는 행위의 개념을 정의함에 있어서 "어떠한 행동이 참다운 행위로 간주되려면 행동을 취하는 사람이 자신이 그렇게 행동한 이유를 설명할 수 있어야 한다(1987: 176)"고 밝혔다.
⑤ 이전의 번역학 이론들이 원문언어 중심으로 모든 번역과정과 번역 결과물을 평가하고 연구했다면 스코포스 이론은 **목표언어 중심으로 번역**을 논하고 연구한다.
⑥ 실용적인 차원에서 번역의 기능을 무엇보다 중시하며 등가개념에 얽매여 있던 번역이론을 새로운 차원으로 끌어올렸다는 점에서 큰 의의가 있다.
⑦ 원문 저자가 텍스트를 쓴 **의도와 목적**이 무엇인지를 분명히 파악하여 번역행위시 이 목적과 의도를 충분히 살려 번역을 하자는 것이다.

평가하기

1. Venuti의 번역이론에 대한 설명으로 틀린 것은?
   ① 자국화와 이국화의 방법으로 구분하였다.
   ② 자국화방법은 외래성을 강조하는 방법이다.
   ③ 이국화는 낯설고 외래적 요소를 드러내는 방법이다.
   ④ 이국화는 독자를 텍스트에 접근시킨다.

   ▮정답: 2

2. 기능주의에 대한 설명으로 맞는 것을 모두 고르시오.
   ① Newmark가 제안한 번역방법이다.
   ② 번역의 목적을 중심으로 하는 방법이다.
   ③ 대표적 학자로는 Vermeer, Reiss가 있다.
   ④ 원문언어 중심의 번역방법이다.

   ▮정답: 2, 3

3. 스코포스이론의 번역목적에 해당하지 않는 것은?
   ① 목표언어가 지향하고 있는 커뮤니케이션 목적
   ② 특정번역방법을 따르는 전략적 목적
   ③ 번역사가 지향하는 일반적인 목적
   ④ 독자의 가독성을 향상시키는 목적

   ▮정답: 4

4. Reiss가 분류한 텍스트 유형을 모두 고르시오.
   ① 정보중심 텍스트   ② 기술중심 텍스트
   ③ 표현중심 텍스트   ④ 문학중심 텍스트

   ▮정답: 1, 3

8차시 번역 평가

학습 내용

(1) 충실성 개념 이해
(2) 가독성 개념 확립
(3) 텍스트 사례 분석

사전 평가

(1) 적절성은 충실성의 요건에 해당한다. ┃ 정답: X
(2) Juhel은 충실성의 문제를 "직역"과 "의역"의 문제라고 논의하였다. ┃ 정답: O
(3) '친숙하게 하기'는 가독성의 요건에 해당한다. ┃ 정답: O
(4) 충실한 번역은 원문의 형태와 의미를 정확하게 전달하는 것이다. ┃ 정답: O

1. 충실성 vs 가독성의 역사적 배경

① 번역행위가 시작된 이래로 번역이론가들은 ST에 충실한 번역을 해야 하는지 TL의 독자가 읽고 이해하기 쉽게 가독성을 고려한 번역을 해야 하는지에 대해 끊임없이 고민하고 논쟁해왔다.

② Cicero는 TT와 ST의 관계에 대해서 "내가 단어 대 단어로만 옮긴다면 그 결과물은 매우 어설프게 보일 것이고, 어쩔 수 없이 필요에 의해 어순이나 어법을 바꾼다고 하면 번역자로서의 역할을 벗어난 것처럼 보일 것이다."고 했다. Cicero의 이 말은 번역사는 원문과 TL독자에 대한 책임을 동시에 져야 한다는 것을 보여준다.

③ Louis Kelly는 번역이론의 역사를 세부적으로 조사하며 17세기 말에 이르러서야 '충실성'의 개념을 원저자의 단어를 따르기보다는 오히려 의미

의 충실함을 중심적 가치로 인식하였다.
④ Newmark가 제시하는 여덟 가지 번역방법 가운데 하나인 '충실한 번역(Faithful Translation)'에 대해 살펴보면, 목표언어의 문법구조에 적절하도록 번역하면서 원천텍스트의 정확한 의미를 재현하려는 번역방법이다.
⑤ 문화와 밀접한 관련이 있는 어휘는 소리 나는 대로 그대로 옮겨 '음차(音借)번역'하고, 원천 텍스트에 쓰인 원천언어가 원천언어 내의 문법이나 어휘의 쓰임에서 잘 쓰지 않는 표현이라 하더라도 그대로 옮겨주며, 원저자의 의도와 원저자가 쓴 텍스트의 실현에 전적으로 충실해야 한다고 설명한다.
⑥ 김효중에 의하면 현대 번역이론의 특성은 문화와 언어가 서로 의존한다는 가설에 기초하며 언어 내적요인보다 언어 외적요인에 더 관심을 갖는다고 말하면서, 번역은 상이한 문화 간의 커뮤니케이션으로 간주되고 여기에서 역어텍스트의 기능이 가장 중요시되며, 이러한 기능적 번역이론에서는 전통적으로 번역의 기준이 되었던 신성한 원문이 중요시되지 않는다고 말한다.

1) 충실성의 개념 및 번역방법

Juhel은 번역의 충실성에 대해 크게 두 가지로 나뉜다고 보는데 하나는 원문에 최대한 충실하게 대어역을 하여 독자가 마치 외국어 텍스트를 읽는 느낌을 갖도록 하는 것이고, 다른 하나는 역어와 그 문화적 맥락에 맞도록 번역을 하는 것이 충실한 번역이라는 것이다. Juhel은 충실성의 문제를 간단히 말해 "직역"과 "의역"의 문제라고 한다.

   A. Hurtado-Albir는 해석이론의 지지자이며 스페인의 번역학자인데 그에 따르면, 번역의 대상은 낱말이 아니라 낱말의 의미이며, 충실성은 **"저자의 의도에 대한 충실성"**, **"역어에 대한 충실성"**, **"독자에 대한 충실성"**이며, 이 세 가지 모두를 충족시켜야 하며 이들 중 어느 하나라도 소홀히 하면 충실한 번역으로

볼 수 없다는 입장을 취한다.

본 텍스트에서는 충실성을 "**원문의 형태에 충실한**"과 "**원문의 의미에 충실한**"으로 정의 내린다. 간단히 정리를 하면 다음과 같다.

- **충실성의 개념**
  ① 원문의 형태에 충실한 번역(가능한 한 단어 대 단어 번역을 한다.)
  ② 원문의 의미에 충실한 번역(단어 대 단어 번역으로 원문의 내용이 잘못 전달된다고 판단될 경우에만 의미 대 의미 번역을 한다.)

Newmark는 8가지 번역방법 중 번역의 주요 목적은 정확성과 경제성에 있다고 주장하면서, 이 두 목적에 가장 잘 부합하는 방법으로 의미중심의 번역과 소통중심의 번역을 꼽고 있으며, TT의 충실함에 더 가치를 두고 있으나 텍스트의 유형과 번역의 목적 및 대상독자에 따라 번역방법을 선택해야 한다고 했다.

충실한 번역은 목표어의 문법적 구조의 제한을 받지 않고 **원문의 문맥적 의미**를 정확하게 번역하며 **원저자의 의도와 텍스트의 실현**에 전적으로 충실하고자 하는 번역방법으로 원문의 내용(content), 의미(sense)를 충실하게 전달하고자 하는 의미 대 의미 번역이라 할 수 있다.

2) 충실성의 구성요소

충실한 번역은 원문의 형태, 또는 원문의 의미를 정확하게 전달하는 것이다. 다시 말해 내용전달이 정확해야 한다. 따라서 번역사는 원문을 잘못 이해해서 오역을 해서도 안 되며, ST가 가지고 있는 문화적인 특성이나 이국적인 상황을 그대로 전달해야 한다. 본 책에서는 충실성의 구성요소를 다음 세 가지로 분류하였다.

① 정확성(accuracy)
② 낯설게 하기(alienating)
③ 번역자 드러내기(visibility)

충실성의 첫 번째 구성요소인 정확성을 구현하기 위해서 번역사는 오류를 최소화해야 하며, 이를 위해 원문을 정확하게 이해해야 한다. 원문을 제대로 이해하지 못해 오역을 했을 경우 독자는 틀린 정보를 입수하게 될 뿐만 아니라, 문학 작품의 경우 저자의 의도와는 다른 관점으로 글을 이해하게 되기 때문에 정확성을 충실성의 첫 번째 요소로 삼는다. Gutt는 번역에서 오류가 발생하는 원인을 번역사가 원문을 잘못 이해했거나 TL능력이 뛰어나지 않기 때문이라고 기술한다.

ST에 담겨 있는 메시지를 '자연스러운 표현'으로 전달하고자 하는 목적 때문에, 번역사는 정확한 의미의 등가에만 초점을 맞추게 되고 원래 의미를 부정확하게 전달하게 된다. 번역과정에서 발생하는 정확성의 부재에 대해 Venuti는 영어로 번역된 신문이나 정기 간행물에서는 '쉽게 읽히는 번역'이 주를 이루고 있는데 비평가들은 종종 번역의 정확성, 독자층, 출판시장의 경제적 가치와 같은 문제는 제쳐두고 번역의 문체(style)에만 논평의 초점을 맞추고 있다.

낯설게 하기[7]는 친숙하게 하기와 반대되는 개념이다. Venuti는 낯설게 하기(alienating)를 타지화(foreignization)라 하면서 원문 텍스트의 "낯설음(foreignness)"을 유지하는 번역전략이라고 정의 내린다. 낯설게 하기는 번

---

[7] 베누티(Venuti)는 프리드리히 슐라이어마허(Friedrich Schleiermacher)로부터 "자국화 번역(친숙하게 하기, domesticating translation)"과 "이국화번역(낯설게 하기, foreignizing translation)"이라는 개념을 도입하였다. 낯설게 하기의 번역방법은 원천 텍스트에 존재하는 이국풍의 요소를 목표텍스트에 그대로 옮겨 의도적으로 목표언어권의 관습에 적합하지 않는 목표텍스트를 생산한다. 원천 텍스트의 명확하지 않은 표현이나 원천언어권 내에서도 생소한 어떤 요소를 그대로 옮기고, 목표언어의 고어(古語) 등을 의도적으로 텍스트에 넣는다. 이러한 특징들이 모여 목표언어권의 독자에게 "낯선 독서 경험(alien reading experience)"을 하도록 하는 효과를 낸다(Venuti 20).

역에서 문화적인 차이로 인해 발생하는 낯선 내용이나 의미를 번역자가 그대로 번역하는 것으로 독자들이 직접 체험하지 못한 타문화의 상황을 경험하게 하는 장점이 있다. 반면 낯선 상황을 이해하기 위해 배경을 알아보는 등의 수고는 독자의 몫이 된다.

가독성은 TL중심의 번역방법으로 목표어의 적절성과 자연성이 원문과 저자보다 더 중요하다. 가독성이 뛰어난 글은 무엇보다 쉽게 읽히고 이해되며 번역자의 능숙한 표현력을 통해 드러난다.

■ 가독성의 개념
 ① 의미전달이 쉬워야 한다.
 ② 문장의 길이가 적절해야 한다.
 ③ 목표어에 적절하며 자연스러워야 한다.

TL문화권의 독자들이 TT를 읽었을 때 생소하지 않고 TL문화권에서 잘 맞으며 친숙한 상황을 묘사하는 것을 구성요소로 삼고자 한다.[8]

■ 가독성의 구성요소
 ① 적절성(appropriateness)
 ② 친숙하게 하기(naturalizing)
 ③ 번역자가 숨겨지는 현상(invisibility)

우선 적절성을 예로 들어보자. 표현의 적절성과 문장길이의 적절성을 들 수 있다. 표현이 적절해야 한다는 것은 TL문화권에서 통용되는 어휘를 사용해야 함을 뜻한다. 이것은 충실성의 구성요소 중 하나인 정확성과도 관련이 있

---

[8] Newmark의 여덟 가지 번역방법 가운데에서 TL을 강조하는 방법인 '소통중심의 번역', '관용어구 중심의 번역', '자유번역', '번안'의 개념과 Venuti의 '친숙하게 하기'에서 가독성의 개념과 구성요소를 추출하였다.

다. 번역사가 원문을 정확히 이해해야만 가장 적절한 표현을 TL에서 찾아낼 수 있는 것이다.

번역에서 친숙하게 하기 전략은 SL문화권의 사회적, 문화적 상황이 마치 TL문화권에도 있는 것처럼 번역하는 것이다. 이것을 Venuti는 **현지화**(domestication)라고 부른다.

번역사가 숨겨지는 현상은 독자가 번역물을 읽을 때 TT가 다른 나라에서 쓰였고, 번역사가 개입되어 있다는 사실을 전혀 알지 못할 만큼 SL문화권의 낯선 상황을 친숙한 역어의 상황으로 번역하는 전략이다. TT(산문이나 시, 소설이나 비소설)가 잘 읽히고 언어적·문체적 낯설음이 사라지고, 저자의 개성과 의도, ST의 본질을 잘 전달하고 있으며, TT 자체가 번역이 아니라 원문인 것처럼 보이는 것이다.[9]

그는 현지화와 타지화(foreignization)라는 두 가지 유형의 번역전략을 가지고 번역자 드러내지 않기를 설명하고 있다. TT에서 낯설음을 최소화하기 위해서 번역자를 드러내지 않고 TL에 가까운 문체로 번역하는 것이며, 도착어의 문화적 가치를 우선시하기 때문에 독자는 가만히 있고 저자가 독자에게 다가서는 것이 현지화전략이다.

2. 사례분석

지금까지 충실성과 가독성의 개념과 구성요소를 살펴보았다. 이번 장에서는 영어원문과 번역문을 충실성과 가독성의 관점에서 살펴보고자 한다. 영어원문은 샬롯 브론테(Charlotte Brontë)의 『제인 에어』(Norton Critical Edition 1971)이며, 번역본은 영미연에서 우수 추천본[10]으로 평가받은 유종

---

[9] Venuti 1995: 10.
[10] 번역평가사업단(2005, 2007)은 '우리의 1차적인 관심은 본격적인 번역비평이라기 보다는 그 비평의 대상으로 삼을 만한 번역본들을 걸러내는 기본적인 수준에서의 평가'라고 밝히고 있으며 본 연구의 목적도 이에 부합한다는 점을 밝힌다.

호(민음사 2006)[11]역을 분석하고자 한다.

충실성의 범위는 특히 언어적 측면의 통사적·의미적·화용론적인 측면을 중심으로 분석하고자 한다. 가독성의 범위는 TL의 표현에 맞추어 어색하지 않고 쉽게 읽히며 자연스러움을 기준으로 삼았다.

통사론적 측면과 의미론적 측면에서 아래의 대목을 살펴보기로 한다. 『제인 에어』가 출판 당시부터 독자들로부터 많은 사랑을 받은 이유 가운데 하나가 제인의 고뇌를 생생하게 묘사하면서도 거리를 두는 화자를 창조하는데 성공했기 때문이다.[12] 전후맥락을 잠깐 설명하면 제인이 존과 싸웠다는 이유로 붉은 방에 갇힌 후 부당한 대우에 분노하는 부분이다. 이 대목은 당시 어린 제인이 느낀 것이 아니라 성숙한 어른이 되어 옛일을 회상하며 서술한 것이다.

(1) ST: I was ①a discord in Gateshead Hall: I was like nobody there; I had nothing in harmony with Mrs. Reed or her children, or her chosen vassalage. … 중략 …. ②a heterogeneous thing, opposed to them in temperament, in capacity, in propensities; ③a useless thing, incapable of serving their interest, or adding to their pleasure; ④a noxious thing, cherishing the germs of indignation at their treatment, of contempt of their judgement.
(Jane Eyre, Norton Critical Edtion 1971 p. 12, 밑줄은 필자의 표시임.)

TT: 게이츠헤드 저택에서의 나는 ①위화(違和)의 존재였다. 나는 그곳의 아무와도 같지 않았다. 리드 부인과도 그 자녀들과도 또 그녀가 좋아한 하인들과도 조화되는 면이 전혀 없었다. … 중략 …. 사실 나는 기질에 있어서나 능력에 있어서나 성벽에 있어서나 그들과는 정반대되는 ②이질적인 존재였다. 그들의 이익에 보익되지도 못하는 ③무용지물이었고 그들의 취급에 노여움의 싹을, 그들의 판단에 경멸의 싹을 안겨주는 ④해로운 존재였다. (유종호 역 P. 35)

---

[11] 유종호는 1980년에 『제인 에어』(동화출판공사)를 출간하였는데 본고에서 분석한 번역본은 2006년(민음사) 출간서적임을 밝혀둔다.
[12] 장정희·조애리 2002: 156

먼저, ST의 밑줄 친 각각의 어휘는 성숙한 화자에 의해 어린 시절의 제인을 규정한 표현들인데 유종호는 병렬된 어감을 살려서 "위화", "이질적인 존재", "무용지물", "해로운 존재"로 각기 달리 옮기고 있다. 그런데 "a discord"를 "위화(違和)의 존재"라는 표현은 한자어로서 의미전달이 낯설고 가독성이 떨어진다고 할 수 있다.

(2) ST: I reflected. Poverty looks grim to grown people; still more so to children: they have not much idea of industrious, working, ① respectable poverty; … 중략 …. ②Poverty for me was synonymous with the degradation. (p. 55)

TT: 나는 생각해보았다. 가난이란 것은 어른들에게는 기분 나쁜 것이지만 어린이들에게는 특히 더한 법이었다. 어린이들은 부지런히 일하는 ①의젓한 청빈(淸貧)이란 것을 이해하지 못한다. … 중략 …. 따라서 ②당시의 나에게는 가난은 타락의 동의어였다. (유종호 역 p. 40)

이 대목은 어른이 된 제인이 당시의 상황을 회상하며 쓴 부분인데 원문의 첫 번째 밑줄 친 부분을 "의젓한 청빈(淸貧)"이라는 한자어로 표현하였으며 원문의 통사구조(형용사+명사)를 TL에서 그대로 직역하였다. 실제 한국어 표현에서는 '형용사+명사구조'는 '~이 …하다'식의 주어+서술어구조로 전환하는 것이 자연스러운 경우가 많다.13 청소년 독자들이 읽는다면 다소 어렵게 느낄만한 어휘이다. 또한 두 번째 밑줄부분의 번역 "가난은 타락의 동의어"도 원문의 단어에 대한 직역의 형태를 나타내고 있다.

다음은 제인과 세인트 존(St. John)의 갈등이 절정에 이른 장면이며 제인의 갈등이 치열하게 제기된 대목이다.

(3) ST: I felt veneration for St. John - veneration so strong that ①its impetus

---

[13] ex: Mr. Kim is a good driver. ①김씨는 좋은 운전수이다(원문 구조에 따른 번역이지만 실제 한국어에서는 부자연스러운 구조임). ②김씨는 운전을 잘한다. or 김씨는 운전이 노련하다(이때, 김씨는 주제어이며 문장은 주어는 '운전이'이며 서술어는 '노련하다' 즉 SV의 문형이 된다.)

thrust me at once to the point I had so long shunned. I was tempted to cease struggling with him ②to rush down the torrent of his will into the gulf of his existence, and there lose my own. (p.443)
TT: 나는 세인트존에게 외경을 느꼈다. - 그 외경의 느낌이 몹시 강했기 때문에 ①그렇게 내가 극력 피하고 있던 점에 나를 밀어다 붙일 정도였다. 나는 그와의 싸움을 중지하고 - ②그의 의지의 분류에 뛰어들어 그의 존재의 심연 속으로 흘러 들어가, 거기서 나 자신을 잃어버리고 싶은 유혹을 느꼈다. (유종호 역 p. 424)

제인의 내면적 갈등을 드러내는 원문의 줄표(-) 부분을 번역문에서도 그대로 표시하고 있는데 문장전체의 흐름이 끊어지며 자연스럽지 못하다. 이러한 부분은 주인공의 심리묘사나 상황의 전환을 암시하는 경우가 많으므로 그 흐름을 잘 파악하여 옮겨야 하며 한국어에서는 이러한 줄표는 사용하지 않으므로 적절하게 끊어서 번역해야 한다. 그리고 TT의 전체적 문장의 호흡이 길어서 긴장감을 떨어뜨리며 또한 ST의 밑줄부분의 번역 "내가 극력 피하고 있던 점에 나를 밀어다 붙일 정도였다."은 원문구조에 대한 직역이어서 주인공의 내면적 갈등의 강렬함이 잘 전달되지 못하며 가독성이 떨어진다고 볼 수 있다.

4) ST: ①A new chapter in a novel is something like a new scene in a play; and when I draw up the curtain this time, ②reader, you must fancy you see a room in the George Inn at Millcote. (p.65)
TT: ①소설 속의 새 장(章)은 연극 속의 새 장면과 같다. ②독자여! 내가 여기서 막을 올리면 밀코트에 있는 조지 여인숙의 방이 하나 보인다고 상상해 주길 바란다. (유종호 역 p. 167)

첫 문장은 "소설 속의 새 장(章)은 연극 속의 새 장면과 같다"라는 직유의 서술 형태를 보이고 있으며 원문의 "reader"의 위치가 부사절 뒤에 위치해 있지만 번역에서는 두 번째 문장의 도입부에 먼저 나타냄으로서 독자들로 하여금 새로운 환기와 관심을 불러일으키는 효과를 주고 있다. "상상해주길 바란다"라는 화법도 가독성측면에서 자연스럽다.

> (5) ST: ①A new chapter in a novel is something like a new scene in a play; and when I draw up the curtain this time, ②reader, you must fancy you see a room in the George Inn at Millcote. (p.65)
> TT: ①소설 속의 새 장(章)은 연극 속의 새 장면과 같다. ②독자여! 내가 여기서 막을 올리면 밀코트에 있는 조지 여인숙의 방이 하나 보인다고 상상해 주길 바란다. (유종호 역 p. 167)

첫 문장은 "소설 속의 새 장(章)은 연극 속의 새 장면과 같다"라는 직유의 서술 형태를 보이고 있으며 원문의 "reader"의 위치가 부사절 뒤에 위치해 있지만 번역에서는 두 번째 문장의 도입부에 먼저 나타냄으로서 독자들로 하여금 새로운 환기와 관심을 불러일으키는 효과를 주고 있다. "상상해주길 바란다"라는 화법도 가독성측면에서 자연스럽다.

정리하기

1. **충실성의 개념**

    본 텍스트에서는 충실성을 "원문의 형태에 충실한"과 "원문의 의미에 충실한"으로 정의 내린다. 간단히 정리를 하면 다음과 같다.

    - 충실성의 개념
      ① 원문의 형태에 충실한 번역(가능한 한 단어 대 단어 번역을 한다.)
      ② 원문의 의미에 충실한 번역(단어 대 단어 번역으로 원문의 내용이 잘못 전달된다고 판단될 경우에만 의미 대 의미 번역을 한다.)

    Newmark는 8가지 번역방법 중 번역의 주요 목적은 정확성과 경제성에 있다고 주장하면서, 이 두 목적에 가장 잘 부합하는 방법으로 의미중심의 번역과 소통 중심의 번역을 꼽고 있으며, TT의 충실함에 더 가치를 두고 있으나 텍스트의 유형과 번역의 목적 및 대상독자에 따라 번역방법을 선택해야 한다고 했다.

2. **충실성의 구성요소**

    충실한 번역은 원문의 형태 또는 원문의 의미를 정확하게 전달하는 것이다. 다시 말해 내용전달이 정확해야 한다. 따라서 번역사는 원문을 잘못 이해해서 오역을 해서도 안 되며, ST가 가지고 있는 문화적인 특성이나 이국적인 상황을 그대로 전달해야 한다. 본 책에서는 충실성의 구성요소를 다음 세 가지로 분류하였다.

    - 충실성의 구성요소
      ① 정확성(accuracy)
      ② 낯설게 하기(alienating)
      ③ 번역자 드러내기(visibility)

    충실성의 첫 번째 구성요소인 정확성을 구현하기 위해서 번역사는 오류를 최소화해야 하며, 이를 위해 원문을 정확하게 이해해야 한다.

3. 가독성의 개념

가독성은 TL 중심의 번역방법으로 목표어의 적절성과 자연성이 원문과 저자보다 더 중요하다. 가독성이 뛰어난 글은 무엇보다 쉽게 읽히고 이해되며 번역자의 능숙한 표현력을 통해 드러난다.

■ 가독성의 개념
① 의미전달이 쉬워야 한다.
② 문장의 길이가 적절해야 한다.
③ 목표어에 적절하며 자연스러워야 한다.

TL문화권의 독자들이 TT를 읽었을 때 생소하지 않고 TL문화권에서 잘 맞으며 친숙한 상황을 묘사하는 것을 구성요소로 삼고자 한다.

■ 가독성의 구성요소
① 적절성(appropriateness)
② 친숙하게 하기(naturalizing)
③ 번역자가 숨겨지는 현상(invisibility)

표현의 적절성과 문장길이의 적절성을 들 수 있다. 표현이 적절해야 한다는 것은 TL문화권에서 통용되는 어휘를 사용해야 함을 뜻한다. 이것은 충실성의 구성요소 중 하나인 정확성과도 관련이 있다. 번역사가 원문을 정확히 이해해야만 가장 적절한 표현을 TL에서 찾아낼 수 있는 것이다.

평가하기

1. 다음에서 충실성의 구성요소에 해당하지 않는 것은?
   ① 정확성　　　　　② 낯설게 하기
   ③ 자연스러움　　　④ 번역자 드러내기

   ▌정답: 3

2. 가독성에 대한 설명으로 맞지 않는 것은?
   ① 의미전달이 쉬워야 한다.
   ② 원문의 이국성을 그대로 드러낸다.
   ③ 문장의 길이가 적절해야 한다.
   ④ 목표어에 적절하며 자연스러워야 한다.

   ▌정답: 2

3. Venuti의 낯설게 하기에 대한 설명으로 맞는 것을 모두 고르시오.
   ① 타지화(foreignization)라고도 불린다.
   ② 원문 텍스트의 "낯설음(foreignness)"을 유지하는 번역전략이다.
   ③ 현지화의 한 방법이다.
   ④ 독자들이 직접 체험하지 못한 타문화의 상황을 경험하게 하는 장점이 있다.

   ▌정답: 1, 2, 4

9차시 영어 수동문 이해와 번역

학습 내용

(1) 영어 수동문의 이해
(2) 영어 수동문의 한국어 번역의 이해
(3) 텍스트 분석

사전 평가

(1) 영어의 기본적 어순은 주어+동사+목적어의 구조이다. ▌정답: O
(2) 영어는 한국어에 비해 수동구문이 발달하였다. ▌정답: O
(3) 상황 및 맥락 중심인 한국어는 자신의 감정이나 감각을 서술하는 데서도 '**事情**'을 중심으로 표현한다. ▌정답: O
(4) 한국어에서는 모든 문장에서 주어를 반드시 명시해야 한다. ▌정답: X

---

1. 영어와 한국어의 수동문 차이

영어수동구문과 관련한 영어와 한국어의 근본적인 차이의 핵심은 무엇보다 **기본 어순의 차이**에서 비롯된다고 할 수 있다.

(1) 영어 특성

영어의 SVO어순은 자연적이거나 인위적이거나 어떤 외부적 사건이 다른 대상에게 영향을 미치는 상황을 표현하는 구문들이 영어에서는 많이 쓰인다고 할 수 있다. 이러한 특징을 기본으로 반드시 주어를 명시해야 하며 주어가 생물이거나 무생물인 경우에 상관없이 동일한 타동사를 표현하는 경우가 많다.

(2) 한국어 특성

한국어는 기본적으로 문맥에서 추론이 가능한 경우 주어를 흔히 생략하며 언어 특성상 영어에 비해 타동사 구문보다는 자동사가 발달하여서 예를 들어, 영어의 '무생물주어+타동사+사람 목적어'의 문형은 한국어로 그대로 대응할 경우 표현이 어색해지므로 굳이 같은 구조의 동사로 사용해야 할 필요는 없는 것이다(이은숙 2009).

한국어는 **언어 특성상 주어자리에 사람**이 오기 때문에 영어의 무생물주어 구문은 대부분 목적어가 표면에 나타나지 않는 자동사 또는 형용사 구문의 형태로 나타난다(이영옥 2001: 56). 즉, 한국어에서는 목적어를 표현하지 않는 자동사나 형용사 구문의 형태를 사용함으로써 해당되는 감정이나 영향을 불러일으킨 행위주체를 굳이 표현하지 않는 것이다.
　무생물주어 타동사 구문이 발달한 영어의 경우 ①목적어(수동자)를 강조하기 위해, ②행위의 주체를 나타내기 곤란한 경우 ③동일한 주어를 유지하고자 할 때 등의 이유로 수동문을 사용하게 된다. 그러나 한국어에서는 아래 예문에서와 같이 능동문으로 표현된다.

(1) a. They speak English in Australia.
　　　그들은 오스트레일리아에서는 영어를 쓴다.
　　b. English is spoken by them in Australia.
　　　오스트레일리아에서는 영어가 그들에 의해 쓰인다.
　　c. English is spoken in Australia.
　　　오스트레일리아에서는 영어를 사용한다.

위의 예문을 잠깐 살펴보면, (1)의 영어예문들은 형태와 통사적 관점에서는 가능한 문장이라고 하겠지만 실제 언어사용과 번역의 측면에서는 (1a)는 부자연스러운 능동번역인데 이는 한국어에서는 일반인 주어의 대명사를 사용하지 않는 특징이 있다.

(1b)의 영어 수동문은 by-Agent NP가 실제 정보가치가 거의 없는 것이 신정보위치에서 사용되었으므로 부자연스럽다고 할 수 있다. (1b)의 한국어 번역문을 보면 '그들에 의해'와 같은 행동주 명사구는 청자의 주의를 환기시키거나, 주어진 정보를 강조하거나 혹은 문체상의 이유로 사용될 수 있지만 일반적으로 생략되는 것이 자연스럽다. 이런 이유로 (1c)의 문장이 영문과 한국어번역문에서 가장 자연스러우며 화용적이다.

영어에서는 자연스럽게 수동구문의 형태로 표현되는 것이 한국어의 경우 동일한 수동구문으로 표현하려 할 때 구문 구성 자체가 불가능하거나 가능하다 하더라도 어색한 번역문체가 되는 경우가 많다. 이는 같은 수동구문이라 하더라도 한국어의 경우와 영어의 경우는 의미적 · 구문적 성격이나 사용범위에 있어 많은 차이점을 가지고 있으며 이러한 양 언어의 차이점은 특히, 번역활동에서 두드러진다고 할 것이다.

이번에는 어색한 수동번역문과 올바르게 수정된 번역의 예를 살펴보자.

(2) 그리고 나중에 악화되어졌을 때
 → 그리고 나중에 병이 심해졌을 때

(3) 어찌 여자에게 이해될 수가 있단 말인가?
 → 여자가 어떻게 이해한다는 말인가?

(4) 쟁반에 실리어 가져왔는데
 → 쟁반에 담아 가져왔는데

(5) 작가에 의해 쓰여지게 되는 것이리라.
 → 작가가 쓰는 것이리라.[14]

각 예문의 첫 번째 문장들은 어색한 수동 직역의 문장들인데 '~되어졌다, 되는 것이다, 쓰여지다' 등의 표현들은 올바르지 않으며 의미의 정확한 전달에

---

[14] 안정효 1996: 113.

도 문제가 있는 문장들이다. (3)번과 (5)번은 주체가 사람이므로 능동형의 번역이 더욱 자연스럽다고 할 수 있다.

현대영어에서는 말하는 순간에 화자의 관심의 초점이 어디에 있느냐에 따라서 혹은 수동태가 아주 좋은 표현 형태이기 때문이라는 등 여러 가지 이유로 인해 수동표현이 자주 쓰이고 있다. 즉, 수동형성의 범위에 있어서 영어가 우리말보다 훨씬 더 다양하고 넓다는 사실뿐만 아니라, 영어의 수동태 문장을 국어로 옮기는 과정에서 사람을 주어로 하는 능동문으로 나타나는 경향이 있음을 파악할 수 있다(이은숙 2008).

2. 한국어 번역과 관련한 문법적 대조 및 비교

수동구문에 있어서 한국어의 경우와 영어의 경우는 실제 사용분야가 상당히 다르며 근본적으로 구문적 의미적 성격에서 많은 차이점을 가지고 있다. 이 장에서는 이러한 구조적 차이에 대한 분석을 통해 영어에 비해 한국어에서 수동태가 많이 사용되지 않는 이유를 밝혀보고자 한다.

첫째, 언어 유형론에서 영어는 SVO형이며 이때 주어는 반드시 존재해야 하며 어순이 한국어에 비해 고정적이다. 다음 예문을 살펴보자.

  (6) I wrote a letter
    He broke the window.
    We heat the room by electricity.
    The car ran over her.

둘째, 한국어에서의 주어는 행위격인 경우가 대부분이며 상황중심적 표현과 맥락상 파악이 가능한 경우는 자주 생략한다.

(7) 차 한 잔 하세요.
   밥 먹어라.
   바둑이가 자고 있네.
   어제는 영화를 보았어.

셋째, 영어에 비해 한국어에서는 수동구문이 발달하지 못하였으며 주제의 차이를 굳이 수동태로 나타낼 필요가 없다. 한국어에서는 주제구문이 있기 때문이다.

(8) a. We wrote him a letter.(그에게 편지를 썼다.)
   b. A letter was written. ((누가) 편지를 썼다.)
   c. He was written a letter.
      그는/가 편지가 쓰여졌다. (×)
      →그가 편지를 받았다. (○)

(9) John broke the window. →John은 유리창을 깼다.
   The window was broken by John. →그 유리창은 John이 깼다.
                                    주제어 +주어 +서술어
   The project was completed by Mr. Kim. →프로젝트는 김씨가 완성했다.
                                          주제어 + 주어 + 서술어
   (이은숙 2009)

위의 예문들의 한국어 번역을 살펴보면 (8a)에서 '우리는'주어는 특정인을 가리키는 것이 아니므로 생략하는 것이 적절하며 (8b)는 영어 어순을 그대로 전환할 경우 '편지가 쓰여졌다'의 번역이 되는데 한국어의 행위격 주어의 특성과 맞지 않으며 문장이 어색하다. (8c)에서는 수동자가 사람이고, 동사가 수동형 '~쓰여졌다'인데, 한국어의 경우 능동적 속성 때문에 피해나 수익, 기원의 경우를 제외하고는 능동형으로 전환해야 한다. 이때 다른 동사로 바꾸어 주어야 한다.

넷째, 영어의 감정 및 심리적 상태를 나타내는 타동사가 수동형으로 쓰일 때 한국어문형으로는 SV형의 자동사 혹은 상태형용사형으로 번역되어 능동형 구문을 형성한다.

다음은 수동동사구에 전치사구(by, with, at, in … etc.)를 동반하는 표현들을 살펴보도록 하겠다.

(10) a. He was delighted to hear the news. 그는 소식을 듣고 기뻐했다.
b. I was pleased with his work. 나는 그의 일에 만족했다.
c. We were surprised at the news. 우리는 그 소식을 듣고 놀랐다.
d. I am convinced of his honesty. 나는 그가 정직함을 확신한다.
e. He is ashamed of what he did. 그는 자신이 한 일을 부끄러워했다.

위의 영어 수동문(10 a, b, c, d, e)에 대한 한국어 표현은 '기뻐하다, 만족하다, 놀라다, 확신하다, 부끄러워하다' 등의 표현에서처럼 능동문으로 나타낸다. 예컨대 "나는 배고파", "나는 깜짝 놀랐어", "기쁘다/춥다" 등의 말에서 한국어에서는 "나는"은 사실상 문장의 주어가 아니라 담화의 주체로 보며 결국 주어 없는 무주어 구문이 많이 통용된다.

다시 말하면, 영어의 규범적 문형의 하나인 감정의 타동사는 SVO형의 문형으로 '행위자-행위-목표'(actor-action-goal)의 패턴을 갖고 있어서, 수동 전환시에 동작주와 수동자의 관계로 파악되지만 한국어는 행위자나 수동자 같은 개념보다는 자동사로 대응된다고 할 수 있다.

상황 및 맥락 중심인 한국어는 자신의 감정이나 감각을 서술하는 데서도 '事情'을 중심으로 하는 표현을 하고 행위자(또는 경험자)인 '나' 혹은 '내'를 표면에 드러내지 않는다(이현석 39). 또한 대화자 사이에서 주어가 누구인지를 알고 있으면 흔히 주어는 생략된다.

다섯째, 주제-서술의 정보구조적 측면에서 볼 때 영어 수동문이 한국어로는 능동형으로 전환되는 경우가 많다.

Theme-rheme 구조에 의해 어떤 내용에 초점을 맞추느냐에 따라 그 다음 문장의 주제, 즉 문장의 첫머리에 오는 내용이 달라진다. 아래 예문을 살펴

보면,

(11) a. Sumi had a book home. 수미는 집에 책이 한 권 있다.
b. She is reading the book now. 수미는 지금 그 책을 읽고 있다.
c. The book was given as a birthday present by Minsu.
민수가 그 책을 생일선물로 주었다.

(11a)의 문장에 이어서 글을 써 나갈 때 어떤 내용에 초점을 맞추느냐에 따라 그 다음 문장의 주제, 즉 문장의 첫머리에 오는 내용이 달라진다. 수미를 주제로 글을 써 나갈 때는 (11b)의 문장이 되는데 (11c)의 경우처럼 초점을 책에다 두는 경우에는 영어문장은 수동태라야 하지만 한국어 문장은 능동문이 적절하다. 가령, 영어문장을 능동형으로 'Minsu gave it as a birthday present'으로 할 수 있지만 그러나 능동문보다는 수동문을 (11a)의 문장과 부합된다.

이상, 수동구문과 관련한 영어와 한국어의 문법적 구문적 차이점을 능동문번역과 연관 지어 설명하였다. 영어에 비하여 한국어에서는 수동태가 많이 사용되지 않는 근본적인 이유를 밝혔다. 이러한 구조적 차이를 인식하고서 올바른 영한 수동문 번역에 임해야 할 것이다.

3. 양 언어 수동구문의 화용적 의미적 비교

이제 한국어와 영어의 수동문 사용의 문체 및 화용적·의미적 접근을 살펴보고자 한다. 한국어와 영어 수동문은 각각 대조적인 의미와 차이점이 존재한다.

첫째, 문체(writing style)의 차이점이다. 영어에서는 *one, they, people, it*를 사용하면 객관성, 자기보호, 비개인성을 나타내는 효과가 있으며, 따라서 행위자를 나타내지 않는 영어수동문은 이런 목적에 적합하다. 다음의 한국어 문장과 영어문장을 살펴보자.

    (12) a. 사태가 심각하다고 (우리는) 믿습니다. (밑줄 친 부분은 강조된 부분)
         b. ??We believe that the situation is critical.
         c. It is believed that the situation is critical.
         d. The situation is critical, we believe.

(12a)에서 한국어의 주어는 흔히 생략되며 밑줄 친 부분은 강조된 부분이고 한국어에 해당하는 영어 문장은 객관성, 비개인성의 효과를 나타내는 (c)가 선호될 것이다. 한국어의 '~라고 전해진다, ~라고 말해진다, ~라고 믿어진다' 식의 간접적 표현방식은 영어에서 가주어 it를 동반하는 수동구문으로 전환된다. 위의 (12a)의 한국어 표현을 영어로 그대로 대응하면 (12d)가 되는데 이때 '우리'라는 인식의 주체는 약화된다고 할 수 있다. 다음의 예문을 또한 살펴보자.

    (13) a. 금일 휴업.
         b. (We are) closed today.
         c. ??My store is closed today.
         d. This store is closed today.[15]

(13a)에 가장 자연스러운 화용적 표현은 (13b)이며 (13b)수동문의 수동자가 일반인을 가리키므로 'We are'를 생략된 것으로 파악한다. (13d)는 '가게 (store)'를 주어로 한 영어 수동문인데 문법상으로 가능한 문장이다.
    영어의 격식체 문장에서는 능동문보다는 수동문 문체를 사용하여 겸양을 나타낼 수 있다.

---

[15] 강수언 1992: 244

(14) a. 승객 여러분께서는 이륙하는 동안 안전벨트를 매어 주시기 바랍니다.
    b. You are requested to fasten your seat-belt during our take-off.
    c. ??I you to fasten your seat-belt during our take-off.[16]

한국어에서는 (14a)에서처럼 존칭접사인 '시'를 사용하지만 영어에서는 적절한 동사를 수동형으로 나타내는 것이 격식체 요인 중의 하나이다.

둘째, '포함·내포' 개념의 경우 한국어는 '있다'형의 자동사 형태인데 반하여 영어는 담화 내용에 따라 수동과 능동이 사용될 수 있다.

(15) a. 그 집에는 아름다운 정원이 있다.
    b. The house contains the beautiful garden.
    c. The beautiful garden is contained by the house.

(16) a. 집이 숲에 둘러싸여 있다.
    b. ?The forest surrounds the house.
    c. The house is surrounded by/with the forest.[17]

셋째, '관념, 인지, 감정'을 나타내는 경우에 한국어에서는 일반적으로 능동문위주의 문장이 사용되나, 영어에서는 담화내용에 따라 능동과 수동을 선택적으로 사용해야 한다. 다만, 감정의 표현은 영어에서는 수동문으로 나타내는 것이 일반적이다.

(17) a. 그는 이웃 부부를 안다.
    b. He knows the couple next door.
    c. The couple next door is known to him.

(18) a. 콩 심은데 콩 나고, 팥 심은 데 팥 난다.
    b. The tree is known by/*to its fruit.

---

[16] 강수언 1992: 248.
[17] 김상옥 1996: 128.

(17)에서는 한국어 능동 표현이 영어에서는 능동과 수동문으로 선택적으로 표현가능하며 (18)의 한국어 속담을 영어로 나타낼 때는 단어 대 단어의 대응이 아닌 적절한 영어표현으로 바꾸어 주어야 한다.

(19) a. 나는 놀라서 기가 막혔다.
b. I was scared out of my wits.

(20) a. 노크소리가 들렸다.
b. ??*A knock at the door was heard by me.
c. A knock at the door was heard.
d. I heard a knock at the door.

예문(19)는 한국어의 감정 표현은 영어에서는 수동구문으로 전환된다. (20)은 감각 지각의 표현으로서 한국어 문장에서는 주어를 생략하는 경향이 많다. (20b)는 행위자 표시 'by me'를 생략하는 것이 화용론상으로 적절하다. 왜냐하면, 문맥으로부터 행위자가 누구인지 명백한 경우이므로 생략이 자연스럽다. 한국어 문장에 대한 (20c, d)의 표현은 모두 가능하다고 할 수 있다.

넷째, '손해 · 손실'의 경우에 담화 내용에 영향을 받는 점에 유의하여야 하는 경우가 있으나 대부분은 한국어와 영어에서 모두 수동문을 많이 사용하며 특히 영어에서는 수동문이 압도적이다(이은숙 2009).

(21) a. 배가 파도에 휩쓸렸다.
b. The boat was swept away by the waves.

(22) a. 그가 강에 익사했다.
b. He(stupidly) drowned in the river.
c. He was accidentally drowned in the river.
d. *He was stupidly drowned ; Why couldn't he have been more careful?
e. He was stupidly drowned ; Why couldn't they have fenced off the safe

area so he could have told how far to venture out?[18]

지금까지 한국어와 영어의 수동문 사용의 문체 및 화용적·의미적 차이점을 살펴보았다. 한국어와 영어의 능동문과 수동문 사용은 1:1의 대응관계가 성립되지 않는 경우가 대부분이다. 한국어는 근본적으로 '…하다'와 '…이다, …있다' 형의 언어이므로 **영어 수동문을 한국어로 옮길 때에는 담화내용과 화용적 의미를 고려해야 한다.** 그리고 영어에서는 formal speech act나 writing style에 따라 능동문 또는 수동문 사용을 고려하여 선택해야 한다. 특히 과학서적, 학술서적, 논문에서는 행위자 생략의 수동문이 사용이 글의 객관성과 비개인성의 효과를 줄 수 있다(이은숙 2009).

---

[18] Bolinger 1977: 16-17.

정리하기

영어수동구문과 관련한 영어와 한국어의 근본적인 차이의 핵심은 무엇보다 기본 어순의 차이에서 비롯된다고 할 수 있다.

1. **영어 특성**

   영어의 SVO어순은 자연적이거나 인위적이거나 어떤 외부적 사건이 다른 대상에게 영향을 미치는 상황을 표현하는 구문들이 영어에서는 많이 쓰인다고 할 수 있다. 이러한 특징을 기본으로 반드시 주어를 명시해야 하며 주어가 생물이거나 무생물인 경우에 상관없이 동일한 타동사를 표현하는 경우가 많다.

2. **한국어 특성**

   한국어는 기본적으로 문맥에서 추론이 가능한 경우 주어를 흔히 생략하며 언어 특성상 영어에 비해 타동사 구문보다는 자동사가 발달하여서 예를 들어, 영어의 '무생물주어+타동사+사람 목적어'의 문형은 한국어로 그대로 대응할 경우 표현이 어색해지므로 굳이 같은 구조의 동사로 사용해야 할 필요는 없는 것이다.

   　한국어는 언어 특성상 주어자리에 사람이 오기 때문에 영어의 무생물주어 구문은 대부분 목적어가 표면에 나타나지 않는 자동사 또는 형용사 구문의 형태로 나타난다. 즉, 한국어에서는 목적어를 표현하지 않는 자동사나 형용사 구문의 형태를 사용함으로써 해당되는 감정이나 영향을 불러일으킨 행위주체를 굳이 표현하지 않는 것이다.

   　무생물주어 타동사 구문이 발달한 영어의 경우 ①목적어(수동자)를 강조하기 위해, ②행위의 주체를 나타내기 곤란한 경우 ③동일한 주어를 유지하고자 할 때 등의 이유로 수동문을 사용하게 된다. 그러나 한국어에서는 아래 예문에서와 같이 능동문으로 표현된다.

   (1) a. They speak English in Australia. 그들은 오스트레일리아에서는 영어를 쓴다.

b. English is spoken by them in Australia. 오스트레일리아에서는 영어가 그들에 의해 쓰인다.
c. English is spoken in Australia. 오스트레일리아에서는 영어를 사용한다.

위의 예문을 잠깐 살펴보면, (1)의 영어예문들은 형태와 통사적 관점에서는 가능한 문장이라고 하겠지만 실제 언어사용과 번역의 측면에서는 (1a)는 부자연스러운 능동번역인데 이는 한국어에서는 일반인 주어의 대명사를 사용하지 않는 특징이 있다.

(1b)의 한국어 번역문을 보면 '그들에 의해'와 같은 행동주 명사구는 청자의 주의를 환기시키거나, 주어진 정보를 강조하거나 혹은 문체상의 이유로 사용될 수 있지만 일반적으로 생략되는 것이 자연스럽다. 이런 이유로 (1c)의 문장이 영문과 한국어번역문에서 가장 자연스러우며 화용적이다.

평가하기

1. 영어의 특성에 대한 설명으로 맞지 않는 것을 고르시오.
   ① 영어는 한국어에 비해 타동사 구문이 발달되어 있다.
   ② 상황중심의 언어로서 자주 주어가 생략되는 편이다.
   ③ 어순이 다소 고정적인 편이다.
   ④ 감정, 심리적 표현에 수동구문이 많이 사용된다.
   ┃정답: 2

2. 한국어의 특성으로 옳은 것을 모두 고르시오.
   ① ~있다, ~하다 형의 자동사중심의 구문이 많이 사용되는 편이다.
   ② 주제구문(은, 는)이 발달되어 있다.
   ③ 상황 및 맥락 중심의 언어에 속한다.
   ④ 감정, 심리표현에서 수동구문이 많이 사용된다.
   ┃정답: 1, 2, 3

3. 다음의 영어 표현에서 문법상 어색한 것은?
   ① He was delighted to hear the news. 그는 소식을 듣고 기뻐했다.
   ② I was pleased with his work. 나는 그의 일에 만족했다.
   ③ We were surprised to the news. 우리는 그 소식을 듣고 놀랐다.
   ④ I am convinced of his honesty. 나는 그가 정직함을 확신한다.
   ┃정답: 3

10차시 영어 수동문 번역 분석

학습 내용

(1) 신문 잡지의 영어 수동문 분석
(2) 고등부 영어교과서 영어 수동문 분석
(3) 문학에서의 영어 수동문 분석

사전 평가

(1) Granger의 텍스트 유형에 따르면 신문 잡지는 수동문 비율이 높은 텍스트이다.
　　　　　　　　　　　　　　　　　　　　　　　　　　　　　┃정답: O
(2) 외교문서나 협정 등의 영어 수동문은 객관성과 정확성을 위하여 한국어에서도 수동문으로 번역되는 경우가 많다.　　　　　　　　　　　┃정답: O
(3) 영어의 감정, 심리의 타동사(amaze, annoy, astonish, delight,....) 표현은 한국어에서는 자동사적 표현으로 나타낸다.　　　　　　　　┃정답: O

1. 신문 잡지의 영어 수동문 분석

신문·잡지 및 영미 소설의 문학 텍스트에 나타난 수동구문과 이에 대한 한국어 번역을 살펴보고자 한다. 이러한 논의는 다양한 텍스트 유형에 따른 영어 수동용법을 살펴보고자 하는데 그 의의가 있다. 원문은 ST(Source Text), 한국어 번역은 TT(Target Text)로 표기하기로 한다.

　Title: Crackdown on Poachers in Colombia.
　(1) ST: Poachers typically transport the skins to cities around Columbia. They <u>are sold</u> on the black market to buyers in Japan, Europe and the United States. The skins <u>are used to</u> make shoes, wallets and other products.

TT: 밀렵자들은 콜롬비아의 주요 도시에 보통 가죽을 수송한다. 이 가죽들은 일본, 유럽, 미국의 암시장에서 구매자들에게 팔린다. 가죽을 구두, 지갑, 그리고 다른 제품들을 만드는데 사용한다. (CNN 뉴스영어 즐기기. 20 밑줄은 필자)

원문은 콜롬비아 정부의 밀렵자 단속에 대한 뉴스 기사문이다. 처음의 수동태 'are sold'를 학자들이 분류한 여덟 가지 수동용법으로 살펴보면 문맥상 행위자가 누구인지 분명히 알 수 있는 경우에 해당하며 행위의 대상 수동자 'They'를 강조(관심이 있을 때)하기 위하여 수동태를 사용한 것으로 볼 수 있다.

신문의 경우는 일반성보다는 특정 사건에 초점을 맞추기 때문에 단형 수동문(by+행위자가 나타나지 않는 수동문)을 사용한다(Biber 외 939). 즉 특정사건의 행위자가 비록 일반인이 아니라 특정인이지만, 행위자가 누구인지가 중요하지 않거나 문맥을 통해 이미 알려져 있으므로 굳이 밝힐 필요가 없기 때문이다.

Granger는 텍스트 유형별로 수동구문의 사용빈도를 연구하였는데 그에 의하면 뉴스 기사는 문어체 영어 텍스트에 속하며 과학적 서술(19.3%) 다음으로 13.6%의 비교적 고빈도 텍스트에 해당한다고 주장하였듯(282).

밑줄 친 수동태의 한국어 번역을 살펴보면 'are sold'는 '~팔린다'의 형태적 수동형(피동 접미사-이, 히, 리, 기)으로 나타나 있는데 여기서는 주어가 무생물인 '가죽'을 가리키므로 한국어에서도 수동형이 적절하다. 두 번째 수동표현은 수동자(The skins)를 번역문에서 목적어로 전환하여 서술어를 '사용한다'의 능동문으로 표현되어 있다.

   Title: Kyoto Pact Takes Effect
   (2) ST: After years of delays, the U.N.'s controversial Kyoto Protocol comes into effect on Wednesday. The treaty is aimed at reducing greenhouse gas emissions. ~ 중략 ~ The treaty was agreed to at a 1997

conference, and 141 nations ratified it. But it was rejected by Australia and the United States.
TT: 수년간의 연기 끝에 논란이 됐던 유엔의 교토의정서가 수요일에 발효된다. 이 협정은 온실효과가스의 방출을 감축하는 것을 목표로 하고 있다. 이 협정은 1997년 회의에서 합의되었고 그리고 141개국이 비준했다. 그러나 그것은 호주와 미국에 의해 거부되었다. (CNN 뉴스영어 즐기기 36)

위의 글은 교토의정서 발효에 대한 기사문이다. 첫 번째와 두 번째 수동문은 단형 수동문이며 세 번째는 행위자가 드러나 있는 장형 수동문이다. 국가 간의 협의를 다루는 내용으로서 영어 수동문의 수동자는 대명사(It, They…)보다는 'the treaty'로 분명하게 명시하였으며 한국어 번역은 원문의 의도를 직접적으로 전달하기 위해 수동문 중심으로 번역되었다.

외교문서나 협정 등은 정확성과 객관성이 생명인 만큼 번역문에서도 한국어수동형('하다' 동사 → '되다, 받다, 당하다'의 대치에 의한 수동형)을 사용하고 있다. 특히 '되다' 수동은 한국어에서 행위자의 실현이 불가능하거나 굳이 밝히고 싶지 않을 때 사용하며, 공식적인 문서, 협정 등의 문어에서 자주 볼 수 있다.

Title: Copyright Letter of FTA(Free Trade Agreement)
(3) ST: Effective Written Counter-Notification by a Subscriber Whose Material was Removed or Disabled as a result of Mistake or Misidentification of Material ~.
TT: 실수 또는 자료의 오인의 결과로서 자신의 자료가 제거되거나 무력화된 가입자에 의한 유효한 서면통보.

(4) ST: These criteria may include that such a submission shall be transmitted to it by the other Party and that ~ that the submission is submitted by a person of the other Party and the submission concerns matters related to the implementation of specific provisions of Chapter Twenty (Environment).
TT: 이러한 기준은 그러한 입장이 다른 쪽 당사국에 의하여 전달된다는 것과, 그러한 입장이 다른 쪽 당사국에 의하여 제출되고 제 20장(환경)의 특정 조항의 이행에 관련된 사안에 관한 것이라고 믿을만한 이유가 있는 경우에만 다른 쪽 당사국의 그러한 입장을 전달한다는 것을 포함할 수 있다. (www.fta.go.kr. Chapter Eighteen (Intellectual Property Rights))

위의 원문은 한미 FTA협정의 제18장 지적재산권부분에서 발췌했다. 국가 간의 공식적인 협정은 양해각서에 해당하며 법률적 효력을 가지는 공적인 문서이다. 이것은 Peter Newmark의 기능별 텍스트 유형에 의하면 표현적(expressive), 정보적(informative), 호소적(vocative) 중에서 정보적 텍스트 유형에 속하므로 '정보성', '객관성'의 번역규칙에 따라 원문의 기능과 의도에 충실하게 번역되어야 한다. 원문의 (3)과 (4)번의 수동구문은 한국어에서도 어휘적 수동방법인 '하다' 동사의 대치에 의한 수동문으로 전환되어 있다.

2. 고등부 영어교과서 수동문 분석

현행 고등학교 영어교과서에서 추출한 영어수동문의 한국어 번역을 살펴보고자 한다. 영어수동문은 한국어에서 그대로 수동문으로 번역되는 경우와 능동문으로 번역되는 경우로 나눌 수 있는데 여기서는 교과서 출판전문가들의 한국어 능동문 번역을 중심으로 분석하고자 한다. 능동문의 유형을 세 가지 유형으로 세분화해서 각각의 예문을 분석해보고 특징을 살펴보겠다.

(가)형: 영어의 어순을 그대로 유지하면서 한국어 능동형으로 번역한 경우
(나)형: 한국어 능동형에 가까운 '바꾸어 말하기(paraphrase)' 식의 경우
(다)형: 수동자(patient)를 한국어 목적어(을, 를)로 대치하며 능동문으로 번역한 경우

1) (가)형 -영어의 어순을 그대로 유지하면서 한국어 능동형으로 번역한 경우

(5) a. After lunch, we <u>were all driven</u> to the Pyeongyangseong.
점심을 먹은 후에 우리는 모두 평양성으로 갔다. (금성출판사 공통영어 87)

(5a)의 예문에서 '차에 실리다'의 수동의미는 별개의 한국어 동사 '~로 가다'로 바꾸어 능동 전환이 적절한데 왜냐하면 물건이나 짐이 차에 실리는 것은 가능하지만 사람이 차에 실린다고는 한국어 화용론적 측면에서 맞지 않는다. 영어수동태를 한국어로 옮길 경우 주어와 상황을 고려하여 능동문으로 번역해야 하는 경우가 많다. 여기서 전문가의 번역을 살펴보면 원문의 언어적 측면보다는 상황과 맥락을 우선적으로 파악하여 번역한 점을 알 수 있다.

    b. He <u>was happily reunited</u> with them and chatted with them in the living room.
       그는 가족들과 행복하게 <u>만났고</u>, 거실에서 이야기를 나누었다.
                                          (금성출판사 공통영어 199)
    c. In a few moments the two girls and their young brother <u>were brought into</u> the room.

       TT1: 잠시 뒤에 두 명의 소녀와 어린 남동생이 방으로 들어왔다.
                                        (금성출판사 공통영어 121)

(5b)는 'be reunited'를 '재회되다, 재결합되다'라는 사전적 번역에서 벗어나 능동문으로 전환하여 가족의 상봉을 자연스럽게 표현하였다. (5c)의 'be brought'는 영어에서 많이 쓰이는 수동구문이다. bring은 '①물건을 가져오다, 사람을 데려오다 ②…을 오게 하다, 가져오다 ③…을 되게 하다, 어떤 상태로 이끌다' 등의 많은 의미를 가지고 있다. 영어의 타동사들, 즉 take, make, cause, have, give … 등은 각각의 단어가 다양한 맥락에서 사용되지만, 이러한 동사를 한국어로 번역할 때는 사전의 대표적인 의미만 활용할 것이 아니라 주어와의 호응관계를 고려하여 알맞은 서술어로 전환해주어야 한다.

    (6) a. I was brought under suspicion. 나는 혐의를 받았다.
        b. Chulsu was brought into the world in 1980. 철수는 1980년에 세상에 태

어났다.
   c. He was brought to agree by our arguments. 우리는 그를 설득해서 동의하게 했다.
   d. I can't bring myself to believe it. 아무래도 그것을 믿을 수가 없다.

(6a)는 bring 동사가 '~을 어떤 상태로 가져오다, 되게 하다'의 의미인데 'under suspicion'의 전치사구와 호응을 이루기 위해 '~혐의를 받았다'의 수동으로 표현하였다. (6b)는 bring이 '~을 오게 하다, 가져오다, 초래하다'의 의미인데 수동자가 사람이므로 '태어나다'라는 의미로 자연스럽게 번역되었다.

(6c, d)는 '~하도록 남을 이끌다, ~할 생각이 나게 하다'의 원래 의미에서 (6c)는 수동자를 목적어로 전환하고 was brought를 '~하도록 설득하다'라는 표현으로 의미를 풀어서 나타내었다. d)는 bring이 타동사이기 때문에 목적어 myself를 받았지만 번역에서 사역의 의미를 강하게 나타내면 어색하므로 재귀대명사는 해석을 생략하고 bring의 의미를 간접적으로 풀어서 처리하였다.

즉 전문번역가는 ST(원문 텍스트)의 구조나 품사에 얽매이기보다는 TL(목표 언어)의 언어체계 내에서 적합하면서 주변어휘들 간의 호응관계를 고려하여 매끄럽고 자연스러운 TT(목표언어 텍스트)를 생산한다는 점을 확인할 수 있다. 그리하여 (6c)는 수동자가 사람이므로 '~로 들어왔다'의 능동번역이 적절하다.

(6번 예문에 이어짐)
   e. He was dressed in a very simple *hanbok*, and he was strong.
      그는 아주 수수한 한복을 입고 있었고 튼튼해 보였다. (지학사 영어 I 21)

   f. Bill Gates was interviewed about computers in the future.
      빌 게이츠는 미래의 컴퓨터에 대해 회견하였다.

(6e)는 영어 타동사 dress(…에게 옷을 입히다, 정장시키다) 수동태는 한국어로는 사람이 '…한 옷차림을 하다'의 자동사로 전환하는 것이 적절하다. 수동으로 번역하여 '그는 누구에 의해 한복이 입혀지다'라는 말은 원문의 의도와 부합되지 않는다.

(6f)도 또한 영어수동태를 사용한 이유가 누가 'interview'하는지 행위의 주체를 나타내지 않기 위한 것이며 '회견하다'의 수동형 '회견되다' 수동형은 한국어에서는 변화된 결과상(telic aspect)을 나타내어(김원호 150) 행동을 상태로 바뀌게 하는 의미가 되므로 원문의 의도와 부합되지 않는다.

  g. These actions <u>were based</u> not on science but on hope and emotion.
   이러한 행위는 과학에 <u>근거한 것</u>이라기보다는 기원과 감정에 근거한 것이었다.
                                (금성출판사 공통영어 110)

(6g)의 「be +p.p +preposition」 동사구는 한국어로 관용적 능동 표현으로 '…에 근거하다.…에 기초하다'의 풀이로 이해하면 좋을 듯하다. 예를 들자면 다음과 같다.

  가) be traced to : …에 근원을 두다, …에 원인이 있다.
      be forced to
      be compelled to →   … 해야만 한다. 어쩔 수 없이~하다.
      be obliged to
      be absorbed in : …에 집중하다.
      be accustomed to : …에 익숙해지다.
      be allowed to : …을 허락하다. 인정하다.
      be inclined to : …의 경향이 있다. 하기 쉽다.
      be engaged in : …에 종사하다. 참여하다.

또한 surprise, embarrass, frighten, etc.)들의 수동태도 한국어에서는 자동사나 형용사로 나타나거나 타동사라도 감정의 원인 제공자를 부각시키기보다는 감정의 표출 그 자체를 중심으로 한 표현을 사용한다.

  나) 자동사: 화가 나다, 겁이 나다, 신이 나다.
    형용사: 무섭다, 짜증스럽다, 재미있다.
    타동사: 걱정하다, 화내다, 겁내다.

이러한 이유들로 인해 한국어에서는 능동문이 선호된다고 할 수 있다.

  h. In the United States, these kinds of questions <u>are rarely asked</u>.
   미국에서는 이러한 종류의 질문들은 거의 <u>하지 않는다</u>.
  i. Some subjects <u>are required</u>, and others are optional.
   일부 과목은 <u>필수이고</u> 일부는 선택이야.
  j. In the West, tigers <u>are found</u> in art, poems and the media.
   서양에서 호랑이는 예술, 시, 대중매체에서 <u>등장한다</u>.
  k. Your lawn <u>can be watered</u> and kept green.
   잔디에 물을 <u>주어</u> 푸르게 유지할 수 있다. (천재 출판사 공통영어 55)

위의 예문들은 모두 영어수동 동사구를 한국어 능동형으로 그대로 전환한 경우로 특징을 살펴보면 (6h, i, j)은 한국어의 자동사로 (6k)는 ①물을 주다 와 ②유지하다의 타동사로 번역되었다. (6k)는 '잔디에'라는 처소격을 주어로 삼아서 주어가 생략된 능동문의 형태이다. 일반적으로 처소격은 수동문의 주어가 될 수 없는데 그 이유는 행위자에 의해 ~을 통제받는 자질을 갖지 못하는[-controlled]이므로 행위자(agent)와 수동자(patient)의 관계가 성립되지 않기 때문이다.
 이상, 영어 수동태를 한국어의 능동형으로 1:1 대응한 경우를 살펴보았다.

2) (나)형 - 한국어 능동형에 가까운 '바꾸어 말하기(paraphrase)' 식의 경우
능동문의 또 다른 형태인 바꾸어 말하기 유형에 대해 설명하고자 한다.

(7) a. A person who cannot use English is very limited in the computer age.
영어를 사용할 줄 모르는 사람은 컴퓨터시대에 상당히 한계가 있습니다.
b. Some political and cultural issues are raised by global English.
세계영어는 몇 가지 정치적, 문화적 문제를 야기한다.
c. And we are definitely not allowed to leave the classroom during class time.
그리고 수업 중에는 절대로 교실 밖으로 나갈 수 없어.
d. If you have to drive, you are advised to put on chains or use snow tires.
만일 운전을 해야 한다면 체인을 부착하거나 스노우 타이어를 이용하는 것이 좋다.
e. I'm in high school, and I'm only allowed to study.
저는 고등학생이고 공부만 해야 해요.
f. One of our regular guests, Mrs. Oliver, has been robbed.
우리 단골손님인 Oliver부인 집에 도난사건이 있었습니다. (지학사 영어 I 65)
h. This was a common practice in many countries and many different forms can be found.
이것은 많은 나라에서 흔한 관습이었고 그 형태가 다양하다.

'바꾸어 말하기'는 통번역활동에서 많이 쓰이는 방법으로 목표언어 독자의 대상과 지적 수준 등을 고려하여 이해하기 쉬운 말로 바꾸어 주는 것을 말한다. (7a, b, e)는 '~이 있다, ~이 일어난다'라는 존재 및 발생의 표현으로 바꾸어 말하기의 방법을 사용하여서 가독성이 높다고 할 수 있다. (7c, d)는 의무 충고의 표현을 사용하여 의미 전달에 더욱 효과적이다. (7h)는 '발견되다 →다양하다'의 상태표현으로 바꾸었는데 훨씬 내용이해가 쉽게 된다. 교과서의 주 대상독자가 고등학생임을 고려하여 문맥이해에 어렵지 않도록 하는 번역자의 배려가 중요하다.

이상, 바꾸어 말하기 형태의 능동형을 살펴보았다.

3. 문학에서의 영어 수동문 분석

이번에는 문학작품의 사례를 살펴보기로 하겠다.

(8) ST: Only seniors were allowed to bring girls with them.
(The Catcher in the Rye p. 19)
TT1: 여학생을 데려오는 것은 상급생에게만 허락되었기 때문이다. (이덕형 역 9)
TT2: 오직 상급생들만이 여자 친구들을 데리고 올 수 있게 되어 있기 때문이다.
(공경희 역 11)

(9) ST: I left Elkton Hills was because I was surrounded by phonies.
(The Catcher in the Rye p. 32)

TT1: 내가 엘크턴 힐스를 그만둔 가장 큰 이유는 그곳에는 엉터리 같은 놈들만 우글대고 있었기 때문이다. (이덕형 역 23)
TT2: 내가 엘크톤 힐즈를 떠난 가장 큰 이유는 주위에 가식적인 인간들만 우글거렸기 때문이었다. (공경희 역 26)

위의 예문은 '호밀밭의 파수꾼' 중에서 몇 개의 수동태 문장을 뽑아본 것이다. 예문을 살펴보면 (8)번 원문의 번역문(TT1, TT2)은 그대로 수동구문으로 번역되어 있는데 주어가 다르게 쓰였지만 수동문을 피하지는 못하였다. '~되어 있다'의 표현은 번역투를 연상케 한다. '오직 상급생들만이 여자 친구를 데려올 수 있었다'와 같은 능동구문의 해석이 더욱 자연스럽다고 할 수 있다.

영어 원문(9)의 'was surrounded by'는 직역으로 나타내자면 '~에 의해 둘러싸이다'라는 수동구문이 들어가 있는데 번역문1과 2는 모두 '~ 했기 때문이다'의 이유, 원인의 능동표현으로 전환하였으며 '우글대다'라는 표현은 원문의 의도를 직접적으로 잘 전달한 것으로 느껴진다.

정리하기

■ 영어 수동구문 이해 및 정리

Granger는 텍스트 유형별로 수동구문의 사용빈도를 연구하였는데 그에 의하면 뉴스 기사는 문어체 영어 텍스트에 속하며 과학적 서술(19.3%) 다음으로 13.6%의 비교적 고빈도 텍스트에 해당한다고 주장하였다(282).

① 공식적인 뉴스 보도문, 과학 논문, 국가 간의 협정 등은 객관성과 정확성을 고려하여 가능한 원문의 의도를 살리는 수동번역이 더욱 빈번함.
② 고등부 영어교과서에 대한 자습서 번역에서는 설명문이 다소 많은 비율을 차지하며 대체로 한글 능동문으로 번역되는 사례가 비교적 높은 편임.
③ 외교문서나 협정 등은 정확성과 객관성이 생명인 만큼 번역문에서도 한국어수동형('하다' 동사 → '되다, 받다, 당하다'의 대치에 의한 수동형)을 사용하고 있다. 특히 '되다' 수동은 한국어에서 행위자의 실현이 불가능하거나 굳이 밝히고 싶지 않을 때 사용하며, 공식적인 문서, 협정 등의 문어에서 자주 볼 수 있다.
④ 문학번역에서는 대체로 능동번역이 자주 사용되었으며 인물간의 관계 및 맥락, 관용 표현 등을 고려하여 적절히 번역해야 한다.
⑤ 영어의 규범적 문형의 하나인 감정의 타동사는 SVO형의 문형으로 '행위자-행위-목표'(actor-action-goal)의 패턴을 갖고 있어서, 수동 전환 시에 동작주와 수동자의 관계로 파악되지만 한국어는 행위자나 수동자 같은 개념보다는 자동사로 대응된다고 할 수 있다. ⇒ 한국어에 수동문이 적은 이유
⑥ 상황 및 맥락 중심인 한국어는 자신의 감정이나 감각을 서술하는 데서도 '事情'을 중심으로 하는 표현을 하고 행위자(또는 경험자)인 '나' 혹은 '내'를 표면에 드러내지 않는다. 또한 대화자 사이에서 주어가 누구인지를 알고 있으면 흔히 주어는 생략된다.

지금까지 신문·잡지 및 영미 소설의 문학 텍스트에 나타난 수동구문과 이에 대한 한국어 번역을 살펴보았다. 언어내용은 능동표현과 수동표현으로 모두 실현될 수 있으며 각각의 기능을 가지고 있다. 영어 수동구문의 한국어 번역은 텍스트의 특징과 종류 및 맥락에 근거하여 적절한 번역을 해야 한다는 사실을 알 수 있었다.

평가하기

1. 영어 수동문의 설명으로 틀린 것을 고르시오.
   ① 기본적 형태는 be+pp의 형태이다.
   ② 수동자(목적어)를 강조하기 위한 구문이다.
   ③ 단형수동문과 장형수동문이 있다.
   ④ 문학텍스트에서 주로 많이 사용된다.
   ▮ 정답: 4

2. 영어 수동문에 대한 한국어 번역에 대한 언급으로 맞는 것을 모두 고르시오.
   ① 텍스트 유형에 따라 능동으로 혹은 수동으로 번역될 수 있다.
   ② 기술 및 과학논문은 정확성을 위해 한국어 수동문으로 번역되는 비율이 높다.
   ③ 텍스트의 특징과 종류 및 맥락에 근거하여 적절한 번역방법을 선택해야 한다.
   ④ 한국어는 타동사 중심의 언어가 발달하여 수동구문이 많이 사용된다.
   ▮ 정답: 1, 2, 3

3. 다음 영어 수동문을 적절하게 번역하시오.
   ST: Only seniors were allowed to bring girls with them.
   ▮ 모범 번역: TT: 오직 상급생들만이 여자 친구를 데려올 수 있었다.

11차시 번역 평가 - 텍스트 분석 (1)

학습 내용

(1) 번역 텍스트 평가 및 분석
(2) 품사별 번역사례 이해

사전 평가

(1) 영어의 인칭대명사 번역은 구체적인 명사로 바꾸어 주는 것이 자연스럽다.
┃정답: O
(2) 한국어에서는 부사, 특수조사 등을 써서 복수표현을 할 수 있다. ┃정답: O
(3) 한국어의 특징으로 대화문과 상황성을 들 수 있다. ┃정답: O
(4) 영어의 복수표지 '-s'은 반드시 한국어의 '-들'로 일대일 대응 번역을 한다.
┃정답: X

1. 대명사(pronoun)

대명사란 앞서 나온 명사를 대신하는 문법 요소를 말한다. 구체적인 명사를 대신하는 요소이니만큼 대명사는 어느 정도 추상적인 성격을 갖는다. 영어는 대명사화(pronominalization)가 필수적인 언어이고 한국어는 대명사화가 필수적이지 않은 언어이다. 영어에서는 앞에 나온 명사는 어김없이 대명사로 바뀐다. 이 대명사의 효력은 대체로 한 단락 안에서는 거의 절대적이다. 물론 단락이 바뀌어도 이전 단락에 나온 명사를 계속해서 대명사로 대신하는 경우도 있지만, 대명사는 일반적으로는 하나의 단락 안에서 쓰임을 가진다.

한국어의 특징으로 대화문과 상황성을 들 수 있는데 대화문은 일인칭과 이인칭의 대화를 기본으로 한다. 이러한 경우에 대화문에 나타나는 주어는 흔히 생략되는 경우가 많다. 그리고 영어의 인칭대명사 표현을 번역할 때는 구체적인 명사로 바꾸어 주는 것이 더욱 자연스럽다.

(1) ST: Everybody said how well she looked; and Mr. Bingley thought **her** quite beautiful, and danced with **her** twice. Only think of that my dear; he actually danced with **her** twice; and **she** was the only creature in the room that he asked a second time. (*Pride and Prejudice* 7)
TT: 모두들 예쁘다고 그러지 않겠어요! 빙리 씨도 **그 애**가 좋다고 두 번이나 춤을 췄어요. 생각해 보세요, 글쎄. 정말 **그 애** 하고 두 번이나 춤을 췄다니까요. 그 분이 두 번이나 청한 건 그 방안에서 **그 애** 뿐이었어요. (『오만과 편견』 정홍택 역 21)

(2) ST: "And if not able to please **himself** in the arrangement, **he** has at least great pleasure in the power of choice. I do not know anybody who seems more to enjoy the power of doing what **he** likes than Mr. Darcy." (*Pride and prejudice* 126)
TT: "비록 **자기**가 계획한 일에 만족할 수는 없더라도 적어도 **자기**에게는 마음 내키는 대로 할 수 있는 힘이 있다는 데에 커다란 기쁨을 느끼겠죠. 전 다르시 씨처럼 **자기**가 하고 싶은 일을 실행시킬 수 있는 힘을 즐기는 사람을 일찍이 보지 못했어요." (정홍택 역 218)

(3) ST: Now, he heard of a woman who had cried for **him.**
TT1: 그는 이제 **그**를 위해 울었던 한 여인의 이야기를 들었다.
TT2: 그는 이제 **자신**을 위해 울었던 한 여인의 이야기를 들었다.

한국어에서 삼인칭대명사가 일반적으로 쓰이는 경우는 입말에서 '얘, 걔, 그이, 이분, 저분, 그분' 등인데 (1)번 원문의 'her or she'의 번역을 '그 애'로 번역되었는데 엄마가 자기의 딸을 가리키는 표현으로 그다지 어색하다고는 볼 수 없다. (2)번의 'himself'와 'he'가 '자기'로 번역되어 성별을 구별하지 않는 대명사로 번역되었다. (3)번에서는 TT2의 번역이 더욱 자연스럽다고 볼 수 있는데 이것은 한국어의 재귀대명사 표현은 영어에 비해 그 세력이 미치는 부분이 훨씬 범위가 넓어서 영어의 인칭대명사가 한국어로 넘어오면서 재귀대명사로 바뀌게 되는 것이다.

(4) ST: "It is **you** who always make trouble."
TT1: "**자기**가 항상 말썽이야."
TT2: "**당신**이 항상 말썽이야."
TT3: "**임자**가 항상 말썽이야." (김정우 2006)

예컨대 원문에서 같은 대명사 'you'가 여러 번 나온다고 하자. 통상적으로 이 대명사가 다른 인물을 가리키는 경우는 말할 필요도 없이 다른 명사로 옮겨야 하지만, 설령 같은 인물을 가리키는 경우라도 말하는 사람이 누구냐에 따라서(대화 상황에 따라서)각기 다른 호칭이나 지칭어로 옮겨주어야 한다. 위의 대화문을 보면 부부사이에 이루어진 대화인데 각 부부의 세대 내지 연륜에 따라 똑같은 이인칭 대명사라 하더라도 다양하게 지칭어가 대응되고 있음을 알 수 있다.

(5) ST: "Daddy, **you**'re all bloody!" Sally stood an arm's length away, **her** hands fluttering like the wings of a baby bird. Jack wanted to reach out to **her**, to tell **her** everything was all right, but the **three feet** of distance might as well have been a thousand miles—and **his** shoulder was telling **him** that things were definitely not all right.

〈대명사를 영어식으로 그대로 옮긴 번역 예〉
TT: "아빠, **당신**은 피투성이에요!" 샐리는 팔이 닿을 만한 거리에 선 채 어린 새가 날갯짓을 하는 것처럼 **그녀**의 양손을 퍼덕이고 있었다. 잭은 **그녀에게** 손을 뻗고 **그녀에게** 모든 게 괜찮다고 말해주고 싶지만 **3피트**의 거리가 수천마일이었고, **그의** 어깨는 **그에게** 모든 게 괜찮지 않다는 것을 말해주고 있었다.
대안 번역: "아빠, 온몸이 피투성이에요!" 샐리는 그가 손을 뻗으면 닿을 곳에 서서 놀란 작은 새처럼 안절부절못하고 떨고 있었다. **라이언**은 **어린 딸**을 진정시키기 위해 손을 뻗으려 했지만 마음처럼 몸이 움직여주질 않았다. 겨우 **1미터** 거리가

수천 미터처럼 여겨질 정도로 부상당한 어깨의 상태가 결코 가볍지 않았던 것이다. (김정우 1995)

영문소설에서 등장인물의 지칭어가 성과 이름으로 자주 혼용되어 쓰이는데, 대안번역에서는 독자들의 이해를 돕기 위해 주인공 잭 라이언의 이름을 '라이언'으로 통일하여 지문에서 표현하였으며 원문의 'to tell her'의 'her'를 '어린 딸'로 받아줌으로써 어린 소녀, 그것도 해당 등장인물의 딸을 '그녀'라고 지칭하는 어색함을 피했다(김정우 1995).

이때 '샐리'라는 고유명사를 사용할 수도 있지만 앞 문장에 이어 곧바로 반복적으로 같은 고유명사를 사용하지 않기 위해 '어린 딸'로 번역한 점이 돋보인다. 그리고 원문의 거리단위인 피트나 마일은 반드시 미터단위로 바꿔주는 세심함이 필요하다.

한국어에서는 대명사 사용을 그다지 좋아하지 않는 언어이므로 생략해도 무방할 때는 생략하는 것이 좋다. 그렇다고 해서 무조건 생략을 해서는 곤란하다. 말은 시대에 따라 변한다. 어휘만이 아니라 문장의 생리구조도 마찬가지이다. 우리말 문장도 영어의 영향으로 의미를 분명히 하기 위해 대명사(특히 동작의 주체로 쓰이는 대명사)를 밝혀주는 경우가 많아지고 있고, 더욱이 번역문은 그 속성상 대명사의 사용빈도가 높은 것이 현실이다. 어쨌든 뜻이 모호해질 때에는 다소 어색하더라도 원뜻을 살리는 의미에서 대명사를 번역해 줄 필요가 있다.

2. 번역과 품사의 대응

번역이란 원어의 역어화는 물론이고 원문의 성분과 문장구조를 치환하고 변형하는 작업까지 포함한다. 원문의 문형을 분석하고 해체해 한국어 문형에 맞게 재편성하는 작업이다. 영어의 품사와 한국어의 품사를 비교해 보면, 영어의 전치사와 접속사부분은 한국어에는 없는 품사들이다. 게다가 원천

언어와 목표언어 양쪽 모두에 동일한 품사의 범주가 존재하고 대응되는 단어가 존재하더라도 그 단어의 용법은 양쪽 언어에서 상당히 다를 수 있는 것이다.

매끄럽지 못한 번역투의 문장을 자세히 들여다보면 원문의 품사에 너무 얽매어 있는 경우를 종종 보게 된다.

(1) ST: I have no **intention of running**, Mulder. At least not yet.
　　TT1: 나는 **도주의 의도**를 갖고 있지 않아요, 멀더. 적어도 지금은요.
　　TT2: 나는 **도주할 의도**가 없어요, 멀더. 적어도 지금은요.
　　TT3: **도망가려는 게** 아니에요, 멀더. 적어도 지금은요.

(2) ST: Only then did he permit his mind to consider **the possibility of an accident.**
　　TT1: 그때서야 비로소 그는 **사고의 가능성**에 대해 생각하게 되었다.
　　TT2: 그때서야 비로소 그는 **사고가 났을지도 모른다**는 생각을 하게 되었다.

영어는 명사형 중심의 구조인데 반해 우리말은 동사형 중심의 구조를 가지고 있다. 위의 예문(1)은 TT3의 번역처럼 명사형인 'intention of running(도주의 의도)'을 동사형인 '도망가다(도주)+하려 하다(의도)'로 전환하는 것이 더욱 자연스럽다. 역시 예문 (2)의 TT2에서도 명사구를 동사로 전환해서 표현하였다.

(3) ST: Automatically he reached for the light switch, and then he realized **no lights** were on.
　　TT1: 평소의 습관대로 자신도 모르게 불을 끄려고 손을 뻗었다. 그리고 그때서야 **불을 켜지 않았다**는 것을 깨달았다.

영어의 형용사는 서술어로 번역하거나 부사적으로 번역하는 것이 더욱 자연스러운 경우가 많다. 영어의 'no'는 형용사의 술어화의 대표적인 예가 되는데, 우리말에서는 주어나 목적어를 '없는'이라는 형용사로 곧바로 부정할 수는 없으므로 술어를 부정하는 쪽으로 번역해야 한다. 원문의 종속절에서 'no lights were on'에서는 형용사 'no'가 종속절의 주어인 'lights'를 부정하는 형태인데, 역문화 과정에서는 종속절의 술어 'were'를 부정하는 형태로 표현하였다. 즉 '없는 불이 켜져 있었다'가 아니라 '불이 켜져 있지 않았다'로, 그런 다음 문맥상 '불을 켜지 않았다'로 번역하였다.

> (4) ST: He discovered nothing. **No passenger** had seen a conductor with red hair. **No passenger** had visited the top desk.
> TT1: 그는 아무것도 발견하지 못했다. 그러나 차장의 옷차림을 한 붉은 머리의 사내를 보았다는 **승객은 없었다**. 또 상부 갑판으로 간 **사람도 없었다**.

역시 번역문에서 서술어를 부정하는 방법으로 해석되었는데 자연스러운 문장이라 할 수 있다.

> (5) ST: We had buried Jenny early one December morning. **Luckily,** because that afternoon a huge storm covered the world with snow. (*Oliver Story* 35)
> TT: 우리는 12월 초의 어느 날 아침에 제니를 땅에 묻었다. 오후 내내 엄청난 눈보라가 온 세상을 덮어 주어서 그래도 **마음이 좀 덜 무거웠다**.

부사 'luckily'는 문자 그대로 '운이 좋다거나 다행'이라는 의미보다는 죽은 사람에 대한 살아있는 사람들이 가질 수밖에 없는 미안한 느낌을 날씨가 그나마 조금이라도 덜어 줄 수 있었다는 의미로 파악하여 다소 긴 서술어로 '(눈이라도 내려 주어서) 기분이 좀 덜 무거웠다'로 번역하였는데 맥락을 고려한 치환이라고 볼 수 있다.

> (6) ST: Music is also **a feature of most paradises**, the **traditional** angel choirs and harpists of Christian iconography representing a very **widespread** motif.

TT1: 음악은 또한 **대부분의 낙원들의 특징**, 즉 **널리 알려진** 모티브를 표현하는 기독교의 도상들의 **전통적인** 천사 합창단과 하프 연주자들이다.
TT2: 음악도 낙원을 표현하는 중요한 요소의 하나여서, 천사 합창단과 하프연주자가 기독교 성화에서 **전통적으로 폭넓게** 애용된 모티브였다.

TT1의 번역은 직역을 하면서 원문의 품사를 그대로 유지하였다. 무슨 의미인지 분명하게 전달되지 않는다. 게다가 번역문을 자세히 읽어보면 낙원이 엄청나게 많은 곳에 있는 것처럼 이해된다.

TT1보다 TT2가 훨씬 쉽게 이해되고 무엇을 말하고 있는지도 분명하게 들어온다. 형용사인 'traditional'과 'widespread'를 부사로 치환해서 번역하였다. 또한 형용사적 역할을 하는 'of Christian iconography'를 부사적으로 번역함으로써 자연스럽게 의미가 전해진다.

영어의 형용사와 부사를 우리말의 서술어로 치환한다든지, 형용사를 우리말의 부사로 전환하면 더욱 우리말다운 자연스러움을 나타낼 수 있다.

3. 수(number)

영어는 단수와 복수를 문법적으로 엄격히 구분하여 쓰는데 비해 한국어는 일반적으로 수의 표현을 비교적 자유롭게 사용한다고 할 수 있다. 또한 영어에서는 '-s'라는 복수형 접미어에만 의존하지만, 한국어에서는 복수표시가 꼭 접미어만을 통해서 나타나는 것은 아니고 문장의 다른 요소, 예컨대 부사, 특수조사 등을 써서도 충분히 복수표현을 할 수 있다.

그러므로 영어의 '-s'를 한국어의 '-들'로 일대일 대응식 번역은 상황과 맥락을 고려하여 판단해야 할 부분이다.

1) ST: what foul dust floated in the wake of his **dreams** that temporarily closed out my interest in the abortive **sorrows** and short-winded **elations** of **men**. (*The Great Gatsby* 8)

TT1: 그의 **꿈**을 깨뜨리는 더러운 먼지 때문에, 나는 **인간**의 **슬픔**이나 **기쁨**이 때로 결실을 얻지 못하고 무너지고, 때로는 덧없이 숨을 거두는 모습에 대해서 흥미를 잃어버리게 된 것이다. (『위대한 개츠비』 장민영 역 8)
TT2: 내가 잠시나마 **인간**의 짧은 **슬픔**이나 숨 가쁜 **환희**에 대해 흥미를 잃어버렸던 것은 개츠비를 희생물로 이용한 것들, 개츠비의 **꿈**이 지나간 자리에 떠도는 더러운 먼지 때문이었다. (김욱동 역 11)
TT3: 내가 **사람들**의 심각하지 않은 **슬픔**이나 숨막힐 정도로 우쭐거리는 모습에 일시적으로나마 관심을 보이지 않게 된 것은 개츠비가 나의 먹이가 되었고, 그의 **꿈**이었던 자리에 지저분한 먼지가 나풀거리게 했기 때문이다. (김의승 역 8)

각각의 번역문을 살펴보면 원문의 추상명사의 복수 형태가 단수로 번역되었다는 것을 알 수 있다. 원문에 있는 복수형태의 추상명사를 한국어로 '슬픔들', '기쁨들', '꿈들'이라고 하여 복수형태 그대로 번역한다면 어색한 부자연스러운 문장이 될 것이다. 그리고 이 예문에 있는 '사람', '인간'의 의미로 사용된 집합명사의 복수형태 'men'은 번역문 1과 2에서는 '인간'으로 번역되었는데 번역문3에서는 '사람들'로 복수형태로 번역되었다.

번역문마다 원문에 있는 복수명사의 번역형태가 약간씩 다르지만, 영어의 추상명사는 보통 단수로 번역한다는 것을 알 수 있다.

TT1에서는 'in the wake of his dreams'를 '그의 꿈을 깨뜨리는'으로 번역하였는데, 'wake'의 의미를 잘못 해석하였다. '그의 꿈이 머물렀던 곳을 따라서'로 나타내는 것이 의미에 부합하는 번역이다. TT2에서는 '희생물로 이용한 것들'이라는 명사구가 잉여적으로 추가되어 의미의 어색함을 불러일으킨다.

TT3에서는 '심각하지 않은 슬픔이나 숨 막힐 정도로 우쭐거리는 모습'이라는 두 개의 명사구가 있는데 원문과 의미상 잘 부합되지 않는 부분이다. 'abortive'와 'short-winded'는 둘 다 인간사의 희로애락의 짧고 덧없음을 의미하는 형용사들이다. 이 형용사들을 우리말의 서술어로 치환해서 번역 해 보는 것도 한 방법이 될 수 있다. '슬픔과 기쁨을 채 다 맛보기도 전에' 또는

'슬픔과 기쁨을 마음껏 누려보지도 못하고'로 나타낼 수 있다.

다음은 영어에서 짝을 이루는 명사가 어떻게 번역되었는지 살펴볼 것이다.

2) ST: I fell on my **knees**, and lifted up my **hands** and **eyes,** and spoke several **words** as loud as I could: I took a purse of gold out of my pocket, and humbly presented it to him. (*Gulliver's Travels* 20)

TT1: **무릎**을 꿇은 채로 얼굴을 들고 **손**을 벌리며 두 세 마디 **말**을 걸고, 주머니에서 지갑을 꺼내 그에게 바쳤다. (『걸리버 여행기』 박정미 역 77)

TT2: **무릎**을 꿇고, **양손**을 들어올리고, **눈**을 치켜뜨면서, 내가 낼 수 있는 가장 큰 목소리로 몇 마디 **말**을 했다. 또 주머니에서 금화 지갑을 꺼내어 그에게 공손하게 바쳤다. (류경희 역 155)

한국어에서는 수를 표시하는 문법범주가 영어만큼 발달하지 않은 언어이다. 영어의 복수표시를 반영하지 않는 것이 우리말에 더욱 자연스럽다. 원문에서 사람의 신체를 가리키는 단어들이 복수형 형태로 열거되어 있는데, 예문 2의 번역문에서는 '손', '눈', '무릎' 등으로 단수로 표현되어 있다. 그리고 'words'는 각각의 번역문에서 '말'로 번역되었다. 우리말에 자연스러운 번역이라 하겠다.

먼저 TT1의 번역문에서는 'as loud as I could'의 해석이 빠져 있고 콜론의 의미도 생략을 해버렸다. 지갑의 재질인 'gold'의 의미도 누락시키고 부사 'humbly'의 의미도 빠져 있는 상태이다. 전체적으로 상황을 재현했다고 볼 수 없으며 불성실한 번역이라 하겠다.

TT2의 번역문은 'lifted up my hands and eyes'의 의미를 잘 살려 번역하였으며 'hands' 번역을 '손들'이 아닌 '양손'으로 자연스럽게 명사 복수형을 잘 나타내었고 전체적으로 충실한 번역이다.

정리하기

1. **대명사(pronoun)**

   대명사란 앞서 나온 명사를 대신하는 문법 요소를 말한다. 구체적인 명사를 대신하는 요소이니만큼 대명사는 어느 정도 추상적인 성격을 갖는다. 영어는 대명사화(pronominalization)가 필수적인 언어이고 한국어는 대명사화가 필수적이지 않은 언어이다. 영어에서는 앞에 나온 명사는 어김없이 대명사로 바뀐다. 이 대명사의 효력은 대체로 한 단락 안에서는 거의 절대적이다.

   한국어의 특징으로 대화문과 상황성을 들 수 있는데 대화문은 일인칭과 이인칭의 대화를 기본으로 한다. 이러한 경우에 대화문에 나타나는 주어는 흔히 생략되는 경우가 많다. 그리고 영어의 인칭대명사 표현을 번역할 때는 구체적인 명사로 바꾸어 주는 것이 더욱 자연스럽다.

2. **품사전환**

   영어의 품사와 한국어의 품사를 비교해 보면, 영어의 전치사와 접속사부분은 한국어에는 없는 품사들이다. 게다가 원천 언어와 목표언어 양쪽 모두에 동일한 품사의 범주가 존재하고 대응되는 단어가 존재하더라도 그 단어의 용법은 양쪽 언어에서 상당히 다를 수 있는 것이다. 매끄럽지 못한 번역투의 문장을 자세히 들여다보면 원문의 품사에 너무 얽매어 있는 경우를 종종 보게 된다. 영어의 형용사는 서술어로 번역하거나 부사적으로 번역하는 것이 더욱 자연스러운 경우가 많다.

3. **단수/복수**

   영어는 단수와 복수를 문법적으로 엄격히 구분해 쓰는데 비해 한국어는 일반적으로 수의 표현을 비교적 자유롭게 사용한다고 할 수 있다. 또한 영어에서는 '-s'라는 복수형 접미어에만 의존하지만, 한국어에서는 복수표시가 꼭 접미어만을 통해서 나타나는 것은 아니고 문장의 다른 요소, 예컨대 부사, 특수조사 등을 써서도 충분히 복수표현을 할 수 있다. 그러므로 영어의 '-s'를 한국어의 '-들'로 일대일 대응식 번역은 상황과 맥락을 고려하여 판단해야 할 부분이다.

평가하기

* 다음 문장을 적절하게 번역하세요.

1. Now, he heard of a woman who had cried for him.
   - 모범 답안: 그는 이제 자신을 위해 울었던 한 여인의 이야기를 들었다.

2. No passenger had seen a conductor with red hair.
   - 모범 답안: 차장의 옷차림을 한 붉은 머리의 사내를 보았다는 승객은 없었다.

3. "It is you who always make trouble."
   - 모범 답안: TT1: "자기가 항상 말썽이야."
     TT2: "당신이 항상 말썽이야."
     TT3: "임자가 항상 말썽이야."

4. I fell on my knees, and lifted up my hands and eyes and spoke several words as loud as I could.
   - 모범 답안: 무릎을 꿇고, 양손을 들어올리고, 눈을 치켜뜨면서 내가 낼 수 있는 가장 큰 목소리로 몇 마디 말을 했다.

12차시 번역 평가 – 텍스트 분석 (2)

학습 내용

(1) 번역평가 이해
(2) 번역텍스트 분석

사전 평가

(1) 한국어에서는 상황성의 특징이 있어서 주어가 자주 생략된다. ▮정답: O
(2) 영어는 특수한 경우(물질명사나 추상명사처럼 셀 수 없는 명사와 집합적인 명사 army, police 등)를 제외하고 규칙적인 수(number)의 굴절을 가지고 있다.
▮정답: O
(3) 한국어의 조사는 주로 체언 뒤에 붙어 그 말과 다른 말과의 관계를 표시해 주는 품사이다. ▮정답: O

1. 문장 성분의 생략

1) 주어의 생략

영문에서는 주어가 생략되는 경우는 극히 드물다. 명령문에서 주어가 실현되지 않는 경우는 you가 문장 안에 포함되어 있다고 간주한다. 한국어에서는 상황성의 특징이 있어서 주어가 생략되어도 크게 문제가 되지 않는 문장이 많다. 다음의 번역에서는 주어가 생략되는 예문들이다.

(1) ST: When they arrived at the same stream as before, the ass was at his old tricks again, and rolled himself into the water, but the sponges becoming thoroughly wet, he found to his cost, as he proceeded homewards, that instead of lightening his burden, he had more than

doubled its weight. (이솝우화 179)
TT1: 그들이 전과 똑같은 냇물에 당도하자 나귀는 또 예전의 나쁜 계략을 써서 물 속에 굴러 떨어졌다. 그러나 해면은 완전히 젖어서, 돌아오는 길을 걷는 동안, 무정하게도 짐은 가벼워지기는커녕 두 배 이상의 무게로 변한 것을 깨달았다.
TT2: 중략 ~ 걷는 동안, 나귀는 무정하게도 .... 깨달았다.
TT3: 중략 ~ 나귀는 깨달았다.

번역문에서 '그러나 ~ 깨달았다'에서 주어가 생략되었다. 첫 번째 문장에서 '나귀는'이 나오므로 이해는 가능하나 주어 '나귀'를 삽입해 주는 것이 의미 전달에 적절하다. TT2, TT3의 번역은 자연스러우며 TT3은 주어와 서술어의 간격이 좁아서 의미전달이 용이하다.

(2) ST: You will be interested to hear that we have just marketed our new products. (무역 45)
TT1: 당사는 신제품을 막 발매했다는 정보에 관심을 가질 것입니다.
TT2: 귀사는 당사가 신제품을 막 발매했다는 정보에 관심을 가질 것입니다.

(2) 영어원문은 무역상 거래하는 회사에 띄우는 공문이다. 첫 번째 번역문은 주어가 오역이 된 예문으로 누가 신제품을 발매했는지 알 수가 없다. 무역상의 문서에서는 의미가 명료해야 하므로 일반적으로 주어나 목적어를 생략하지 않는다는 점을 고려해서 TT2의 번역이 적절하다.

2) 목적어의 생략

영어와 한국어에서 목적어가 생략되는 경우는 흔치 않다. 이번에는 목적어가 생략된 예문들을 살펴보자.

(3) ST: Excuse me, it is not for my dinner that you invite me, but for your own. (이솝우화 15)
TT1: 미안해요, 하지만 당신이 나를 초대해 주는 것은, 뭐 내게 먹여주려고 하는 생각이 아니라 당신 자신이 먹기 위해서겠지요?
TT2: ~ 뭐 내게 저녁을 먹여주려고 하는 생각이 아니라 당신 자신이 먹기 위해서 겠지요?
TT3: ~ 뭐 내 저녁을 걱정해서가 아니라 당신 자신이 나를 잡아먹기 위해서겠지요?

TT1의 '내게 먹여주다'는 '내게 (먹이를) 먹여주다'라고 간주할 수가 있는데 구어체에서는 매우 부자연스러운 표현이다. '먹여주다'는 목적어를 필요로 하는 타동사이므로 좀 더 자연스럽게 '내게'를 '나를'로 고치든지 목적어 '먹이/저녁'을 TT2처럼 동사 앞에 삽입한다. 또한 '당신 자신이 먹다'도 의미를 뚜렷하게 해주려면 목적어 '나'를 TT3과 같이 동사 앞부분에 삽입해 주는 것이 좋다.

(4) ST: We have pleasure in sending you a full selection of our latest best selling goods. (무역 45)
TT1: 당사는 최근에 가장 잘 팔리는 전 상품 소개서를 보내드리겠습니다.
TT2: 당사는 최근에 가장 잘 팔리는 전 상품 소개서를 귀사에 보내드리겠습니다.
TT3: 당사는 귀사에 최근에 가장 잘 팔리는 전 상품 소개서를 보내드리겠습니다.

TT1은 간접목적어 'you'가 생략된 예문이다. '보내주다'는 수혜동사의 하나로서 수혜대상을 필요로 한다. 또한 공식문서임을 감안하여 TT2와 같이 '귀사에'를 삽입하는 것이 적절하다.

문장성분의 생략은 의미가 달라지지 않는 범위 안에서 군더더기를 줄이는데 의의가 있다. 그러나 생략으로 인해 의미변화나 의사전달에 장애가 생기지 않도록 번역사는 신중해야 한다.

2. 문장 성분의 중복

문장 성분의 중복으로 주어가 중복된 예들이 있다.

(5) ST: Unable to satisfy his hunger, he retired with as good a grace as he could, observing that he could hardly find fault with his entertainer, who had only paid him back in his own coin. (이솝우화 29)

TT: 그는 그의 배고픔을 메우지도 못하고, 이쪽이 먼저 한 대로 저쪽도 그 답례를 한 것이니 그 접대에 트집을 잡을 수도 없다고 하면서, 되도록 정중히 그는 돌아오고 말았다.

이솝우화의 한 대목으로 여우가 황새를 방문해서 대접을 받는 것이 바로 전 장면이다. 'he'나 'his'는 모두 여우를 지칭한다. 관계대명사 that과 who로 연결된 긴 문장이다. TT1에서 '그는, 그의, 그'라는 대명사가 5번이나 나타나는 아주 어색한 문장이다. 동일한 대명사가 반복되면 오히려 그 지시대상은 불명료해진다.

한국어에서는 **동일 주어 삭제 규칙**에 의해 한 문장 안에서 동일주어의 관계가 필수적으로 설정이 되면 그 중 어느 한 주어는 반드시 생략을 해주어야 한다. 생략하는 부분이 선행절인지 후행절 인지는 정해져 있지 않다. his에 대응한 '그의'를 고려하면 선행절의 주어 '그는'이 필요하므로 후행절의 '그는'을 생략하는 것이 적절하다.

(6) ST: Five decades after Japan's defeat in World War II, Japanese are still extraordinarily sensitive about military commitments and entanglement, though most recognize at least benefits of continuing the U. S. security tie. (World News 45)

TT1: 2차 세계대전에서 일본이 패전한 지 50년이 흐른 지금 대부분의 사람들이 적어도 미국의 안보협력유지에 따른 어느 정도의 이점을 인정하고 있기는 하지만 일본인들은 여전히 군사범죄와 군관련 사건에 대해 굉장히 민감하다.

TT1은 though절을 앞으로 이동해서 'most'는 '대부분의 사람들'로 'Japanese'는 '일본인들'로 대응했다. 하지만 원문의 'most'는 'most of Japanese people'이라는 것을 알 수가 있다. 이렇게 대명사가 앞에서 실현이 되어서 뒤에 나오는 주어와 동일지시라는 개념이 잘 성립되지 않기 때문에 의미상으로 혼동이 생긴다. 주어가 중복되었으나 이 문장에서는 두 주어를 모두 살려서 번역해주어야 한다.

⇒ 대명사 중복은 특히 초보 번역사에게 많이 볼 수 있는 현상으로 문맥에 맞추어 중복되는 부분은 대용, 생략 등으로 목표언어에 적절하게 축약을 해주어야 한다.

3. 관사와 조사

1) 영어의 관사

영어의 관사를 너무 의식해서 직역을 해 주는 것은 바람직하지 않다. 부정관사 a/an은 불특정한 사물을 가리키고 일반화 해주는 힘이 있으므로 국어에서는 꼭 수량사를 표시하지 않아도 된다. 또한 한국어에서는 수량사가 체언의 앞(제 1유형-한 책, 한 권의 책)이나 뒤(제 2 유형-책 한 권)에 나타날 수가 있다. 관사와 대응해서 수량사가 보통명사 앞으로 나타나면서 '의'로 명사구를 만드는 예들을 살펴본다.

(7) a wolf - 한 마리의 늑대

수량사가 뒤에 나오는 형태로 바꿔서 '늑대 한 마리' 또는 수량사 없이 '늑대'로 번역하는 것이 더욱 자연스럽다.

(8) a troop of boys - 사내아이의 한떼

이 예문은 제1유형도 아니고 제2유형도 아니다. 제2유형과 비슷하나 '의'가 명사와 수량사 사이에 삽입되었다. 제 1유형으로 '한 떼의 사내아이들' 또는 제2유형으로 '사내아이들 한 떼'로 대치하는 것이 자연스럽다. 이 경우에는 아이 뒤에 복수표시 '들'을 해주어야 한다.

(9) the modern child - 요즘의 문제아이의 하나

'의'의 중복으로 어색한 명사구이다. 명사 '문제아이'와 수사 '하나' 사이에 있는 '의'는 생략해서 '요즘의 문제아이 하나'로 표현할 수가 있다. 또는 '신세대 아이 (하나)'로 대응시키는 것도 자연스럽다.

(10) Some hungry dogs - 몇 마리의 굶주린 개

제 2유형으로 바꾸어서 '굶주린 개 몇 마리'가 더욱 자연스럽다.
 관사는 적절한 수량사나 수량사 없이 일반명사로 상황에 맞게 대응시키는 것이 중요하다. 수량사를 쓸 경우에는 한정되는 체언에 따라 피수식어의 앞이나 뒤에 적절하게 사용해야 할 것이다.

2) 국어의 격조사

한국어의 조사는 주로 체언 뒤에 붙어 그 말과 다른 말과의 관계를 표시해 주는 품사이다. 격조사는 문장에서 체언이 가진 격을 표시해 준다. 번역문에 격조사의 용법이 잘못된 예가 많이 보이는데 다음은 격조사를 잘못 사용해서 부자연스러운 예들을 살펴본다. 앞에서 논의한 바와 같이 격표시는 뒤에 결합되는 동사와 밀접한 관계가 있으므로 동사의 성격을 고려하면서 격조사 분석을 한다.

(1) 주격 조사

(11) ST: Our insignificance is often the cause of our safety.
TT1: 우리들의 하잘것없는 것으로 생각되는 것이 종종 안전의 원인이 된다.

번역문1에서 '우리들이 ~ 생각되다'는 어색한 표현이다. '생각하다'가 '-되다'로 실현된 피동형인데 문맥상으로 '~에게'의 성분을 필요로 한다(양정석

1995). 따라서 주격조사가 아니라 '(우리들)에게 ~ 생각되다'와 같이 여격조사 '에게'가 아래의 TT2와 같이 나타나야 한다. TT1의 'Our significance'가 주어구인 것을 의식해서 주격조사를 사용한 것으로 보인다. 주격조사 '이'를 쓰려면 '(우리들)이 ~ 생각하는 … '으로 TT3에서와 같이 '되는'을 '하는'으로 고쳐주어야 한다.

> TT2: 우리들에게 하잘 것 없는 것으로 생각되는 것이 종종 안전의 원인이 된다.
> TT3: 우리들이 하잘 것 없는 것으로 생각하는 것이 종종 안전의 원인이 된다.
>
> (12) ST: We are very sorry to have kept you waiting, but hope you will realize that we have no intention to delay our payment purposely. (무역 54)
> TT: 귀사를 기다리게 해서 미안합니다만 일부러 <u>지급이</u> 지연하려는 의도는 없었습니다.

위의 번역문은 주어인 '당사'가 생략된 문장으로 '지급이 지연하다'는 주격조사의 오용 때문에 서투른 표현이다. 주격조사 '이'가 실현할 수 있는 수동형 '지급이 지연되다'는 가능하지만 문맥상으로 목적격 조사 '을'을 써서 '지급을 지연하다'라고 하는 것이 더욱 적당하다.

(2) 목적격 조사

목적격 조사가 나오지 말아야 할 문장에 실현된 예들을 살펴본다.

> (13) ST: Jumping to conclusions, the confident old wolf (old rouge) stripped down to nothing whatever and <u>headed for the living room</u>. (유머 영어 43)
> TT: 틀림없이 일이 되어가는 거라고 속단한 늙은이는 그 방으로 들어가 홀랑 벗어버리고 <u>리빙룸을 향했다</u>.

위의 번역문에서 '~을 향하다'는 '~을 향해가다'로 바꾸거나 혹은 목적격 조사 '을'을 방향격조사로 '으로'로 바꿔줘야 문법적으로 맞는 표현이 된다. 그리고 '리빙룸'이라는 표현은 영어의 발음을 그대로 차용한 사례인데 '거실'이라는 표현으로 바꾸어주어야 한다.

   (14) ST: ~ the woman finally said that the omens indicated no specific <u>date for the passing</u> of the Nazi leader, other than that it would take place on a Jewish holiday. (유머 영어 252)
       TT: ~ 여자는 한참동안 이것저것 예언하더니 그가 <u>죽을 날을 유태인들의 명절이라는 것</u> 이상 더 자세한 점괘가 나오지를 않는다고 말했다.

번역문에서 '죽을 날을 ~ 명절이다'는 이치에 맞지 않는 문장이다. '~이 ... 하다'로 '-이다'는 주격조사와 결합이 된다. 그러므로 목적격 조사 '을'을 주격조사 '이'로 바꿔줘야 한다.

  영어예문 (13), (14)에 모두 전치사 for가 포함되어 있는데 for를 의식해서 '을'이라고 번역을 한 것으로 여겨진다. 번역을 할 때 전치사의 사전적 의미에 너무 구속받지 말고 문맥에 맞게 적절한 조사를 사용하는 것이 좀 더 자연스러운 국어표현이 된다는 것을 번역사는 고려해야 한다.

(3) 처소(장소)격 조사

처소격 조사의 오용은 번역문이 아닌 일반 국어에서도 자주 나타난다. 연구 자료에서 어떠한 오용이 나타나는지 살펴본다.

   (15) ST: At last, seeing some small pebbles <u>at</u> hand ...
       TT: 마침내 바로 <u>옆</u>에 작은 돌을 몇 개 발견하여...

(15)의 'at hand'를 번역문에서는 '바로 옆에'로 번역하여 공간적인 위치를 나타내는 처소격 조사 '에'가 실현되었다. '에'와 '에서'는 같은 환경에서 나타나지 않는데 이 경우에는 지점을 표시해 주는 '에서'가 더욱 자연스럽다. 또

는 '~에 있는'으로 대응할 수 있다.

   (16) ST: "You are rightly served, for what could have made you so mad as to wish to detain a creature, whom, if you saw <u>at</u> a distance, you would wish further off." (이솝우화 181)
      TT: ~ 먼 곳에 그 모습을 발견해도 좀 더 멀리 떨어져 주었으면 하는 동물을 붙잡아 두고자 하다니...

마찬가지로 번역문에서 '...에서 ~을 발견하다'가 문법적으로 맞는 표현이 되므로 '에'를 '에서'로 바꿔야 한다.

   (17) ST: ... a fowler was spreading his net, and was in the act of ensnaring the dove, ... (이솝우화 26)
      TT1: ... 새를 잡는 사나이가 그 그물을 펼치고 있고, 비둘기를 그 그물<u>에다</u> 잡으려고 하는 중이었는데, ...
      TT2: ... 사나이가 그물을 펼치고 있고, 비둘기를 그 그물로 잡으려고 하는 중이었는데, ...
      TT3: ... 사나이가 그물을 펼치고 있고, 비둘기를 그 그물에다 잡아넣으려고 하는 중이었는데 ...

번역문 TT1에서 '에다'를 도구격 조사 '로'로 TT2와 같이 바꾸든지 '에다'를 바꾸지 않으려면 TT3과 같이 '~에다 잡아넣으려고'로 바꿔야 한다.

   (18) ST: We believe that the market will recover before long, when we shall be pleased to write <u>to you</u> again. (무역 43)
      TT1: 시장이 조만간에 회복될 것이라고 믿습니다. 그때 다시 귀사<u>에서</u> 편지를 보내겠습니다.
      TT2: ... 그때 다시 귀사에 편지를 보내겠습니다.
      TT3: ... 그때 다시 당사에서 편지를 보내겠습니다.

TT1은 수혜대상을 오역을 한 예문이다. TT2와 같이 '귀사에'로 여격조사에를 쓰던지 편지의 출처를 밝혀서 TT3과 같이 '당사에서'로 바꿔주어야 한다.

(4) 여격 조사

  (19) ST: We are sending our sample, price list and full sales promotional literature for you to examine. (무역 45)
  TT: 당사는 검토를 위하여 <u>귀사에게</u> 견본과 가격표와 전 판매중인 책자를 보내드리겠습니다.

여격조사 '에게'는 유정성을 지닌 명사(사람과 동물)에, 그 밖의 생물이나 무생물은 '에'와 결합을 한다. 따라서 (19)번 예문의 번역문에서'귀사에게'를 '귀사에'로 고쳐야 한다.

(5) 구격 조사

  (20) ST: The shepherd, however, had his suspicions, and for a while was always on the I look-out <u>against</u> him (wolf) as an avowed enemy. (이솝우화 34)
  TT1: 그러나 양치기는 역시 의심을 품고 있어서 한동안은 틀림없는 적<u>으로서</u> 늑대<u>에 대해</u> 항상 경계의 시선을 집중시키고 있었다.

위의 번역문에서 자격을 나타내는'으로서'가 부자연스럽다. '(늑대를) 틀림없는 적이라고 여기고...' 로 바꾸어 줄 수가 있겠다. 또한 '에 대해'보다 '~에게 … 을 집중시키다'로 향격 조사 '에게'가 더욱 자연스럽다. 재번역을 하면 다음과 같다.

  TT2: ... (늑대를) 한동안은 틀림없는 적이라 여기고 늑대에게 항상 경계의 시선을 집중시키고 있었다.

늑대가 고등동물이 아니므로 약간 어색하다. 그렇지만 '에'를 쓰기에는 부적당하다. '한테'라고 하면 조금 더 자연스러운 것 같다. '에'와 '에서'의 미묘한 차이점을 생각하게 하는 사례이다.

4. 단수와 복수

영어는 특수한 경우(물질명사나 추상명사처럼 셀 수 없는 명사와 집합적인 명사 army, police 등)를 제외하고 규칙적인 수(number)의 굴절을 보인다. 반면에 국어의 수 표현은 영어처럼 규칙적인 질서를 따르지 않는다. 국어의 복수는 명사와 대명사에 표시가 되는데 대명사의 복수표시는 그 사용이 매우 규칙적이다. 예를 들어 '나/너/그'가 복수일 때 '우리/너희/그들'이라고 항상 복수형으로 표시해야 한다. 이와 비교해서 수의 개념을 강조해서 분명히 표시할 때를 제외하고는 보통명사를 복수형으로 만들지 않는 것이 보편적이다. 그러나 명사를 복수형으로 만드는 접미사 '들'이 번역문에 자주 나타나는데 수 표현이 어떻게 대응되는지 예문에서 살펴보기로 한다.

(21) ST: In Kino's head there was <u>a song</u> now, clear and soft, and if he had been able to speak it, he would have called it the Song of the Family. (The Pearl 34)
  TT1: 지금 키노의 머릿속에는 맑고 부드러운 <u>노래</u>가 떠오르고 있었다. 그가 그 노래를 언어로 묘사했다면 그것을 가족의 노래라고 불렀을 것이다. (시사영어사 편집국 역)
  TT2: 지금 키노의 머리에는 선명하고 부드러운 <u>한 가락의 노래</u>가 떠올랐다. 만일 그가 이 노래를 말로 표현할 수 있었다면 가족의 노래라고 불렀을 것이다. (이성호 역)

TT1과 TT2는 어휘선택에서 차이를 보인다. TT2는 '한 가락의 노래'라고 수사를 넣어서 'a song'이란 것을 명백하게 밝혀준다. 국어에서는 단수와 복수를 특별히 구별해 쓰지 않고 대체로 문맥에 따라 구분을 하는데 TT1은 이런 국어의 특성을 반영하여 번역하였다. TT2의 '한'은 두 가지의 의미를 가지고 있다. 노래가 '하나'라는 것과 '어떤' 노래라는 중의성을 가지며 영문에서의

'a'의 의미를 잘 살려주었다.

> (22) ST: <u>Friends</u> are made in the good times, and they prove their friendship in the bad times. (World News)
> TT: <u>친구들은</u> 좋은 시절에 생기지만, 그들은 어려운 때에 우정을 입증한다.

원문의 뒷부분에서 they가 분명하게 나타나 있으므로 번역문에서도 복수형을 표현하였다. 하지만, 반드시 복수형으로 '친구들'이라고 나타낼 필요는 없다. 그러나 1명 이상이라는 것을 강조할 때는 '친구들'이 적절하다.

정리하기

1. 문장 성분의 생략

    주어와 목적어의 생략

    영문에서는 주어가 생략되는 경우는 극히 드물다. 명령문에서 주어가 실현되지 않는 경우는 you가 문장 안에 포함되어 있다고 간주한다. 한국어에서는 상황성의 특징이 있어서 주어가 생략되어도 크게 문제가 되지 않는 문장이 많다. 목적어는 영어와 한국어에서 생략해서는 안 된다. 문장성분의 생략은 의미가 달라지지 않는 범위 안에서 군더더기를 줄이는데 의의가 있다. 그러나 생략으로 인해 의미변화나 의사전달에 장애가 생기지 않도록 번역사는 신중해야 한다.

2. 관사와 조사

    영어의 관사를 너무 의식해서 직역을 해 주는 것은 바람직하지 않다. 부정관사 a/an은 불특정한 사물을 가리키고 일반화 해주는 힘이 있으므로 국어에서는 꼭 수량사를 표시하지 않아도 된다. 또한 한국어에서는 수량사가 체언의 앞(제1유형-한 책, 한 권의 책)이나 뒤(제 2 유형-책 한 권)에 나타날 수 있다. 관사와 대응해서 수량사가 보통명사 앞으로 나타나면서 '의'로 명사구를 만드는 예들을 살펴본다.

    (1) a wolf-한 마리의 늑대
    수량사가 뒤에 나오는 형태로 바꿔서 늑대 한 마리 또는 수량사 없이 늑대로 번역하는 것이 더욱 자연스럽다.

    (2) a troop of boys-사내아이의 한떼
    이 예문은 제1유형도 아니고 제2유형도 아니다. 제2유형과 비슷하나 '의'가 명사와 수량사 사이에 삽입되었다. 제 1유형으로 '한 떼의 사내아이들' 또는 제2유형으로 '사내아이들 한 떼'로 대치하는 것이 자연스럽다. 이 경우에는 아이 뒤에 복수표시 '들'을 해주어야 한다.

(3) the modern child-요즘의 문제아이의 하나

'의'의 중복으로 어색한 명사구이다. 명사 '문제아이'와 수사 '하나' 사이에 있는 '의'는 생략해서 '요즘의 문제아이 하나'로 표현할 수가 있다. 또는 '신세대 아이 (하나)'로 대응시키는 것도 자연스럽다. 관사는 적절한 수량사나 수량사 없이 일반명사로 상황에 맞게 대응시키는 것이 중요하다. 수량사를 쓸 경우에는 한정되는 체언에 따라 피수식어의 앞이나 뒤에 적절하게 사용해야 할 것이다.

국어의 수 표현은 영어처럼 규칙적인 질서를 따르지 않는다. 국어의 복수는 명사와 대명사에 표시가 되는데 대명사의 복수표시는 그 사용이 매우 규칙적이다. 예를 들어 '나/너/그'가 복수일 때 '우리/너희/그들'이라고 항상 복수형으로 표시해야 한다. 이와 비교해서 수의 개념을 강조해서 분명히 표시할 때를 제외하고는 보통명사를 복수형으로 만들지 않는 것이 보편적이다.

평가하기

1. 한국어 번역문의 특징이 아닌 것을 고르시오.
   ① 주어는 자주 생략되는 경향이 있다.
   ② 생략은 의미가 달라지지 않는 범위에서 군더더기를 줄이는데 의의가 있다.
   ③ 복수표현이 발달되어 있다.
   ④ 유정명사에 여격조사 '에게'를 사용할 수 있다.

   ▎정답: 3

2. 다음 예문을 적절하게 번역하시오.
   ST: Our insignificance is often the cause of our safety.
   ▎모범 답안: 우리들에게 하잘 것 없는 것으로 생각되는 것이 종종 안전의 원인이 된다.

3. ST: We have pleasure in sending you a full selection of our latest best selling goods.
   (무역 45)
   ▎모범 답안: 당사는 최근에 가장 잘 팔리는 전 상품 소개서를 귀사에 보내드리겠습니다.

13차시 번역 평가 - 텍스트 분석 (3)

학습 내용

(1) 번역평가 이해
(2) 번역텍스트 분석

사전 평가

(1) 의존명사 '것'의 남용은 번역투의 한 가지 현상이다. ▮ 정답: O
(2) 영어의 접속사 and와 but은 한국어에서는 다양한 접속어미(-하고, 그렇지만, -는데 등)로 다양하게 대응 시킬 수 있다. ▮ 정답: O
(3) 다음 문장을 적절하게 번역하시오.
   ST: It was very good - Kino closed his eyes again to listen to his music.
   ▮ 모범 답안: 정말 대단했다. 키노는 그 남자의 음악소리를 들으려고 눈을 다시 감았다.

1. 통사

1) 내포문

영어의 연결사 중에서 관계대명사와 동명사 그리고 접속어 기능을 하는 의문사 구문이 한국어로 번역될 때 명사구나 동사구로 나타난다. 다음의 예문을 살펴보기로 한다.

■ 보문과 보문화

외국어 번역문에서 보문과 보문화가 나타나는 예들을 살펴보면, 의존명사 '것'이 자주 나타나는데 이 현상은 언어 간에서 표현상의 차이로 인한 번역문체의 한 양식이라고 할 수가 있다. 다음은 그 예들을 살펴본다.

(1) ST: On a summer's day, when everything was suffering from extreme heat, a lion and a goat came at the same time to quench their thirst at a small fountain. (이솝우화 35)
   TT: 어느 여름날, 모든 것들이 지독한 더위에 허덕이고 있을 때, 사자와 염소가 ...

원문의 'everything'을 모든 것으로 번역했는데 'thing'의 첫 번째 사전적 의미를 추출해서 '것'으로 대응시켰다고 볼 수 있다. 문맥에서 사자와 염소가 등장하므로 번역문에서 모든 것보다 '모든 생명'이나 '모든 생물'이 좀 더 의미에 부합된다고 할 수 있다.

(2) ST: Peace is a daily, a weekly, a monthly process, gradually changing opinions, slowly eroding old barriers, quietly building new structures. And however undramatic the pursuit of peace, that pursuit must go on. (이솝우화 36)
   TT: ~ 평화의 추구가 아무리 수수한 것일지라도, 그 추구는 계속하지 않으면 안 된다.

원문의 형용사 'undramatic'을 번역문에서 의존명사를 포함한 '수수한 것'으로 대응시켰다. 명사화하지 않고 형용사로 대응시켜 '수수하더라도/극적이지 않더라도'라고 하는 표현이 더욱 자연스럽다.

(3) ST: Liars are not believed even when they tell the truth. (이솝우화 48)
   TT: 거짓말이라는 것은, 사실을 말했을 때에도 남들은 그것을 믿지 않는다.

원문의 명사 'Liars'를 명사화해서 '...는 것'으로 대응시키고 후행절에 대명사 '그것'으로 대용했다. '....을 말하다'는 행동주를 필요로 하는 동사이므로 주어가 동사와 호응을 보이지 않는 문장이다. 따라서 '거짓말이라는 것'을 '거짓말쟁이'로 대체해야 한다.

(4) ST: One evening he asked whether he might go home with her; but his aunt was afraid that he might catch something, and his uncle said that evil communications <u>corrupted</u> good manners. (Of Human Bondage 34)
  TT: …그러나 백모는 그가 무슨 병이라도 걸리게 될까 염려했고, 백부는 나쁜 접촉은 좋은 품행을 <u>망치는 것</u>이라고 말했다. (시사영어사 편집국 역)

(4)번의 원문에서 동사 'corrupted'가 번역문에서 …망치는 것으로 보문화가 되었다. 동사로 대응시켜서 번역하면 '…을 망친다/망치게 한다'가 된다.

(5) ST: Sometimes she heard his shrill voice raised in laughter in the kitchen, but when she went in, he grew suddenly silent, and he flushed darkly when Mary Ann explained the joke. Mrs. Carey could not see anything amusing <u>in what she heard</u>, and she smiled with constraint. (Of Human Bondage 36)
  TT1: …케리 부인은 [그녀가 <u>들은 것</u> 속에서 웃기는 <u>어떤 것</u>을 발견할 수가 없어서] 어색하게 미소를 지었다.

'-것'이 번역문에서 중복이 되어 어색한 표현이다. [ ]안에 있는 부사절을 재번역하면 아래와 같다.

  TT2: …들은 이야기 속에서 우스운 점을 하나도/조금도 찾을 수가 없어서 ~
  TT3: …들은 이야기 속에서 어떠한 우스운 점도 찾을 수가 없어서 ~ [발견하다는 찾다로 대체하였다]

의존명사 '것'의 남용은 것이 지니는 여러 가지 의미기능 때문이다. 적절한 어휘를 잘 모르거나 해당하는 어휘가 없을 때 흔히 '것'을 많이 쓰는데 이런 단조로움을 피해 다양한 어휘를 문맥에 맞추어 대응시킬 수 있어야 하겠다.

2) 명사화 내포문

    (6) ST: Friends are lost by <u>calling</u> often and calling seldom. (World News 43)
        TT: 친구는 자주 <u>들름</u>으로써 그리고 아주 <u>들르지 않음</u>으로써 잃는다.

원문에서 'by' 다음에 나오는 동명사 'calling'을 의식해서 명사화를 만들어준 느낌이 드는데, '...들름'과 '...들르지 않음'을 '-으로써'와 결합해서 직역하는 것보다는 정도를 나타내는 부사 '너무'를 '자주'앞에 삽입해서 '너무 자주 들르거나', '...아주 들르지 않으면 잃게 된다'가 더욱 자연스럽다.

    (7) ST: The man began to read the boy a lecture <u>for his foolhardiness</u> ... (이솝우화 105)
        TT1: 사나이는 <u>소년의 앞 뒤 생각없이 마구 행동하는 어리석음</u>에 대해 설교를 하기 시작했다.
        TT2: 사나이는 소년이 앞 뒤 생각없이 (마구)어리석게 행동한 것을 보고 설교를 하기 시작했다.

TT1 번역문에서 '앞 뒤 생각 없이 마구 행동하는'이란 관형절이 '소년의 ... 어리석음'사이에 삽입되어 어색한 표현이 되었다. 원문의 전치사 'for' 뒤에 나오는 명사구를 번역문에서 명사화하여 '어리석음에 대해'보다는 TT2의 번역문과 같이 주어와 술어가 포함된 절로 맺어주는 편이 더욱 자연스럽다.

    (8) ST: The start which the man gave made him drop his net, and the dove, aroused to <u>a sense of her danger</u>, flew safe away. (이솝우화 27)
        TT: 사나이는 놀라서 펄쩍 뛰었으므로, 그물을 떨구고, 비둘기는 <u>자기 몸의 위험</u>을 깨닫고 무사히 날아가 버렸다.

위의 예문은 (7)번 번역문과 같이 '의'로 구성된 명사화 내포문이다. '깨닫다'는 인지동사이다. 명사화 구성의 의미양상은 그와 호응하는 서술어에 따라 구체화 할 수가 있는데 인지동사와 함께 쓰이는 명사화 명사구절은 2차 실재로서의 사태가 아닌 3차 실재로서의 사실 명제로 해석되어 추상화하는 면을 보인다고 한다(김흥수 1995). 역시 주어와 서술어를 포함하는 절로 대응시켜서 번역문을 '자기 몸이 위험한 사실을 ….'로 번역하는 것이 더욱 자연스러운 표현이다.

3) 관형화 내포문

   (9) ST: During the cold war, such crimes received scant attention and were treated <as unfortunate footnotes to Japan's near-total dependence on America for security.> (World News 47)
   TT: 냉전 기간 중에 그런 범죄들은 거의 주의를 끌지 못했고 [<미국에 대한 일본의 거의 전적인 안보 의존에 있어서의 불행한> 일개 사건들로] 취급되었다.

원문의 'as'가 이끄는 부사구 안에 '일개 사건들'을 수식해주는 관형화 내포문(< >으로 표시)이 나타나는데 '-의'가 중복되어 매우 어색하다. '일본이 미국에게 전적으로 안보의존을 하는데서 발생되는'이라는 관형절로 대치하면 더욱 자연스러운 문장이 된다.

   (10) ST: Ambassador Walter Mondale has apologized repeatedly for the crime, describing it as loathsome and brutal. He also promised to give Japanese investigators virtually unlimited access to the suspects. (World News 47)
   TT: 월터 먼데일 주일 미국대사는 그 범죄를 끔찍하고 야만적인 것으로 묘사하면서 반복해서 사과했다. 그는 또한 [<일본측 수사관들이 용의자들을 실질적으로 제한 없이 만나도록> 해줄 것]을 약속했다.

위의 번역문에서 < >는 동사구 내포문이고 [ ]는 명사구 내포문으로 상위문의 목적어 역할을 한다. 문장을 분석해 보지 않으면 주체와 객체가 누구인지 구분을 하기가 어려운 문장이다. [ ]안의 문장을 '해주다'의 주체와 객체를 살려서 [일본측 수사관들에게 용의자들을 실질적으로 제한 없이 만나볼 수 있는 권한을 줄 것이거나 [일본측 수사관들이 용의자들을 실질적으로 제한 없이 만나볼 수 있도록 주선해 줄 것이라고 번역을 하면 이해하기가 좀 더 수월하다.

4) 관계대명사

다음은 관계대명사로 인해 내포문이 형성된 문장들이다.

> (11) ST: A fisherman was drawing up a net <u>which he had cast into the sea, full of all sorts of fish</u>. (이솝우화 24)
> TT1: 어부가 <u>바다에 친 그물을 여러 가지 고기로 가득 채워</u> 끌어올리기 시작했다.

(11)번 원문의 which 다음에 오는 문구는 모두 net을 수식해주는 관형구이다. 번역문에서 '여러 가지 고기로 가득 채워'라고 부사구로 처리를 했다. 이 문장대로 해석을 한다면 마치 어부가 임의적으로 고기를 그물 안에 채워 넣은 의미를 준다. 재번역을 해서 아래의 TT2처럼 바꿀 수 있으며 또한 관계대명사를 접속문으로 처리하면 TT3과 같다.

> TT2: 어부가 바다에서 여러 가지 고기로 가득 찬 그물을 끌어올리기 시작했다.
> TT3: 어부가 바다에 친 그물을 끌어올리기 시작했는데 그 그물은 여러 가지 고기로 가득 차 있었다.

> (12) ST: Okinawa residents are disgruntled about the pact, which serves to give the U.S. forces something like extraterritorial rights. (World News 47)
> TT1: 오키나와 주민들은 그 협약, 즉 미군 측에 치외법권식의 권리를 부여하고 있는 그 협약에 불만을 품고 있습니다.

(12)의 'which'가 이끄는 절을 번역문에서는 '즉'이하절로 풀어서 '그 협약'이

란 단어를 중복했는데 부자연스러운 문장이다. 첫 번째 나오는 '그 협약'과 '즉'을 생략하여 다시 번역을 하면 다음과 같은 문장으로 표현된다.

> TT2: 오키나와 주민들은 미군 측에 치외 법권 식의 권리를 부여하고 있는 그 협약에 불만을 품고 있습니다.

관계대명사는 한국어에 없는 개념이다. 관계대명사를 너무 의식해서 긴 내포문이나 부자연스러운 번역문체가 나오는 경향이 있는데 문맥에 맞게 대응시키고 적절하게 문장을 나누어서 독자가 쉽게 이해할 수 있도록 번역을 해 주는 것이 중요하다.

내포문을 번역할 때 주의해야 할 점은 문장의 길이이다. 영문과 대응해서 무리하게 길게 번역된 문장들은 독자들에게 그 문장의 의미가 빨리 연상되지 못할 뿐만 아니라 독자의 흥미를 지속시킬 수가 없다. 문장의 양적인 차이에 따라서 처리부담의 차이가 난다. 즉 처리가 용이하여야 이해하기가 쉽다. 따라서 번역할 때 문장길이의 조절을 잘 해주어야 한다.

2. 접속문

1) and와 but의 번역

영어에서는 문장을 연결시켜 주는 접속사로 and와 but이 있는데 한국어에서는 이 접속사를 접속어미로 다양하게 대응을 해 줄 수가 있다. 접속어미는 선행절에 결합하여 접속문을 구성하는데 국어에서는 접속어미가 다양하게 발달되어 있다. 또한 같은 접속어미라 하더라도 의미가 다의적이다. 연구자료에서 대응되는 접속어미들을 살펴보기로 한다.

> (13) ST: The stars still shone <u>and</u> the day had drawn only a pale wash of light in the lower sky to the east. (The Pearl)

TT1: 별은 여전히 빛나고 있었고 동쪽 하늘가에는 엷은 빛이 어스레할 뿐이었다. (시사영어사 편집국 역)
TT2: 별은 아직도 빛나고 있었으나 동쪽 하늘에는 어스레히 동이 텄다. (이성호 역)

TT1에서는 'and'에 대해 순접관계를 나타내는 접속어미 '고'로 두 문장을 연결하며 사태에 대한 화자의 객관적 태도를 나타낸다. 반면에 TT2에서는 역접관계를 나타내는 접속어미 '으나'를 사용해서 명시적으로 표현했다. 다시 말하면 TT2는 대립이라는 보다 적극적인 연결로 인해 후행문에 초점을 놓이게 하며 TT1보다 사태의 관계에 대한 화자의 적극적 개입을 드러내 준다.

(14) ST: Every man carries two wallets, one before and one behind, and both full of faults. But the one before is full of his neighbor's faults, the one behind, of his own. (이솝우화 141)
TT1: 모든 사람들은 두 개의 바랑을 지니고 있다. 하나는 몸 전면에, 하나는 몸 후면에 지니고 있어서 어느 쪽에나 결점이 가득 들어있다. 그러나 앞쪽의 바랑에는 이웃사람의 결함이 가득 들어있다.

원문의 첫 번째 'and'에 대해 번역문에서는 이유 혹은 인과의 뜻을 가진 접속어미 '-어서'로 대응시켰는데 매우 어색하다. 어떤 일의 배경을 보이는 접속어미 '-는데'가 더욱 적절하다. 마찬가지로 원문의 두 번째 접속사 'but'을 사전적 의미인 '그러나'로 반드시 번역할 필요는 없다. 번역문에서 '그러나'는 생략을 하든지 아니면 '그렇지만'으로 대치해도 좋다. 적절한 접속어미를 사용해서 재번역을 하면 다음과 같다.

TT2: ~ 하나는 몸 전면에, 하나는 몸 후면에 지니고 있는데, 어느 쪽에나 결점이 가득 들어있다. (그렇지만) 앞쪽의 바랑에는 이웃 사람의 결함이, 뒤쪽에는 자신의 결함이 가득 들어 있다.

(15) ST: "We must wait for our neighbors and friends no longer, do you go and hire some reapers tonight, and we will set to work ourselves tomorrow." (이솝우화 202)
TT1: 이제는 이미 친척들이나 친구들을 기다리고 있어서는 안 된다. 너희들은 가서 오늘 밤 일꾼을 몇 사람 고용해 오너라. 그렇게 하면 내일부터 우리들은 스스로 일을 착수하기로 하자.
TT2: ~ 그렇게 하면 우리들이 스스로/우리들 스스로가 내일부터 일을 시작할 수 있을 것이다.
TT3: ~ 그렇게 해서 우리들이 스스로/우리들 스스로가 내일부터 일을 시작하기로 하자.

원문의 'and'로 접속된 문장을 TT1에서는 '-(으)면'이란 조건관계를 나타내는 접속어미로 대응했다. 'do'로 나타나는 명령문과 'and'로 이어지는 'if-조건절'을 반영한 문장이지만 다소 부자연스러운 표현이다. 조건을 강조해서 번역을 하면 추측과 바람을 표현하는 TT2의 표현이 되고 또 이유를 설명해 주는 '서(해서)'를 앞세운 청유형으로 대응하면 TT3과 같다.

(16) ST: We are looking for some reliable companies with whom we want to have business connections and shall appreciate it if you would introduce to use some of them. (무역 44)
TT: 당사는 거래관계를 맺고 싶어 하는 믿을만한 회사들을 찾고 있으며 몇몇 회사를 알려주시면 감사하겠습니다.

원문의 and를 번역문에서는 접속어미 '-으며'로 대등연결하였다. 대등연결의 통사적 특성으로는 교호성(맞바꾸기, reversibility)과 대칭성(symmetry)을 들 수 있다. 여기서는 교호성이 문제되는데 번역문에서 선행절과 후행절을 맞바꾸면 의미상 어색한 문장이 된다. 따라서 상황을 설명해 주는 접속어미 '-으니'로 연결을 하든지 '있습니다'로 문장을 둘로 나누어 주는 것이 더욱 자연스럽다.

(17) ST: They found indeed no treasure but the vines, strengthened and improved by this thorough tillage, yielded a finer vintage than they had ever yielded before, and more than repaid the young husbandmen for all their trouble. (이솝우화 201)
TT: 그런데 아무리 여기저기 땅을 파헤쳐도 아무런 보물도 발견하지 못했다. 그러나 이 철저한 밭갈이로 튼튼해지고 강해진 포도나무로부터 전례가 없을 만큼 훌륭한 포도송이를 얻었다. 그리고 이 젊은 농부들의 고생에 대해 지나칠 정도로 보답해 주었던 것이었다.

원문의 'and'를 '그리고'로 대응시켰다. 원문의 문맥을 살펴보면 'and'는 'and thus'의 의미로 쓰였으므로 결과를 나타내는 접속부사 '그리하여'나 '그래서'가 '그리고'보다 더욱 적합하다. 또한 번역문에서처럼 '그리고'를 독립적으로 사용하면 문장의 자연스러운 흐름을 깨뜨리게 되고 문장의 간결성을 해치게 된다. 접속의 기능으로 보다 특별하게 강조의 용법으로 쓰일 때를 제 외하고는 문맥에 맞는 적절한 연결어미로 연결시키는 것이 자연스러운 국어표현이다.

2) 부정사 to의 번역

이번에는 부정사가 번역문에서 어떻게 대응이 되는지 살펴보기로 하자.

(18) ST: It was very good - Kino closed his eyes again to listen to his music. (The Pearl)
TT1: 그 소리는 정말 기분이 좋았다. - 키노는 다시 눈을 감고 그의 음악을 들었다. (시사영어사 편집국 역)
TT2: 대단히 상쾌한 소리였다. - 키노는 다시 눈을 감고 그 음악에 귀를 기울이고 있었다. (이성호 역)

TT1과 TT2에서 두 문장 다 '눈을 감고 ... 음악을 듣다'로 해석을 하였다. 다시 말하면, 두 문장의 행동은 '①눈을 감다 ②음악을 듣다'의 순서가 된다. 눈을 감은 이유는 가상은 할 수 있어도 영문처럼 직접적이지가 않다. 번역문

TT1, TT2에서 눈을 감은 이유는 반사적일 수도 있고 의도적일 수도 있기 때문이다. 번역문을 영작한다면 'closed eyes and listened'로 바뀌게 된다. 하지만 원문을 살펴보면 'listen to'는 소리에 집중하여 듣는다는 의미를 나타내므로 이러한 상황을 반영하여 '음악을 들으려고 눈을 다시 감았다'라고 번역하는 것이 적합하다.

> (19) ST: Whines and growls take advantage of both a law of acoustics and eons of evolved experience: It <u>pays to recognize</u> and <u>avoid</u> big things and not to fear small things. (The English World 47)
> TT1: 낑낑대는 소리와 으르렁대는 소리는 음향효과의 법칙과 오랜 시간에 걸쳐 축적된 경험을 둘 다 이용한 것이다. 큰 동물들의 접근을 <u>알아차리고 피하거나 작은 동물들을 두려워하지 않는 것에 도움이 된다</u>.

원문에서 pays가 받는 것이 to recognize and avoid와 not to fear이다. 번역문의 도움이 된다는 의미에는 어떤 부정적인 상황이 긍정적으로 바뀐다는 전제가 포함되어 있다. 큰 동물들의 접근을 알아차리고 회피하는 행동이 생존에 도움이 된다는 것은 이해가 되지만 작은 동물들을 두려워하지 않는 것이 도움이 된다는 것은 논리에 맞지 않다. 재번역을 하면 아래의 TT2와 같은 문장으로 pay를 두 번 번역을 하는 것이 더욱 자연스럽다.

> TT2: ~큰 동물들의 접근을 알아차리고 피하는데 도움이 되고 작은 동물들은 두려워하지 않아도 된다는 것을 가르쳐준다.

접속문을 번역할 때 번역사는 선행절과 후행절의 관계를 잘 살펴보고, 적절한 접속어미나 접속부사로 연결해서 한국어다운 문장을 만들어야 한다.

정리하기

1. 보문화 현상 〈~것〉

    ST: People is a daily, a weekly, a monthly process, gradually changing opinions, slowly eroding old barriers, quietly building new structures. And however <u>undramatic</u> the pursuit of peace, that pursuit must go on.
    TT: ~ 평화의 추구가 아무리 <u>수수한 것</u>일지라도, 그 추구는 계속하지 않으면 안 된다.

    원문의 형용사 undramatic을 번역문에서 의존명사를 포함한 '수수한 것'으로 대응시켰다. 명사화하지 않고 형용사로 대응시켜 '<u>수수하더라도/극적이지 않더라도</u>'라고 하는 표현이 더욱 자연스럽다.
    의존명사 '것'의 남용은 것이 지니는 여러 가지 의미기능 때문이다. 적절한 어휘를 잘 모르거나 해당하는 어휘가 없을 때 흔히 '것'을 많이 쓰는데 이러한 단조로움을 피해 다양한 어휘를 문맥에 맞추어 대응시킬 수 있어야 하겠다.

2. 관계대명사

    관계대명사 내포문은 적절하게 끊어서 번역하며 잘 안될 때는 뒤에서 거슬러 오는 번역을 하면 자연스러울 때가 많다.

    ST: A fisherman was drawing up a net <u>which he had cast into the sea, full of all sorts of fish</u>.
    TT1: 어부가 <u>바다에 친</u> 그물을 <u>여러 가지 고기로 가득 채워</u> 끌어올리기 시작했다.

    원문의 which 다음에 오는 문구는 모두 net을 수식해주는 관형구이다. 번역문에서 '여러 가지 고기로 가득 채워'라고 부사구로 처리를 했다. 이 문장대로 해석을 한다면 마치 어부가 임의적으로 고기를 그물 안에 채워 넣은 의미를 준다. 재번역을 해서 아래의 TT2처럼 바꿀 수 있으며 또한 관계대명사를 접속문으로 처리하면 TT3과 같다.

    TT2: 어부가 바다에서 여러 가지 고기로 가득 찬 그물을 끌어올리기 시작했다.
    TT3: 어부가 바다에 친 그물을 끌어올리기 시작했는데 그 그물은 여러 가지 고기로 가득 차 있었다.

평가하기

1. 다음의 번역방법에 대한 설명으로 어색한 것을 고르시오.
   ① 독자의 이해보다는 원문 구조 중심으로 번역한다.
   ② 목표 독자의 가독성을 고려하여 번역한다.
   ③ 한국어의 수(number)표현은 영어처럼 규칙적이지 않다.
   ④ '~ 적, 것' 같은 표현은 가능한 지양하는 편이 좋다.

   ▮ 정답: 1

* 다음의 문장을 적절하게 번역해 보시오. (2~3)

2. ST: He has two sons who became well-known doctors.

   Tip 대명사 He를 무조건 '그는'으로 번역하지 않는다. '그 분은/ 그 사람은/ ~ 선생님은' 으로 인물의 신분과 나이, 직업에 적합하게 바꾸어 번역한다.

   ▮ 모범 답안: 그 남자는/ 그 분은 유명한 의사인 두 아들이 있다.

3. ST: Learn to concentrate as early in life as possible. Concentration is the ability to keep your thoughts and attention on one fact until you know it thoroughly. It is a habit that you must possess if you are really to succeed.

   ▮ 모범 답안: 인생에서 가능한 한 일찍이 주의 집중하는 것을 배우도록 하라. 주의 집중은 네가 한 가지 사실을 철저히 알 때까지 너의 생각과 주의력을 집중시키는 능력이다. 또한 진정으로 성공하고자 한다면 반드시 지녀야 할 습관이다.

14차시 번역 평가 - 텍스트 분석 (4)

학습 내용

(1) 번역 평가 이해
(2) 번역 텍스트 분석

사전 평가

(1) 영문의 줄표(-)는 번역문에도 그대로 줄표를 표시하여 나타낸다. ▎정답: X
(2) 콜론(:)은 부연적인 설명으로 고려하여 풀어서 번역한다. ▎정답: O
(3) 어휘의미는 사전적 의미보다는 문맥적 의미에 맞추어 번역한다. ▎정답: O

1. 문장부호

영어의 문장부호나 국어의 문장부호는 그 용법이 비슷한 것도 있고 또 다른 용법으로 사용되는 것들도 있다. 번역문에 가장 많은 논의가 되는 것은 줄표 (-), 쉼표(,), 콜론(:), 세미콜론(;)인데 다음의 번역자료를 학습하기로 한다.

1) 줄표(-)

(1) ST: It was very good - Kino closed his eyes again to listen to his music. (The Pearl)
TT1: 그 소리는 정말 기분이 좋았다. - 키노는 다시 눈을 감고 그의 음악을 들었다.
TT2: 대단히 상쾌한 소리였다. - 키노는 다시 눈을 감고 그 음악에 귀를 기울이고 있었다.

번역문1, 2에서 모두 '- (줄표)'로 뒷 문장을 그대로 받아주며 보충해서 설명하는 방식으로 번역하였다. 원문의 줄표는 앞의 원인에 대한 결과(so that)

를 나타내거나 혹은 Because (it was very good)으로 앞문장이 뒷문장의 행동을 초래하는 원인이 되었다. 줄표는 다음과 같은 방법으로 번역한다.

⇒ 앞 문장 〈때문에〉 뒷 문장 or 뒷 문장 〈만큼〉 앞 문장으로 번역한다.

(2) ST: A game is never a war. It is fun to win a game; but it is often an honor to be beaten. In any case, a game is essentially 'play'-an activity for its own sake, and not for the sake of triumphs or prizes.
TT: 경기는 결코 전쟁이 아니다. 경기에 이기는 것은 재미있지만, 지는 것도 종종 자랑거리가 된다. 어쨌든, 경기는 본질적으로 '놀이'이다. 그 자체를 위한 활동이지 승리라든가 상을 타기 위한 것은 아니다. (영어와 번역 24)

- beat: 치다, 때리다, 이기다(beat-beat-beat/beaten)
- be beaten: 지다.
- in any case = anyway: 어떠한 경우에도, 어쨌든
- for the sake of = for one's own sake: ~을 위하여

⇒ 번역문에서 줄표 이하는 바로 앞 문장에 대한 원인으로 해석 할 수 있다. 한글 번역문에서는 줄표 없이 자연스럽게 뒷 문장을 처리하였다.

(3) ST: Dogs, rats, mice, elephants, possoms, pigs, monkeys, rhinos, hawks, ducks - and probably a good many other birds and mammals - all follow this general rule in their vocalization. (The English World)
TT: … 오리 그리고 아마도 많은 새들이나 포유동물들 - 이런 모든 동물들이 발성시, 이러한 일반적인 법칙을 따르고 있다.

원문의 줄표 부분 'and ~ mammals'는 앞의 선행절에 부가적으로 첨가되었다. 번역문에서도 줄표(-)로 연결하여 표현하였는데 한국어에는 맞지 않는 용법이다. 쉼표로 대치해서 '…포유 동물들, 이런 모든 동물들이…'라고 바꿔주는 편이 적절하다.

2) 쉼표(,)

(4) ST: There was silence on the other end of the line. Finally, the man (at

the bird shop) replied "I don't know …would it satisfy you?" (유머영어 41)
TT: 새집주인, 한참 잠자코 있더니 잘 모르겠네요 …당신 같으면 그 정도로 만족하겠어요?

(4)번의 번역문에서 주격조사를 생략하고 ' , '로 대신했다. 문장 안에서 휴지로 사용되었다면 문제가 되지 않지만, 주격조사의 대용으로 쓰이는 용법은 현재 맞춤법 표기법에 없다. 주격조사 '-이'나 주제화를 해서 '-은'을 삽입해야 한다.

(5) ST: In Rhodes, <u>for instance</u>, he said he had taken such an extraordinary leap, that no man could come near him, and he had witnesses there to prove it. (이솝우화 89)
TT: 이 사나이가 말하기를 <u>예를 들면</u> 로즈에서는 이 사나이는 깜짝 놀랄만한 도약을 하였<u>으므로</u> 아무도 그를 따를 수가 없을 정도였었다. 그리고 그 나라에는 그것을 증명해 주는 증인도 있다, 라는 것이었다.

번역문에서 '예를 들면'은 부가적으로 삽입된 문구이므로 ' , '를 각각 앞과 뒤에 삽입하는 것 <,예를 들면,>이 적합하다. 또한 '라는' 앞의 ' , '는 용법이 애매하다. 간접인용어미 '-라는' 앞에서는 쉼표를 삽입하지 않는다.

(6) ST: Now that I am no longer a child, Sunday is an auspicious day for me, a day on which all those social demands that fatigue me during the week - <u>mail, phone calls, appointments</u> - are suspended. (영어와 번역 40)
TT: 이제 나는 더 이상 어린아이가 아니기 때문에 일요일은 내게 상서로운 날, <u>우편, 전화걸기, 약속 등등</u> 한 주일 동안 나를 지치게 만드는 그 온갖 사교적 요구들이 정지되는 날이다.

원문의 쉼표를 번역문에서 '~때문에'로 풀어서 인과관계를 만들었다. 의미는 전달되나 표현이 조금 어색하다. 더 이상 어린아이가 아닌 지금은/지금에

와서는 등으로 대등관계절을 만들어 주면 더욱 자연스럽다. 또한 상서로운 날, 우편, … 과 같이 줄표로 삽입된 부분을 쉼표(,)로 연결해서 다소 어색함을 준다. '…내게 상서로운 날이다. 우편, … 정지되는 날이다.' 와 같이 두 문장으로 나누어 주는 것이 더욱 자연스럽다. 재번역을 하면 다음과 같다.

⇒ 더 이상 어린아이가 아닌 지금은 일요일은 내게 상서로운 날이다. 우편, … 정지되는 날이다.

3) 콜론(:)

(7) ST: Whines and growls take advantage of both a law of acoustics and eons of evolved experience: It pays to recognize and avoid big things and not to fear small things. (The English World 63)
TT: 깽깽대는 소리와 으르렁대는 소리는 음향효과의 법칙과 오랜 시간에 걸쳐 축적된 경험을 둘 다 이용한 것이다. 큰 동물들의 접근을 알아차리고 피하거나 작은 동물들을 두려워하지 않는 것에 도움이 된다.

원문의 콜론을 부연적인 설명으로 고려하여 it를 풀어서 설명적인 문구를 넣어주는 것이 바람직하다. '즉 이 소리는 큰 동물들 … '으로 나타내주면 더욱 자연스러운 문장이 된다.

2. 의미 파악의 문제

다음은 의미 파악을 잘못해서 오역으로 나타난 예들이다.

(8) ST: "Do you remember when your dad caught us together in the hayloft, and he told me if I didn't marry you, he would drag me up before the court, and I would get twenty-five years? Just think, today I'd be a free man!" (유머영어 136)
TT: "우리가 마굿간 다락에서 당신 아버지한테 들켰던 일 기억하지? 내가 당신하고 결혼하지 않을 것 같으면 고소를 하여 25년간 징역살이 시키겠다고 했어. 그러니 난 오늘에야 겨우 해방된거야?"

원문의 밑줄 친 부분에서 I'd는 I would를 줄인 말로 가정적 상황을 나타낸다. 문장 앞부분을 보면 if I didn't marry you ~에서 가정법 과거의 구문으로 현재에 이루어지지 않은 의미로서 I am still not free의 뜻이다. 하지만 번역문에서는 정반대의 해석으로 나타나 있다. 이루어지지 않은 상태를 후회하는 심경으로 재번역해 보면

⇒ … 생각해 봐, 만일 그랬더라면 오늘 난 해방이 되었을 텐데.

  (9) ST: Japanese officials are <u>leery of provoking a public debate</u> over the fundamental premises of the ties, in Japan or the United States. (The English World)
  TT: 일본 관리들은 일본 또는 미국에서 안보 협력의 기본적인 전제조건들에 대해 <u>대중적인 논쟁을 야기시키는 데에 신중을 가하고 있다</u>.

번역문에서 '논쟁을 야기시키는 데에 신중을 기하고 있다'고 하면 논쟁을 야기시키려고 노력을 하는 것 같은 뜻으로 해석된다. 즉 의미론적으로 모순이 되는 문장인데 그 이유는 접미사 '-시키다'가 지니는 '-하게 하다'의 뜻이 사동적 행동이므로 우발적으로 일어나는 행동이 아니라 행위자가 있어서 인위적으로 일어나는 행동이라는 것을 함축하기 때문이다. 의미의 전달을 분명하게 나타내기 위하여 다음과 같이 재번역한다.

⇒ …안보협력의 기본적인 전제 조건들에 대한 논쟁을 일으키지 않기 위해 신중을 기하고 있다.

  (10) ST: She gave her lips; they were warm and full and soft; he lingered a little, they were like a flower; then, he <u>knew not how</u>, without meaning it, he flung his arms around her. (Of Human Bondage 217)
  TT: … 그는 약간 머뭇거렸다. 입술은 꽃과 같았다. 사실, 그는 <u>어떻게 그녀를 팔로 자연스럽게 껴안아야 할지를 몰랐다</u>.

밑줄 친 부분의 번역에서 의미의 오역이 발생하는데 그가 모르는 것은 그녀를 어떻게 안아야 하는가의 방법이 아니라 무의식적으로 그녀를 안아버린

상태가 어떻게 된 영문인지 모른다는 뜻이다. 적절하게 번역을 다시하면 다음과 같다.

⇒ …어떻게 그렇게 되었는지는 모르지만 그 남자는 그녀를 안아버리고 말았다.

> (11) ST: <u>By 1810</u> New York had grown to be the most populous state and was already the manufacturing, trade, and transportation centre of the country. (World News)
> TT: 1810년대의 뉴욕은 가장 많은 인구가 사는 주가 되었고 …

원문의 By 1810은 1810년 이전부터 1810년까지를 언급하는데 번역문에서 1810년대라고 하면 1810년, 1811년, 1812년 …(1819년까지) 등을 포함한다. By의 의미를 고려하여 '1810년에 이르러서는 … '이라고 번역을 해주어야 한다.

문장의 의미파악은 그 문장의 진위를 결정해 준다. 잘못된 의미파악은 독자에게 부정확한 내용을 전달하게 만든다. 번역사는 전체적 맥락과 구체적 사건들에 대한 심층적 이해를 바탕으로 번역에 임해야 할 것이다.

3. 의미의 중복

의미의 중복으로 잉여성이 나타나는 문장들에 대해 살펴보기로 한다. 임지룡(1993)은 잉여성의 긍정적인 측면으로 의사소통의 효율성을 높여주는 강의기능을 수행한다는 점이고 부정적인 측면은 불필요한 반복이나 중복으로 의사소통의 효율성을 낮추는 것이라고 지적했다. 판단의 척도는 잉여성이 어느 정도로 의사소통의 효율성에 기여하는가에 달려 있다.

1) 어휘소의 잉여성

> (12) ST: Will you please sign your name in my <u>visitor's book</u>? (유머영어 79)
> TT: 저의 <u>방문객 방명록</u>에 사인해줘요.

번역문에서 방문객이란 뜻이 이미 포함되어 있다. 그러므로 방문객은 생략하고 방명록만 남겨 놓아도 의미파악에 지장이 없다.

2) 수식상의 잉여성

    (13) ST: …miss her footing at that dizzy height. (이솝우화 15)
        TT: 그렇게 눈이 핑핑 도는 높은 곳에서 발을 잘못 헛디디면 안 되니까

일상 언어생활에서 잉여성의 빈도가 가장 낮은 문장성분은 부사어이다. 특히 한국어에서는 수의적인 부사어의 다중 수식현상이 흔히 강의 기능으로 자주 사용된다. 번역문에서 '잘못해서'를 축약해서 표현했다면 '잘못'으로 별 상관이 없지만 '잘못 디디다'로 볼 경우에는 '헛디디다'와 동의어가 된다. '발을 헛디디면'으로 '잘못'은 생략하는 것이 좋다.

3) 복합문의 잉여성

    (14) ST: "If this is be true, just suppose this to be Rhodes, and then try the leap again." (이솝우화 89)
        TT: "그것이 정말이라면, 가령 이곳이 로즈라고 상상하고 다시 또 한 번 도약해 보게나."

영어원문에서 가정법에 연결되는 단어가 두 번 나온다(if, impose). 국어로 번역 할 때 '상상하고'에 가정을 한다는 뜻이 포함되어 있으므로 위의 번역문에서 '가령'을 생략하는 편이 더욱 자연스럽다.

    (15) ST: Some hungry dogs, seeing some raw hides which a skinner had left in the bottom of a stream, and not being able to reach them, agreed among themselves to drink up the river to get at the prize. (이솝우화 17)
        TT: 몇 마리의 굶주린 개가 냇물 바닥에서, 가죽 벗기는 직공이 버리고 간 짐승의 가죽을 조금 발견했는데 거기에 손을 미칠 수가 없어, 그 물건에 도달하기 위해 냇물을 모두 마셔버리기로 의논이 되었다.

번역문에서 그 물건에 도달하기 위해는 부가적으로 삽입이 되었다. 전체 문맥 안에서 파악을 할 수 있으므로 생략하는 편이 자연스럽다.

4. 어휘의 적절성

박갑수(1984)는 영어를 국어로 번역하는 과정에서 적절한 어휘를 선택하려면 해당어휘의 사전적 의미에 대한 정확한 지식뿐만이 아니라 그 어휘의 뉘앙스, 내포적 의미, 어의적 의미, 공식성의 정도 등에 관한 사항 및 수사론적인 상황도 적절하게 고려해야 한다고 논한다.

> (16) ST: A wolf seeing a goat feeding on the brow of a high precipice where he could not come at her, <u>besought</u> her to come down lower, for fear she should miss her footing at that dizzy height, … (이솝우화 15)
> TT: 늑대가 높은 벼랑 언저리에서 풀을 뜯고 있는 염소를 보고, 그런 곳에서는 염소한테 가까이할 수도 없으므로 좀 더 낮은 곳으로 내려와 주지 않겠느냐 그렇게 눈이 핑핑 도는 곳에서 발을 잘못 헛디디면 안 되니까, 라고 <u>부탁했다</u>.

원문의 'besought'는 'beseech'의 과거형으로 '간절히 원하다/탄원하다' 등으로 사전에 나오지만 문맥을 살펴보면 이 경우에는 '유인했다'가 더욱 적절하다.

'부탁했다'와 '유인했다'의 번역에 따라 늑대를 보는 독자의 관점이 논의가 된다. 즉 '부탁하다'라는 표현을 늑대와 연결시키면 점잖은 신사와 비유가 되는 반면에 '유인했다'는 '교활한 사기꾼'이란 부정적인 인상을 떠올리게 한다.

> (17) ST: They found indeed no treasure but the vines, strengthened and improved by this thorough tillage, yielded a finer vintage than they had ever yielded before, and <u>more than</u> repaid the young husbandmen for all their trouble. (이솝우화 201)

TT: 그런데 아무리 여기저기 땅을 파헤쳐도 아무런 보물도 발견하지 못했다. 그러나 이 철저한 밭갈이로 튼튼해지고 강해진 포도나무로부터 전례가 없을 만큼 훌륭한 포도송이를 얻었다. 그리고 이 젊은 농부들의 고생에 대해 <u>지나칠 정도로</u> 보답해 주었던 것이다.

번역자의 관점과 태도가 번역문에 담겨 있는 예문이다. '지나치다'는 '어느 표준이 될 만한 정도를 넘다'라는 뜻으로 부정적인 뜻이 함축되어 있다. 물론 결과는 생각지 않았던 일이라서 농부들이 훌륭한 포도송이를 얻은 것이 그들에게는 과분한 일이라고 하면 적당한 표현이지만 다른 시점에서 밭을 열심히 간 이유와는 상관없이 그 결과, 즉 보답이 큰 점을 중요시한다면 '충분하게'로 번역할 수 있다.

(18) ST: They(boys) had already killed many of the poor creature(frogs), when one more hardly than the rest putting his head above the water, <u>cried out</u> to them, "Stop your cruel sport, my lads, consider, what is Play to you is Death to us." (이솝우화 23)
TT: 어린이들은 가엾게도 수많은 개구리를 죽이고 말았는데 … <u>말을 걸었다</u>. 도련님들, 이 참혹한 장난을 그만 둬 주세요. 잘 생각해 보세요. 당신네들에겐 장난인 것도 우리들한테는 목숨을 건 일이니까요.

밑줄 친 번역문 걸다의 사전풀이에는 '사람이 다른 사람을 끌어 들여 일정한 관계를 맺거나 어떤 문제를 일으키거나 그에게 말을 던지는 것 같은 일을 처음 시작하는 상태가 되다'가 있다. 거의 생각이 없이 말을 시작하는 그런 상황이 연상이 된다. '말을 걸다' 외에 '수작을 /시비를/ 연애를 걸다'등의 표현이 있다. 그렇다면 여기서 화자의 태도가 논의 대상이 되는데 예문의 상황을 살펴보면 화자의 목숨이 달린 심각한 순간이다. 영어 원문의 'cried out'은 간절하게 요구를 하는 것이므로 문맥에 맞게 '사정을 했다'라는 표현으로 바꾸어 주는 편이 적합하다.

(19) ST: As a countryman was carelessly driving his wagon, along a miry lane his wheel stuck so deep in the clay … (이솝우화 38)
TT: 한 시골사람이, 진창길을 태연하게 짐마차를 몰고 가다가 수레가 진흙 속에 몽땅 빠져 …

번역문에서 '태연하게'란 어휘는 기색이 아무렇지도 않고 그냥 그대로 있는 모양을 나타내므로 '조심성 없게'라는 표현이 적절하다. '태연하게' 마차를 몰고 가는 행위는 아무런 조심이 없어서 어떠한 일이 일어나더라도 그다지 문제가 되지 않을 것 같은 느낌을 주는 반면 '조심성 없게'는 그 결과로 무슨 일인가 일어날 것을 암시해 주면서 뒷문장과 자연스럽게 연결이 된다.

(20) ST: Mike didn't relish the idea of scraping out a double helping of cage litter, … (유머영어 41)
TT: 마이크는 새장 청소하는 수고가 더 많아질 것이 따분하여 …

번역문에서 '따분하다'에는 '처치하기 어렵다', '난처하다'란 뜻도 포함되어 있지만 하기 싫은 일의 양이 많아져서 흥미가 없다는 뜻을 고려하면 '귀찮다', '성가시다', '싫다' 또는 '염려되다' 등으로 고쳐주는 편이 좋다.

(21) ST: Her hair was pulled back severly and she had put on her most shapeless dress. She didn't want to attract anybody this week, not even an Englishman. (시사영어 연구)
TT: 머리카락은 검소하게 뒤로 넘겼으며 옷차림은 지극히 후줄그레했다. 그녀는 이번 주일에 어느 누구에게도, 심지어는 영국인에게서까지도, 관심을 끌고 싶지 않았다.

번역문에서 '후줄그레하다'는 보기 흉하고 누추한 느낌이 드는데 이 표현은 주인공의 성격과 잘 맞지가 않는다. 또한 번역문에는 옷을 일부러 그렇게 입은 주인공의 의도가 반영되어 있지 않다. 의도적으로 몸매를 드러내지 않기 위하여 모양이 없는 옷을 입었으므로 '(가장) 몸매가 드러나지 않는 옷을 차려입었다' 등으로 표현해야 문맥에 더욱 잘 어울린다.

⇒ 예문에서 살펴본 바와 같이 어감의 차이점과 문맥상의 의미를 잘 고려하여 정확하고 올바르게 번역을 해주는 것이 중요하다. 어휘적, 사전적 의미보다는 문맥적 의미가 번역에서 중요함을 보여주는 사례라고 할 수 있다.

정리하기

1. **줄표(-)**

    (1) ST: It was very good - Kino closed his eyes again to listen to his music.
    TT: 정말 대단했다. 키노는 음악에 귀를 기울이기 위해 눈을 감았다.

    원문의 줄표는 앞의 원인에 대한 결과(so that)를 나타내거나 혹은 Because(it was very good)로 앞문장이 뒷문장의 행동을 초래하는 원인이 되었다. 줄표는 다음과 같은 방법으로 번역한다.
    ⇒ 앞 문장 〈때문에〉 뒷 문장 or 뒷 문장 〈만큼〉 앞 문장으로 번역한다.

2. **콜론(:)**

    (2) ST: Whines and growls take advantage of both a law of acoustics and eons of evolved experience: It pays to recognize and avoid big things and not to fear small things.
    TT: 낑낑대는 소리와 으르렁대는 소리는 음향효과의 법칙과 오랜 시간에 걸쳐 축적된 경험을 둘 다 이용한 것이다. 큰 동물들의 접근을 알아차리고 피하거나 작은 동물들을 두려워하지 않는 것에 도움이 된다.

    원문의 콜론을 부연적인 설명으로 고려하여 it를 풀어서 설명적인 문구를 넣어주는 것이 바람직하다. '즉 이 소리는 큰 동물들 … '로 나타내주면 더욱 자연스러운 문장이 된다.

3. **어휘 의미**

    (3) ST: They found indeed no treasure but the vines, strengthened and improved by this thorough tillage, yielded a finer vintage than they had ever yielded before, and <u>more than</u> repaid the young husbandmen for all their trouble.
    TT: 그런데 아무리 여기저기 땅을 파헤쳐도 아무런 보물도 발견하지 못했다. 그러나 이 철저한 밭갈이로 튼튼해지고 강해진 포도나무로부터 전례가 없을 만큼 훌륭한 포도송이를 얻었다. 그리고 이 젊은 농부들의 고생에 대해 <u>지</u>

나칠 정도로 보답해 주었던 것이다.

번역자의 관점과 태도가 번역문에 담겨 있는 예문이다. '지나치다'는 '어느 표준이 될 만한 정도를 넘다'라는 뜻으로 부정적인 뜻이 함축되어 있다. 물론 결과는 생각지 않았던 일이라서 농부들이 훌륭한 포도송이를 얻은 것이 그들에게는 과분한 일이라고 하면 적당한 표현이지만 다른 시점에서 밭을 열심히 간 이유와는 상관없이 그 결과, 즉 보답이 큰 점을 중요시한다면 '충분하게'로 번역할 수 있다.

평가하기

* 다음의 영문을 적절하게 번역하시오.

1. ST: A game is never a war. It is fun to win a game; but it is often an honor to be beaten. In any case, a game is essentially 'play'- an activity for its own sake, and not for the sake of triumphs or prizes.
   ▌모범 번역: 경기는 결코 전쟁이 아니다. 경기에 이기는 것은 재미있지만, 지는 것도 종종 자랑 거리가 된다. 어쨌든, 경기는 본질적으로 '놀이'이다. 그 자체를 위한 활동이지 승리라든가 상을 타기 위한 것은 아니다.

2. ST: Now that I am no longer a child, Sunday is an auspicious day for me, a day on which all those social demands that fatigue me during the week - <u>mail, phone calls, appointments</u> - are suspended.
   ▌모범 번역: 더 이상 어린아이가 아닌 지금은 일요일은 내게 상서로운 날이다. 우편, 전화걸기, 약속 등 등 한 주일 동안 나를 지치게 만드는 그 온갖 사교적 요구들이 정지되는 날이다.

3. ST: Her hair was pulled back severly and she had put on her most shapeless dress. She didn't want to attract anybody this week, not even an Englishman.
   ▌모범 번역: 머리카락은 검소하게 뒤로 넘겼으며 옷차림은 상당히 수수하게 차려입었다. 그녀는 이번 주일에 어느 누구에게도, 심지어는 영국인에게서까지도, 관심을 끌고 싶지 않았다.

15차시 영어 문법 범주별 번역 연습 (1)

학습 내용

(1) 인칭대명사 번역 이해
(2) 무생물주어 번역 이해
(3) 서술어 번역 개념 확립

사전 평가

(1) 대명사번역은 직역(그, 그녀)보다는 나이와 신분에 맞게 적절한 호칭을 사용한다.
　　　　　　　　　　　　　　　　　　　　　　　　　　　　ǀ 정답: O
(2) 영어는 한국어에 비해 무생물주어를 빈번하게 사용하는 특징이 있다. ǀ 정답: O
(3) 영어의 be동사는 문맥에 따라 다양한 번역이 가능하다. 　　　　　ǀ 정답: O

1. 인칭대명사 표현

영어에서는 앞에 나온 명사는 어김없이 대명사로 나타내지만, 우리말에서는 대명사화가 반드시 필수적이지는 않다. 따라서 원문의 대명사 하나하나를 모두 한국어로 전환할 필요는 없으며 "감정"을 잘 실어서 번역하도록 한다. 대명사번역은 ①원문의 관계에 부합하는 우리말의 명사(예를 들어 she를 소녀는, 아주머니는, 엄마는 …)로 바꾸거나 ②번역하지 않거나 ③인물과 신분에 적절한 호칭으로 전환시킨다. 즉, He를 반사적으로 '그는'으로 직역하지 말고 맥락에 맞게 '그 사람은, 그 아이는, 소년은, 삼촌은, 아버지는 …'으로 다양하게 번역할 수 있다는 것을 명심하도록 한다. 또한 대명사 We 는 일반인 주어나 대중을 나타내는 경우가 많으므로 '사람은, 모든 사람은'으로 번역한다. 대명사 I는 번역하지 않는 것이 자연스러울 때가 더욱 많다.

번역 설명

1. I am your cousin.
'나는 너의 사촌이다'는 번역이 아니고 문장 해석에 불과하다. 화자와 청자사이의 관계를 파악해야 하며 이 문장에서 나(I)와 너(you)의 대명사는 묶어서 '우리'라는 관계로 설정할 수 있다. '우린 사촌이다, 우린 사촌간이야'의 번역이 적절하다.

2. You must do it for yourself.
영어에서 아주 많이 쓰이는 대명사 you는 무조건 '너'로 번역하지 말아야 한다. 화자와 청자 간의 나이, 사회적 · 신분상의 관계를 고려하여 '너, 자네, 아저씨, 삼촌, 고모부, 아버지…' 등으로 바꾸어 주어야 한다. '자네'에 대한 한국어 대명사 호칭은 상대방을 나이에 맞추어 존대의 뜻을 표시하며, 대체로 나이 차이가 많이 날 때 자주 사용된다. '자네, 혼자서 해야 할 일이야'의 번역이 적합하다.

3. Now, he heard of a woman who had cried for him.
번역1: 그는 이제 그를 위해 울었던 한 여인의 이야기를 들었다.
번역2: 그는 이제 자신을 위해 울었던 한 여인의 이야기를 들었다.

한국어에서 삼인칭 대명사는 고유한 형태가 존재한다기보다는 지시관형사 '이, 그, 저'가 명사인 사람과 함께 쓰여서 '저 사람, 그 사람' 등의 표현으로 사용되며 입말에서 '얘, 걔, 그이, 이분, 저분, 그분'등이 있다. 영어의 he와 she의 한국어 대용어인 '그'와 '그녀'는 1920년대 김동인이 처음으로 사용하였고, 주로 문학작품에서 사용되었으며 최근에는 일상 언어로까지 확대되고 있는 실정이다. 위 예문은 번역2의 표현이 적합하며 목적격 대명사 him의 번역을 '자신'이라는 우리말의 재귀대명사로 나타냈는데 영어에 비해 우리말의 재귀대명사는 그 세력이 미치는 부분이 훨씬 넓은 편이다.

4. My father would buy some books on my birthday.
번역1: 나의 아버지는 내 생일날에 약간의 책을 사주셨다.
번역2: (우리)아버지께서는 내 생일날에 책 몇 권을 사주셨다.

소유격 표현은 영어에서는 뚜렷하고 빈번하게 사용되지만, 한국어에서는 소유격의 표지가 규범적이지 않다. 특히 1인칭 소유격은 더욱 쓰임이 제한적이다. 따라서 '나의 아버지'보다는 우리 아버지나 아버지(아버님)가 자연스러운데 한국에서는 자신보다는 '우리'라는 공동체적 정서가 강하며 개인 보다는 집단 내에서의 관계를 중시하는 문화적 가치관을 지니고 있다. 이러한 정서가 언어에도 그대로 전달되어 영문의 my가 들어간 문장을 '내 아버지, 내 부모, 나의 집 …'보다는 '우리'라는 표현으로 번역해야 할 때가 빈번하다. 위 예문에서 번역 2가 더욱 적합하다.

2. 비인칭 주어 표현

영어에서는 생물과 무생물이 모두 주어가 될 수 있지만 우리말과 정서에서는 사람을 중심으로 하므로 무생물 주어보다는 사람의 관점으로 문장을 전환하여 번역한다. 비인칭 주어의 문장은 사람이 개입하지 않은 문장은 그대로 번역하며 사람과 관련된 문장은 사람의 관점으로 바꾸어 나타낸다. 영어의 주어자리에 무생물 주어, 부정사구, 동명사구 등이 많이 오는데 '~하는 것은'으로 직역하지 말고 대체로 부사적으로 '~해서, ~해야 ~하면'으로 번역하면 자연스럽다.

번역 설명

1. It's a very pen, but it's too expensive.

위의 예문은 접속사 but으로 연결된 중문으로서 여기서 It는 특정한 지시물을 가리키기보다는 관용적으로 많이 쓰이는 대명사로서 비인칭 주어로 보는 것이 적합하다. 따라서 '그것'으로 번역하기보다는 번역을 생략하는 편이 자연스럽다. 한국어는 담화 중심적이며 문맥상황적 측면에서 서로 인식하고 있는 주체나 대상물은 자주 생략되므로 최종 번역은 '정말 좋은 펜이지만 너무 비싸다'로 번역하면 적합하다.

2. To see is to believe.

위 예문은 부정사가 주어자리에 온 구문으로 영문에서 많이 사용되는 구문이다. '보는 것은(이) 믿는 것이다'의 추상적 표현보다는 부사적으로 전환하여 '보아야 믿을 수 있다, 보지 않고는 믿을 수 없다'의 번역이 우리말에 부합한다.

3. It seems to me that she studies very hard.

영문에서 빈번하게 볼 수 있는 구문으로 '~처럼 보인다, ~인 듯하다' 의 표현이다. 여기서도 가주어 It는 번역하지 않으며 'to me'에서 알 수 있듯이 나(I)의 관점에서 종속절을 서술해야 한다. 대명사 she를 '그녀는'으로 하기보다는 '그 여자는' 정도가 무난하다. '그 여자는 공부를 열심히 하는 것 같다'로 번역한다.

3. 무생물 주어 구문

영어는 무생물 주어를 빈번하게 사용하는 특징이 있다. 한국어에서 무생물

주어의 쓰임이 차츰 늘어나고 있는 추세지만, 영어에 비해 그리 자주 쓰이지 않는다. 무생물 주어 구문은 앞서 설명한 비인칭주어의 경우와 마찬가지로 사람의 관점에서 번역하거나 또는 '~에(서), ~으로, ~해서, ~하면'으로 부사적으로 표현한다.

번역 설명

1. Mastering English in a year or two is very difficult.
동명사구문이 주어로 쓰인 문장으로 '~하는 것은(이)'로 직역하기보다는 문맥상 영어공부가 1, 2년 내에 완성하기 힘들다는 의미이므로 부정적 어감을 살려서 '~한다고 해서, ~해도'의 부사적 표현으로 전환한다. '영어를 1, 2년 한다고 해서 완성할 수 있는 것은 아니다'의 표현이 맥락에 적합하다.

2. Early to sleep and early to rise makes a man healthy and wise.
두 개의 부정사구가 주어로 쓰였지만 '~하는 것은'으로 직역하기보다는 문장 내에 a man이 있는 것으로 보아서 사람의 관점에서 번역한다. 'a man'은 특정인이라기보다는 불특정 일반인으로 번역하지 않는다. 주어부를 조건 부사구로 나타내어 '일찍 자고 일찍 일어나면 건강할 뿐만 아니라 지혜롭다'로 번역한다.

3. What has brought you here?
의문사 what이 주어로 쓰이면서 타동사 bring이 사용된 구문으로, 직역하면 '무엇이 너를 여기에 데려왔느냐?'이지만 문맥상으로 볼 때 목적어 you를 주어로 치환하여 번역하면 의미가 잘 살아난다. '너는 왜 여기에 왔니?'로 의역한다.

4. The garden is filled with a lot of flowers.

무생물 주어 'the garden'을 '그 정원은'으로 직역하기보다는 처소격조사를 이용하여 '정원에'로 형용사 'a lot of'를 우리말의 부사로 치환하여 '가득히'로 번역하거나 a lot of를 동사 be filled with와 같이 묶어서 '즐비하다, 만발하다'로 표현해도 무난하다. '정원에 꽃들로 가득하다, 정원에는 꽃들이 즐비하다'로 번역할 수 있다.

4. 서술어 번역

서술어 번역은 번역사의 문장 감각과 어휘실력을 파악할 수 있는 부분으로 서술어를 다양하게 표현할 수 있어야 한다. 예를 들어 영어의 be동사는 '~이다, ~에 있다, 일어나다, 다녀오다, 일하다, 논다, 구경하다…' 등으로 다양하게 번역될 수 있다고 기억해두자!

정리하기

1. 인칭대명사 표현

영어에서는 앞에 나온 명사는 어김없이 대명사로 나타내지만, 우리말에서는 대명사화가 반드시 필수적이지는 않다. 따라서 원문의 대명사 하나하나를 모두 한국어로 전환할 필요는 없으며 "감정"을 잘 실어서 번역하도록 한다. 대명사번역은 ①원문의 관계에 부합하는 우리말의 명사(예를 들어 she를 소녀는, 아주머니는, 엄마는 …)로 바꾸거나 ②번역하지 않거나 ③인물과 신분에 적절한 호칭으로 전환시킨다. 즉, He를 반사적으로 '는'으로 직역하지 말고 맥락에 맞게 '그 사람은, 그 아이는, 소년은, 삼촌은, 아버지는 …'으로 다양하게 번역할 수 있다는 것을 명심하도록 한다. 또한 대명사 We는 일반인 주어나 대중을 나타내는 경우가 많으므로 '사람은, 모든 사람은'으로 번역한다. 대명사 I는 번역하지 않는 것이 자연스러울 때가 더욱 많다.

2. 비인칭 주어 표현

영어에서는 생물과 무생물이 모두 주어가 될 수 있지만 우리말과 정서에서는 사람을 중심으로 하므로 무생물 주어보다는 사람의 관점으로 문장을 전환하여 번역한다. 비인칭 주어의 문장은 사람이 개입하지 않은 문장은 그대로 번역하며 사람과 관련된 문장은 사람의 관점으로 바꾸어 나타낸다. 영어의 주어자리에 무생물 주어, 부정사구, 동명사구 등이 많이 오는데 '~하는 것은'으로 직역하지 말고 대체로 부사적으로 '~해서, ~해야 ~하면'으로 번역하면 자연스럽다.

3. 무생물 주어 구문

영어는 무생물 주어를 빈번하게 사용하는 특징이 있다. 한국어에서 무생물주어의 쓰임이 차츰 늘어나고 있는 추세지만, 영어에 비해 그리 자주 쓰이지 않는다. 무생물 주어 구문은 앞서 설명한 비인칭 주어의 경우와 마찬가지로 사람의 관점에서 번역하거나 또는 '~에(서), ~으로, ~해서, ~하면'으로 부사적으로 표현한다.

4. 서술어 번역

서술어 번역은 번역사의 문장 감각과 어휘 실력을 파악할 수 있는 부분으로 서술어를 다양하게 표현할 수 있어야 한다. 예를 들어 영어의 be동사는 '~이다, ~에 있다, 일어나다, 다녀오다, 일하다, 논다, 구경하다…' 등으로 다양하게 번역될 수 있다고 기억해두자!

1. Hear twice before you speak once.
   남의 말을 잘 듣는 것이 중요하다.
2. She is in the park called Seoul Park with my sister.
   그 여자는 내 누이(or 언니)와 함께 서울공원에 다닌다/놀러갔다/일한다(be동사 다양한 해석 가능)
3. He will stay at the beach with his friends during the vacation.
   그 남자는 방학동안 친구들과 함께 해변으로 놀러 갈 예정이다.

5. 번역 연습

1. My parents always support my decision.
   부모님께서는 내 결정을 항상 믿어주신다.
2. I have three sisters.
   우리는 사남매이다./우리는 네 자매이다. ⇒ 나를 포함하여 번역할 것
3. Su-Mi has a bad temper.
   수미는 성질이 사납다.
4. I have a good time.
   (정말) 즐거웠다.
5. We should be honest.
   사람은 정직해야 하는 법이다.
6. You must do it for yourself.
   자네 혼자서 해야 할 일이야
7. You should obey your parents.
   부모님 말씀을 잘 들어야 한다.
8. He went to his uncle's with his cat in his arms.
   그 소년은 팔에 고양이를 안고서 삼촌댁에 갔다.⇒반복되는 소유격대명사 번역하지 않음.

9. He is beside himself.
   그 남자는 제정신이 아니다. ⇒ He를 '그는'으로 반사적 번역은 금물
10. He is an honest boy.
    그 소년은 정직하다.
11. She would sit for hours, doing nothing.
    그 여자는 아무 일도 하지 않은 채 몇 시간 동안 앉아 있곤 했다.
12. She wasn't a bad sort of the landlady.
    그 분은 집주인 치고는 괜찮은 분이셨다.
13. They were brothers, and they often had fights.
    그들은 형제지간이었지만 자주 다퉜다.
14. Min-su and young-ho were young boys.
    민수와 영호는 어린 소년들이다.
15. My father bought me a book.
    아버지께서 책을 한 권 사주셨다.
16. Jane is an old lady.
    제인여사님은 연세가 좀 드신 분이시다.
17. Mr. Kim was seventy and he always drove to the shops in his car.
    김 씨 할아버지는 일흔에도 불구하고 직접 차를 몰고 가게에 가신다.
18. Tom and his wife had a holiday.
    탐 부부는 휴가를 떠났다. ⇒ had를 '가지다'로 번역하지 말 것
19. All of them seemed pleased and happy.
    모두들 기쁘고 즐거웠다. ⇒ seem을 '~처럼 보였다'로 직역은 가능한 피하도록
20. The light of the sun is far brighter than that of the moon.
    햇빛은 달빛보다 훨씬 더 밝다.
21. The early bird catches the worm.
    부지런해야 성공하는 법이다.
22. Necessity is the mother of invention.
    궁하면 통하는 법이다./필요는 발명의 어머니
23. To tell a lie is wrong.
    거짓말을 해서는 안 된다.
24. To see is to believe.
    보지 않고는 믿을 수 없다

25. That is what she said.
    그 여자는 그렇게 말했다.
26. A lie has short legs.
    거짓말은 금방 들통 나기 마련이다.
27. Rome was not built in a day.
    로마는 하루아침에 이루어지지 않았다.
28. Health is above wealth, for this cannot give so much happiness as that.
    돈보다 건강이 먼저다. 왜냐하면 부유함은 행복함을 대신 할 수 없기 때문이다.
29. It's a great dream.
    그건 정말 멋진 꿈이었다.
30. It was "Why?"
    그 이유를 물었다.
31. It is important for us to keep our health.
    건강을 유지하는 일이 무엇보다도 중요하다.
32. It seems to me that Mr. Kim left for America last week.
    김 선생님은 지난주에 미국으로 떠나셨다.
33. The earthquake destroyed that city miserably.
    지진으로 그 도시는 비참하게 무너졌다.
34. Business took him to Seoul.
    그 사람은 일이 있어서 서울에 갔다.
35. What makes you so happy?
    왜 화가 난거니?
36. Early to sleep and early to rise makes a man healthy, wealthy and wise.
    부지런하게 살면 건강에 좋고 여유가 있고 지혜롭다.
37. There followed a long period of peace and prosperity.
    오랜 기간 평화와 번영이 지속되었다.
38. Heavy traffic prevented him to arrive at the meeting.
    교통이 막혀서 그 사람은 회의에 참석하지 못했다.
39. What has brought you here?
    무슨 일로 여기에 왔니?
40. Mastering English in a year or two is very difficult.
    일 이 년 안에 영어를 완성하는 것은 힘든 일이다.

41. Her sending me a beautiful sweater makes me happy.
    그 소녀가 예쁜 스웨터를 보내줘서 나는 기뻤다.
42. This medicine will make you feel better.
    이 약을 먹으면 훨씬 좋아질 겁니다.
43. His laughter made him get angry.
    그 사람이 비웃어서 그 남자는 화가 났다.
44. Hear twice before you speak once.
    남의 말을 잘 듣는 것이 중요하다.
45. She is in the park called Seoul Park with my sister.
    그 여자는 내 누이(or 언니)와 함께 서울공원에 다닌다/놀러갔다/일한다. ⇒ be동사 다양한 해석 가능
46. This is the book written by Lee Eun Sook.
    이은숙 씨가 이 책을 썼다.
47. He will stay at the beach with his friends during the vacation.
    그 남자는 방학동안 친구들과 함께 해변으로 놀러 갈 예정이다.
48. Try to keep your room clean all the time.
    항상 방을 깔끔하게 치워라.
49. He is too stupid to understand it.
    그 사람은 아둔해서 그 사실을 알지 못한다.
50. He is strong enough to lift the baggage.
    그 남자는 몸이 건장해서 짐을 들어올렸다.
51. My uncle is a diligent farmer, and he is very kind.
    삼촌은 부지런하시고 인자하신 농부이시다.
52. He is old, but he is still strong.
    그 분은 나이는 좀 드셨지만 여전히 정정하시다.
53. He is good at speaking French.
    그 사람은 프랑스어를 잘 한다.
54. You must hurry, or you will miss the train.
    서둘러야 기차를 놓치지 않을 것이다./서두르지 않으면 기차를 놓칠 것이다.
55. I shall not forget your kindness as long as I live.
    평생 은혜를 잊지 않겠습니다.

56. Good government exists to protect the rights of minorities.
    소수자의 권리를 보호하는 것이 훌륭한 정부이다.
57. Happiness comes to people who work hard.
    부지런한 사람에게는 행복이 찾아오는 법이다.
58. To be or not to be—that's the question.
    사느냐 죽느냐 그것이 문제로다.

평가하기

* 다음 문장을 적절하게 번역하시오.

1. I am your cousin.
   ▮ 모범 답안: 우린 사촌지간이다.

2. He has a new house.
   ▮ 모범 답안: 그 남자는 새 집이 있다(집을 하나 새로 구했다).

3. Mr. Kim was seventy and he always drove to the shops in his car.
   ▮ 모범 답안: 김씨 할아버지는 일흔에도 불구하고 직접 차를 몰고 가게에 가신다.

4. Heavy traffic prevented him to arrive at the meeting.
   ▮ 모범 답안: 교통이 막혀서 그 사람은 회의에 참석하지 못했다.

5. What has brought you here?
   ▮ 모범 답안: 무슨 일로 여기에 왔니?

6. Mastering English in a year or two is very difficult.
   ▮ 모범 답안: 일 이 년 안에 영어를 완성하는 것은 힘든 일이다.

7. Hear twice before you speak once.
   ▮ 모범 답안: 남의 말을 잘 듣는 것이 중요하다.

8. She is in the park called Seoul Park with my sister.
   ▮ 모범 답안: 그 여자는 내 누이(or 언니)와 함께 서울공원에 다닌다/놀러갔다/일한다
   ⇒ be동사 다양한 해석 가능

9. This is the book written by Lee Eun Sook.
   ▮ 모범 답안: 이은숙 씨가 이 책을 썼다.

10. My uncle is a diligent farmer, and he is very kind.
    ▮ 모범 답안: 삼촌은 부지런하시고 인자하신 농부이시다.

16차시 영어 문법 범주별 번역 연습 (2)

학습 내용

(1) 수동구문 번역 이해
(2) 수동구문 번역 분석

사전 평가

(1) 내용의 객관성과 정확성이 요구되는 과학 논문이나 뉴스에서는 수동번역이 자주 발생한다. ▮ 정답: O
(2) 일반 실용문의 구어체 중심 번역에서는 한국어 능동문의 빈도가 높은 편이다. ▮ 정답: O
(3) 다음 영문을 한국어 능동문과 수동문으로 각각 번역하시오.
   ① This possibility has been surveyed since 1970.
      능동 번역: 이러한 가능성을 1970년 이래로 꾸준히 조사하였다.
      수동 번역: 이러한 가능성이 1970년 이래로 꾸준히 조사되었다.
   ② The importance of the voice can be seen.
      능동 번역: 목소리의 중요성을 알 수 있다.
      수동 번역: 목소리의 중요성이 알려진다/파악된다.

1. 수동구문 표현

영어 수동구문은 텍스트의 특징과 종류 및 강조점에 따라 한국어 능동문으로 혹은 수동문으로 나타낼 수 있다. 가능하면 능동문으로 번역하되, 문장의 숨어 있는 의미를 살려주며 전환해야 한다. 우리말 조사 '을, 를'을 이용하면 능동문으로 전환이 가능하다. 내용의 객관성과 정확성이 요구되는 과학 논문, 학술 서적, 국가 간의 협정서 등은 영어와 한국어에서 모두 행위자가 생략된 수동문이 더욱 빈번하게 사용된다. 필자가 분석해 본 결과, 우리말 수동문 가운데에서 '~되다'로 나타내는 경우가 많았다(이은숙 2009). 영어의 감정, 심리의 수동표현은 반드시 능동문으로 표현해야 함을 기억하자!

2. 텍스트 유형에 따른 영어 수동문 사례 및 한국어 번역

양 언어의 수동구문의 문법적·의미적 차이를 실제 텍스트의 사례를 통해 살펴보고자 한다. 신문·잡지 및 영미 소설의 문학 텍스트에 나타난 수동구문과 이에 대한 한국어 번역을 살펴보고자 한다. 이러한 논의는 다양한 텍스트 유형에 따른 영어 수동용법을 살펴보고자 하는데 그 의의가 있다. 원문은 ST(Source Text), 한국어 번역은 TT(Target Text)로 표기하기로 한다.

> Title: Crackdown on Poachers in Colombia.
> (1) ST: Poachers typically transport the skins to cities around Columbia. They <u>are sold</u> on the black market to buyers in Japan, Europe and the United States. The skins <u>are used to</u> make shoes, wallets and other products.
>
> TT: 밀렵자들은 콜롬비아의 주요 도시에 보통 가죽을 수송한다. 이 가죽들은 일본, 유럽, 미국의 암시장에서 구매자들에게 <u>팔린다</u>. 가죽을 구두, 지갑, 그리고 다른 제품들을 만드는데 <u>사용한다</u>. (CNN 뉴스영어 즐기기. 20 밑줄은 필자가 표시함)

원문은 콜롬비아 정부의 밀렵자 단속에 대한 뉴스 기사문이다. 처음의 수동태 'are sold'를 학자들이 분류한 여덟 가지 수동용법으로 살펴보면 문맥상 행위자가 누구인지 분명히 알 수 있는 경우에 해당하며 행위의 대상 수동자 'They'를 강조(관심이 있을 때)하기 위하여 수동태를 사용한 것으로 볼 수 있다. 신문의 경우는 일반성보다는 특정 사건에 초점을 맞추기 때문에 단형 수동문(by+행위자가 나타나지 않는 수동문)을 사용한다.

밑줄 친 수동태의 한국어 번역을 살펴보면 'are sold'는 '~**팔린다**'의 형태적 수동형(피동 접미사 이, 히, 리, 기)으로 나타나 있는데 여기서는 주어가 무생물인 '가죽'을 가리키므로 한국어에서도 수동형이 적절하다. 두 번째 수동 표현은 수동자(The skins)를 번역문에서 목적어로 전환하여 서술어를 '사용한다'의 능동문으로 표현되어 있다.

Title: Kyoto Pact Takes Effect
(2) ST: After years of delays, the U.N.'s controversial Kyoto Protocol comes into effect on Wednesday. The treaty is aimed at reducing greenhouse gas emissions. ~ 중략 ~ The treaty was agreed to at a 1997 conference, and 141 nations ratified it. But it was rejected by Australia and the United States.
TT: 수년간의 연기 끝에 논란이 됐던 유엔의 교토의정서가 수요일에 발효된다. 이 협정은 온실효과가스의 방출을 감축하는 것을 목표로 하고 있다. 이 협정은 1997년 회의에서 합의되었고 그리고 141개국이 비준했다. 그러나 그것은 호주와 미국에 의해 거부되었다. (CNN 뉴스영어 즐기기 36)

위의 글은 교토의정서 발효에 대한 기사문이다. 첫 번째와 두 번째 수동문은 단형 수동문이며 세 번째는 행위자가 드러나 있는 장형 수동문이다. 국가간의 협의를 다루는 내용으로서 영어 수동문의 수동자는 대명사(It, They…)보다는 'the treaty'로 분명하게 명시하였으며 한국어 번역은 원문의 의도를 직접적으로 전달하기 위해 수동문 중심으로 번역되었다.

외교문서나 협정 등은 **정확성**과 **객관성**이 생명인 만큼 번역문에서도 **한국어 수동형**('하다'동사 → '되다, 받다, 당하다'의 대치에 의한 수동형)을 사용하고 있다. 특히 '되다'수동은 한국어에서 행위자의 실현이 불가능하거나 굳이 밝히고 싶지 않을 때 사용하며, 공식적인 문서, 협정 등의 문어에서 자주 볼 수 있다.

Title: Copyright Letter of FTA(Free Trade Agreement)

(3) ST: Effective Written Counter-Notification by a Subscriber Whose Material was Removed or Disabled as a result of Mistake or Misidentification of Material~.
TT: 실수 또는 자료의 오인의 결과로서 자신의 자료가 제거되거나 무력화된 가입자에 의한 유효한 서면통보.

(4) ST: These criteria may include that such a submission shall be transmitted to it by the other Party and that ~ that the submission is submitted by a person of the other Party and the submission concerns matters related to the implementation of specific provisions of Chapter Twenty (Environment).
TT: 이러한 기준은 그러한 입장이 다른 쪽 당사국에 의하여 전달된다는 것과, 그러한 입장이 다른 쪽 당사국에 의하여 제출되고 제 20장(환경)의 특정 조항의 이행에 관련된 사안에 관한 것이라고 믿을만한 이유가 있는 경우에만 다른 쪽 당사국의 그러한 입장을 전달한다는 것을 포함할 수 있다.
(www.fta.go.kr, Chapter Eighteen (Intellectual Property Rights)

위의 원문은 한미 FTA협정의 제18장 지적재산권부분에서 발췌하였다. 국가 간의 공식적인 협정은 양해각서에 해당하며 법률적 효력을 가지고 있는 공적인 문서이다. 이것은 Peter Newmark의 기능별 텍스트 유형에 의하면 표현적(expressive), 정보적(informative), 호소적(vocative) 중에서 정보적 텍스트 유형에 속하므로 '정보성', '객관성'의 번역규칙에 따라 원문의 기능과 의도에 충실하게 번역되어야 한다. 원문의 (3)과 (4)번의 수동구문은 한국어에서도 어휘적 수동방법인 '하다' 동사의 대치에 의한 수동문으로 전환되어 있다.

이번에는 문학작품의 사례를 살펴보기로 하겠다. 번역사의 실명은 논의에서 중요하지 않으므로 밝히지 않도록 한다.

(5) ST : Only seniors <u>were allowed to</u> bring girls with them.
   (*The Catcher in the Rye* p. 19)
   TT1: 여학생을 데려오는 것은 상급생에게만 <u>허락되었기</u> 때문이다.
   TT2: 오직 상급생들만이 여자 친구들을 데리고 올 수 있게 <u>되어 있기</u> 때문이다.
(6) ST: I left Elkton Hills was because I <u>was surrounded</u> by phonies. (*The Catcher in the Rye* p. 32)
   TT1: 내가 엘크턴 힐스를 그만둔 가장 큰 이유는 그곳에는 엉터리 같은 놈들만 <u>우글대고 있었기</u> 때문이다.
   TT2: 내가 엘크톤 힐즈를 떠난 가장 큰 이유는 주위에 가식적인 인간들만 <u>우글거렸기</u> 때문이었다.

위의 예문은 '호밀밭의 파수꾼' 중에서 몇 개의 수동태 문장을 뽑아본 것이다. 예문을 살펴보면 (5)번 원문의 번역문(TT1, TT2)은 그대로 수동구문으로 번역되어 있는데 주어가 다르게 쓰였지만 수동문을 피하지는 못하였다. '~되어 있다'의 표현은 번역투를 연상케 한다. '오직 상급생들만이 여자 친구를 데려올 수 있었다'와 같은 능동구문의 해석이 더욱 자연스럽다고 할 수 있다.

영어 원문(6)의 'was surrounded by'는 직역으로 나타내자면 '~에 의해 둘러싸이다'라는 수동구문이 들어가 있는데 번역문1과 2는 모두 '~했기 때문이다'의 이유, 원인의 능동표현으로 전환하였으며 '우글대다'라는 표현은 원문의 의도를 직접적으로 잘 전달한 것으로 느껴진다.

(7) ST: I <u>am done with</u> the way I was, I <u>am done with</u> everything I learned. I am a seagull like every other seagull, and I will fly like one. (*Jonathan Livingston Seagull* p. 135)
   TT1: 나는 지금까지의 자신과의 인연을 <u>끊은 거야</u>, 배워 둔 비행법과도 <u>작별을 해야지</u>. 나는 다른 갈매기들과 똑같은 갈매기이고, 그들처럼 날아야한다.
   TT2: 지금까지의 자신과의 인연을 <u>끊어야 한다</u>. 지금까지 연구해서 익힌 모든 비행술도 <u>잊어야 한다</u>. 나는 이제 다른 갈매기들과 똑같고 그들처럼 날아야 한다.

예문(7)의 'am done with'의 표현은 형태상으로 수동구문으로 보이지만, 관용적 표현으로서 '끝나다', '마치다'라는 의미를 가지고 있는데, 자칫 오역을 할 수 있는 부분이다. 예문 (7)의 원문을 잘못 파악한 어떤 번역사는 '나는 있는 그대로의 나로서 행했고, 내가 배운 모든 것을 가지고 해내었다. 나는 다른 모든 갈매기와 같은 갈매기이고, 그리고 다른 갈매기처럼 날것이다.'라고 번역하여 수동태부분을 그대로 직역을 함으로서 어색한 번역을 하기도 하였다. 따라서 번역사는 원문의 수동태 문장을 상황맥락을 고려하여 의미 전달에 노력해야 할 것이다.

>(8) ST: During this storm, which was followed by a strong wind west-south-west, we were carried by my computation about five hundred leagues to the east, so that the oldest sailor on board could not tell in what part of the world we were. (Gulliver's Travels p. 8)
>TT1: 강한 서남풍이 분 다음, 그 사이에 배가 약 2만 킬로미터 동쪽으로 이동했기 때문에 배에서 가장 연장자도 우리가 어디쯤에 와 있는지 알지 못했다.
>TT2: 폭풍우가 몰아치는 동안 서남서쪽으로 부는 강력한 바람이 불었기 때문에 우리는, 내 계산으로는, 동쪽으로 무려 500리그 (약 2,400킬로미터)나 떠밀려온 것 같았다. 따라서 배에서 가장 나이 많은 선원조차도 우리가 지구의 어느 지역에 와 있는 것인지 알지 못했다.

예문(8)을 살펴보면 번역문1은 원문에 있는 수동태를 한국어 능동형으로 번역하였으며[19] 번역문 2는 원문의 수동태 구문의 by+행위자를 이유·원인으로 나타내어 능동으로 번역하여 자연스러우며 'was carried by' 부분은 강한 바람에 배가 제 멋대로 움직이는 상황이므로 한국어 수동형 번역(피동 접미사 '이', '히', '리', '기' 사용)은 맥락에 적절하다고 할 수 있다.

>(9) ST: Eliza, who was headstrong and selfish, was respected. Georgina, who had a spoiled temper, a very acrid spite, a captious and insolent carriage, was universally indulged. (Jane Eyre p. 29)

---

[19] TT1의 번역은 원문의 'my computation' 번역이 빠져 있으며 'five hundred league'는 정확하게 계산하면 2400킬로미터인데 '2만 킬로미터'는 계산이 잘못된 오역이다.

TT1: 고집통이에 자기만 아는 일라이자는 <u>공대를 받고 있다</u>. 버르장머리 없고 표독스럽고 헐뜯기 좋아하고 당돌한 조지아나는 모두에게 <u>귀염을 받고 있었다</u>.

TT2: 고집이 세고 이기심이 강한 일라이자는 사람들에게 <u>돋보였다</u>. 사나운 성질에 몹시 잔인하고 몰아붙이기 잘하는 심술궂은 행동의 조지아나는 어디서나 <u>응석을 부렸다</u>.

TT1에서는 원문의 수동태를 한국어 수동형으로 번역하였고, TT2에서는 능동형으로 번역하였다. TT1의 수동번역 '~받다'의 표현은 '번역문'이라는 인상을 다소 주고 있으며 표현이 딱딱한 느낌을 준다. TT2의 번역은 원문의 의미를 자연스럽게 '돋보이다, 응석을 부리다'로 표현하여 쉽게 읽히며 가독성이 다소 높다고 할 수 있다.

지금까지 신문·잡지 및 영미 소설의 문학 텍스트에 나타난 수동구문과 이에 대한 한국어 번역을 살펴보았다. **언어내용은 능동표현과 수동표현으로 모두 실현될 수 있으며** 각각의 기능을 가지고 있다. 영어 수동구문의 한국어번역은 텍스트의 특징과 종류 및 맥락에 근거하여 적절한 번역을 해야 한다는 사실을 알 수 있었다. 공식적인 뉴스 보도문, 과학 논문, 국가 간의 협정 등은 객관성과 정확성을 고려하여 가능한 원문의 의도를 살리는 수동번역이 더욱 빈번하며 앞에서 살펴 본 문학번역에서는 대체로 능동번역이 자주 사용되었으며 인물간의 관계 및 맥락, 관용표현 등을 고려하여 적절히 번역해야 한다.

정리하기

수동문 번역 방법

〈한국어 수동문 유형〉
① 수동 접미사(이, 히, 리, 기)에 의한 표현 ⇒ 한국어의 전형적 수동문
② 수동 동사류(하다 → 되다, 받다, 당하다)에 의한 표현
③ ~아/어지다에 의한 표현

1. 영어 수동문이 한국어에도 수동으로 번역되는 경우
과학 기술문/공식적 문서/피해/재산상 손실/행위의 대상(수동자)를 강조하고 싶을 때
예문: More than 200 bridges were washed away, and many miles of train tracks were destroyed. 200이상의 다리가 쓸려 가버렸고, 수마일의 철로가 파괴되었다.

2. 영어 수동문이 한국어에서 능동으로 번역되는 경우
자연스러운 구어 번역/ 표현 중심 텍스트
예문: After lunch, we were all driven to the Pyeongyangseong.
점심을 먹은 후에 우리는 모두 평양성으로 갔다.
The first scene is set on a hillside.
첫 장면은 언덕 위이다.

3. 영어 수동문이 한국어에서 능동과 수동으로 모두 가능한 경우-일반적 동작의 문장
① The importance of the voice can be seen.
능동 번역: 목소리의 중요성**을** 알 수 **있다**.
수동 번역: 목소리의 중요성**이** 알려 **진다**/ 파악**된다**.
② The correct order in every relationship is maintained.
능동 번역: 모든 관계에서 올바른 질서**를** 유지**하는** 것이다.

수동 번역: 올바른 질서**가** 모든 관계에서 유지**된다**.

③ This possibility has been surveyed since 1970.
능동 번역: 이러한 가능성**을** 1970년 이래로 꾸준히 조사**하였다**.
수동 번역: 이러한 가능성**이** 1970년 이래로 꾸준히 조사**되었다**.

④ You are charged with animal cruelty.
능동 번역: 당신**을** 동물학대죄로 고발**합니다**.
수동 번역: 당신**은** 동물학대죄로 고발**되었습니다**.

번역 연습

1. Spaghetti are being cooked by mother.
   어머니께서 스파게티를 만드신다.
2. The city has been destroyed by the war.
   전쟁으로 그 도시는 폐허가 되었다.
3. More fish are caught per person than anywhere else in the world.
   전 세계 어느 곳보다 일인당 어획량이 가장 많다.
4. Even the sea had been turned into fish farms.
   심지어 바다는 양식장으로 바뀌었다.
5. She was punished for telling a lie by me.
   거짓말을 했기 때문에 나는 그 여자를 혼냈다.
6. It is said that he is honest.
   그 사람은 정직하다고 알려져 있다.
7. The problem has never been solved by anyone.
   아무도 그 문제를 풀지 못했다.
8. I was allowed to do it by her.
   그 여자는 그 일을 내가 하도록 허락했다.
9. Our house is painted every year.
   집을 매년 단장한다.
10. The fields lay thickly covered with snow.
    벌판에 눈이 수북이 쌓였다.
11. She rests satisfied.
    그 여자는 만족했다.

12. He was seen kissing her by me.
    나는 남녀가 키스하는 장면을 목격했다.
13. He was elected president (by them).
    그 사람은 대통령으로 선출되었다.
14. She was dressed in white (by her).
    그 여자는 하얀 옷을 입었다.
15. I became acquainted with her there.
    나는 거기서 그 여자와 아는 사이가 되었다.
16. Her arms were broken badly.
    그 여자의 팔이 심하게 부러졌다.

평가하기

* 다음의 문장을 적절하게 번역하시오.

1. It is said that the elephants in Africa are in danger of becoming extinct.
   - 모범 답안: 아프리카 코끼리들이 현재 멸종위기에 처해 있다고 한다.

2. The city of San Diego was flooded.
   - 모범 답안: 샌디에고에서 홍수가 났다.

3. This possibility has been surveyed since 1970.
   - 모범 답안: 이러한 가능성을 1970년 이래로 꾸준히 조사하였다

4. The importance of the voice can be seen.
   - 모범 답안: 목소리의 중요성을 알 수 있다.

5. He is occupied with some kind of work now.
   - 모범 답안: 그 사람은 현재 몇 가지 일에 종사하고 있다.

6. We are definitely not allowed to leave the classroom during class time.
   - 모범 답안: 수업 중에는 절대로 교실 밖으로 나갈 수 없어.

7. So stand up and let your voice be heard!
   - 모범 답안: 그러니 일어서서 크게 말하라.

8. We are often told to listen more than speak.
   - 모범 답안: 우리는 종종 말하기보다는 더 많이 들으라는 얘기를 듣는다.

9. A good speech is well-organized.
   - 모범 답안: 좋은 연설은 구성이 좋아야 한다.

10. In addition to Vitamins, common foods such as tomatoes or milk can be genetically engineered to include drugs or vaccines.
    - 모범 답안: 토마토나 우유 같은 일상음식에 비타민뿐만 아니라 약이나 예방약을 함유하도록 유전적으로 가공할 수 있다.

17차시 영어 문법 범주별 번역 연습 (3)

학습 내용

(1) 품사별 번역의 이해
(2) 분사구문 번역 이해

사전 평가

(1) 영어에서는 명사 중심의 표현이 발달하였다. | 정답: O
(2) 다음 문장을 적절하게 번역하시오.
  ① He is a good runner.
    그 남자는 잘 달린다.
  ② Disappointed, she left the room.
    불쾌해진 그 여자는 방을 나가버렸다.
  ③ People walked quickly, their brows furrowed.
    사람들은 미간을 찌푸린 채 빨리 걸었다.
  ④ A phone call sent him hurrying to Seoul.
    전화를 받자마자 그 사람은 급히 서울로 갔다.
  ⑤ My wish is to see you succeed.
    내 소원은 네가 성공하는 것이다. / 네가 성공만 한다면 아무 걱정이 없다.

1. 품사 전환

영어에서 행위나 동작표현을 살펴보면 have, take, make, do, give 등의 동사와 행위명사가 함께 사용되어 동사구로 쓰이는 것을 많이 봤을 것이다. 다음의 영어 예문과 번역을 살펴보기로 하자.

(1) You'll feel better if you **have a** little **sleep**.
   좀 자면 기분이 좋아질 거다.

(2) We **took** many **pictures** on the green field.
우리는 푸른 벌판에서 많은 사진을 <u>찍었다</u>.

(3) Excessive food diet will **do** you much **harm**.
무리한 다이어트는 몸에 <u>나쁘다</u>.

(4) We should **make good use of** time all the time.
항상 사람들은 시간을 잘 <u>활용할</u> 수 있어야 한다.

(5) A manager will **make decisions** all the problems.
감독자가 모든 문제를 <u>결정한다</u>.

위의 예문에서처럼 한국어에서는 보통 동사나 동사구가 쓰이는데 영어에서는 이러한 표현이 명사중심의 구문으로 표현된다는 점을 기억해둘 필요가 있다.

이러한 특성을 영한번역의 관점에서 보면, **영어의 명사(구)는 우리말의 동사나 서술어로** 표현하는 것이 자연스럽다. 다음 예문을 계속 살펴보자.

(6) 그 남자는 잘 **뛴다**.
He is a good <u>runner</u>.

(7) 수진이는 **수영을 잘 한다**.
Su-jin is a <u>good swimmer</u>.

영어에서 많이 사용되는 구조로 '형용사+명사'가 있는데 (6)번 예문을 영어어순 그대로 번역해보면 '그 남자는 훌륭한 달리기선수이다' 혹은 '그 남자는 달리기를 잘 하는 사람이다'의 표현은 문장이 틀린 것은 아니지만, 다소 어색하다고 느껴진다. (6)번 예문에서는 명사 'runner'를 우리말 동사 '뛰다'로 품사전환을 하였고 (7)번에서는 'good swimmer'를 서술어로 풀어서 번역하였다.

1) 명사의 동사전환

영어는 문장 구성면에서 주어 중심으로 서술어를 활용하는 문법체계이므로 명사의 활용 비중이 크고 품사 운용상 본래 근원이 동사였던 단어를 명사화하여 명사 역할을 부여하는데 반하여, 한국어에서는 주어 대신에 서술어 활용이 활발하다. 이러한 언어 간의 차이점이 영한번역에서 문제가 되며 영어의 명사 표현을 그대로 직역하면 어색하고 부자연스러운 우리말 번역이 된다. 영어의 명사가 추상명사인 경우는 본래 품사인 동사나 형용사로 전환해서 번역한다.

> (8) 원문: His <u>failure</u> to have contact with the other side was fatal.
> 번역1: 타 측과 접촉을 가지는 것의 그의 <u>실패</u>는 치명적이었다.
> 번역2: 그가 상대방과 <u>접촉하지 못한</u> 것은 치명적이었다.

번역1은 원문의 명사 'failure'를 품사를 전환하지 않고 번역하였으며 번역2는 '하지 못하다'는 동사 'fail'의 의미로 번역하였는데 번역2가 더욱 자연스럽고 적합한 문장이다.

> (9) 원문: Her <u>attempt</u> to chase after the man came to nothing.
> 번역1: 남자를 쫓아가려는 그녀의 <u>시도</u>는 헛된 것이었다.
> 번역2: 여자는 남자를 쫓아가려고 <u>애를 써보았</u>지만 소용이 없었다.

원문의 추상명사 'attempt'를 번역1에서는 '시도'라는 직역의 명사로 나타내었고 번역2에서는 '애쓰다'라는 동사로 표현하였다. 첫 번째 번역이 오역이라기보다는 두 번째 번역이 독자에게 더욱 상황을 전달해주며 이해를 도와주는 번역이라 할 수 있다.

> (10) 원문: I am a firm <u>believer</u> in his keeping promise.
> 번역1: 나는 그가 약속을 지키는데 확고한 <u>믿음</u>을 가진다.
> 번역2: 나는 그 사람이 약속을 지킬 것을 <u>확신한다</u>.

원문의 명사 'believer'는 동사 'believe'에서 온 명사로서 '믿는 사람'이라는 의미인데 번역1에서는 우리말 명사 '믿음'으로 나타냈으며 문장의 서술어를 '~가진다'로 번역하였다. '확고한 믿음'이라는 어순은 영어 어순을 그대로 직역한 사례로서 다소 부자연스럽다. 또한 '~가진다'라는 말은 영어 have에 대한 번역으로 초보 번역사들에게서 종종 많이 보이는 사례이다. 아주 빈번한 영어 직역 사례라고 할 수 있다. 우리말에서는 상황과 상태중심의 자동사가 발달하여서 '가지다' 표현보다는 '~이다, ~있다'의 표현을 더욱 선호한다. 또한 '우리'라는 공동체 정서가 강하므로 동사 'have'에 대한 번역은 특히 유의하여야 한다.

(11) 원문: Kindness is a <u>meaning</u> of the good
   번역1: 친절함은 선량함의 <u>의미</u>이다.
   번역2: 친절함은 미덕을 <u>나타낸다</u>.

원문의 'a meaning of the good'을 번역1의 표현으로 번역하면 영어식 구조로서 직역하였는데 '의미'라는 말이 어렵고 잘 전달이 되지 못하는 반면에 번역2에서는 명사 'meaning'을 동사 'mean'으로 '나타내다, 의미하다'로 번역하여 더욱 자연스러움을 나타내었다.

2) 명사의 형용사 전환

영어 문장에서는 추상명사가 빈번하게 사용되어 주어의 기능을 한다. 그러나 추상명사는 본래의 형용사적 의미의 단어가 명사로 품사 전환된 것이므로 형용사의 의미를 내포하고 있다. 영어를 우리말로 번역할 때에 이러한 추상명사 주어를 명사적 의미로 직역하면 우리말에는 맞지 않는 어색한 문장이 된다. 이러한 경우에 추상명사를 전치사 'of'를 수반하는 형용사구로 만들어 본래의 형용사적 의미로 전환하여 번역한다. 다음의 예문을 살펴보기로 한다.

(11) 원문: Respect the pureness of passion so much.
번역1: 열정의 순수함을 더없이 존경한다.
번역2: 순수한 열정을 더없이 존경한다.

원문의 명사 'pureness'를 우리말의 형용사로 전환해보면 'The pure passion'가 된다. 번역1의 '열정의 순수함'보다는 품사 전환한 번역2의 '순수한 열정'으로 번역하는 것이 자연스럽다.

(12) 원문: It is well known for an abundance of sunshine.
번역: 그곳은 충분한 일광으로 잘 알려져 있다.

원문의 추상명사 'abundance'를 전치사 of를 포함하는 'abundant'로 형용사로 전환하여 'an abundant sunshine'으로 번역하면 더욱 자연스럽다.

2. 분사구문 번역 연습

원래의 부사절의 의미를 생각하면서 번역한다. 다시 말하면, 분사구문과 주절과의 맥락을 고려하여 시간, 이유·원인, 조건, 양보, 부대상황 등의 의미를 염두에 두고 번역한다.

3. 번역 오역 사례

1) 유사어의 혼동

유사어의 혼동으로 오역이 된 예들을 살펴본다.

(1) ST: A boy was bathing in a river, and getting out of his depth, was on the point of sinking. (이솝우화 105)
TT: 어느 소년이 냇물에서 목욕을 하고 있었는데 자기 키 보다 훨씬 깊은 곳으로 들어갔기 때문에 빠질 지경이었다.

'빠지다'와 '잠기다'의 구별을 살펴보면 '빠지다'는 '(물 속이나 웅덩이 속에) 떨어져 들어가다'라는 뜻이고 '잠기다'는 '액체 속에 가라앉다'라는 뜻이다. 이미 물속에 들어가 있는 상태이므로 번역문에서 '(물에) 잠길 지경이 되었다'가 맞는 표현이다.

(2) ST: ~ the fox used to point out the prey, and the lion fell upon it. (이솝우화 146)
TT: 여우는 늘 먹이를 가르쳐 주고, 사자는 거기에 덤벼들어 잡는 것이었다.

마찬가지로 '가르치다'와 '가리키다'의 혼동이라고 할 수가 있다. '가르치다'는 '지식, 재능 따위를 알아듣게 설명하여 인도하다'는 뜻이고 '가리키다'는 '말, 동작으로 무엇이 있는 곳을 알려주다'는 뜻이므로 번역문에서는 '가르쳐 주고'를 '가리켜 주고'라고 고쳐주어야 한다.

(3) ST: ~the woman finally said that the omens indicated no specific date for the passing of the Nazi leader, other than that it would take place on a Jewish holiday. (유머 영어 252)
TT: ~여자는 한참동안 이것저것 예언하더니 그가 죽을 날을 유태인들의 명절이라는 것 이상 더 자세한 점괘가 나오지를 않는다고 말했다.

'이상'은 '(수량, 정도 따위를 나타내는 명사 밑에 붙어 그것을 포함하여) 그것보다 위임, 또 더 나음'을 뜻하고 '이외'는 '(명사나 관형형 뒤에서) 그것을 제외한 다른 사물, 그 밖'을 뜻한다. 그러므로 번역문에서 '이상'은 '이외'(부사 '이외에'의 준말로도 쓰임)로 대치하여야 한다.

유사어의 혼동은 국어의 문제이므로 번역을 할 때 이런 유사어들의 차이점을 염두에 두고 좀 더 올바른 국어표현에 충실해야 한다.

2) 어색한 국어 표현

대응하는 어휘가 부자연스럽기 때문에 어색한 국어 표현이 나타나는 예문들에 대해 살펴보자.

> (4) ST: Peace is a daily, a weekly, a monthly process, gradually changing opinions, slowly eroding old barriers, quietly building new <u>structures</u>. (이솝우화 36)
> TT: 평화는 여러 가지 의견을 차츰 바꾸어가고 낡은 장해를 서서히 허물며, 새 <u>가구</u>를 조용히 쌓아 가는 매일, 매주, 매월의 과정이다.

원문의 'structures'를 짓는다(building)는 단어 때문에 번역문에서 '가구'라고 표현한 느낌을 주는데 이 경우에는 사전의 대표적 의미 '체계'가 더욱 적절하고 의미를 뚜렷하게 해준다.

> (5) ST: An angler …caught but one little fish. "I <u>have got</u> you now, but if you once get back into the water, your tune will be, Catch me, if you can." (이솝우화 158)
> TT: …"지금 나는 너를 <u>잡고 있다</u>. 하지만 …

원문의 'have got'을 소유한다는 의미로 '잡고 있다'라고 번역했는데 그렇다면 'I am holding you'가 된다. 그러므로 번역문을 '(너는 지금) 내손 안에 있다'라고 하는 표현이 훨씬 자연스럽다.

> (6) ST: People at the pool disregarded the weather. (World News 43)
> TT: 수영장의 사람들은 날씨를 묵살했다.

번역문에서 '묵살하다'에는 '전혀 문제 삼지 않는다'는 뜻이 들어 있으나 날씨에 쓰기에는 부자연스러운 어휘이다. '(-에) 개의하지 않았다', '상관하지 않았다'가 더욱 문맥에 자연스럽다.

정리하기

1. 명사의 동사전환

영어는 문장 구성면에서 명사의 활용 비중이 크고 품사 운용상 본래 근원이 동사였던 단어를 명사화하여 명사 역할을 부여하는데 반하여, 한국어에서는 주어 대신에 서술어 활용이 활발하다. 영어의 명사가 추상명사인 경우는 본래 품사인 동사나 형용사로 전환해서 번역한다.

(1) 원문: His <u>failure</u> to have contact with the other side was fatal.
   번역1: 타 측과 접촉을 가지는 것의 그의 <u>실패</u>는 치명적이었다.
   번역2: 그가 상대방과 <u>접촉하지 못한</u> 것은 치명적이었다.

번역1은 원문의 명사 'failure'를 품사를 전환하지 않고 번역하였으며 번역2는 '하지 못하다'는 동사 'fail'의 의미로 번역하였는데 번역2가 더욱 자연스럽고 적합한 문장이다.

(2) 원문: Her <u>attempt</u> to chase after the man came to nothing.
   번역1: 남자를 쫓아가려는 그녀의 <u>시도</u>는 헛된 것이었다.
   번역2: 여자는 남자를 쫓아가려고 <u>애를 써보았</u>지만 소용이 없었다.

원문의 추상명사 'attempt'를 번역1에서는 '시도'라는 직역의 명사로 나타내었고 번역2에서는 '애쓰다'라는 동사로 표현하였다. 첫 번째 번역이 오역이라기보다는 두 번째 번역이 독자에게 더욱 상황을 전달해주며 이해를 도와주는 번역이라 할 수 있다.

2. 분사구문 번역 연습

원래의 부사절의 의미를 생각하면서 번역한다. 다시 말하면, 분사구문과 주절과의 맥락을 고려하여 시간, 이유·원인, 조건, 양보, 부대상황 등의 의미를 염두에 두고 번역한다.

(1) Desiring rest, I lay down on the sofa.
쉬고 싶어서 나는 소파에 누웠다.
(2) Seeing me, they suddenly stopped talking.
내가 나타나자, 그 사람들은 갑자기 얘기를 그만두었다.
(3) Admitting what he says, I don't think he'll sacrifice himself for his friends.
그 사람이 하는 말이 진심이라 하더라도, 그 사람이 친구들을 위해 희생할 거라고는 생각하지 않는다.

3. 번역 오역 사례

번역사는 문맥에 따라 적절한 어휘를 선택해서 번역하는 것이 자연스러운 언어표현을 하는데 필수조건이 되며 한 번 더 다듬고 고민하는 자세가 필요하다.

4. 번역 연습

1. I am a firm believer in winning the race.
   나는 경기에서 우승할 것을 확실하게 믿는다.
2. In his first months in London, Gandhi became a stylish and fastidious dresser.
   런던에 온 후 몇 개월 동안 간디는 유행에 걸맞은 깔끔한 옷을 입었다.
3. His invention made a great contribution toward the modern science.
   그 사람의 발명은 현대과학에 큰 공헌을 했다.
4. She gave a cry at the robber hiding in the basement.
   그 여자는 지하실에 숨어있는 도둑을 보고는 비명을 질렀다.
5. We have often seen the supporting of small business fails to reach fruition owing to a lack of due administrative care.
   중소기업을 행정적으로 적절히 지원해 주지 못하기 때문에 결실을 맺지 못하는 경우를 우리는 자주 보았다.
6. Goethe, the great lover of life, has given expression to being as against having in many poems.
   위대한 인생의 예찬자인 괴테는 많은 시에서 존재를 소유에 대한 반대 개념으로 표현했다.
7. A month's deprivation of the solar rays would involve the utter destruction of all activity on earth.
   만약 태양 빛이 한 달만이라도 비추지 않는다면 지구상의 모든 생명체는 완전히 사라질 것이다.

8. He sang the praises of the water with all the eloquence at his command.
   그 사람은 자신감으로 유창하게 물의 소중함을 노래했다.
9. People have good reason to be distressed when they see the fruits of their own labors borne away by chance comers.
   자신의 노력의 열매를 기회주의자들이 빼앗아 갈 때 사람들은 비탄에 빠질만하다.
10. His drunkenness, his furious rages, his indifference to women, and his claim to divinity, suggest that he was not.
    술에 취해 미친 듯한 분노로 모든 여자들을 비웃으며 마침내 그 남자는 신의 존재 마저도 거부했다.
11. A woman, frightened and quaking, fell down on the street.
    한 여자가 겁을 잔뜩 먹고는 벌벌 떨면서 거리에서 쓰러졌다.
12. Disappointed, she left the room.
    불쾌해진 그 여자는 방을 나가버렸다.
13. Written in a simple style, the book is easy to read.
    쉬운 문체로 되어 있어서, 이 책을 읽는 독자가 많다.
14. Desiring rest, I lay down on the sofa.
    쉬고 싶어서 나는 소파에 누웠다.
15. Seeing me, they suddenly stopped talking.
    내가 나타나자, 그 사람들은 갑자기 얘기를 그만두었다.
16. Admitting what he says, I don't think he'll sacrifice himself for his friends.
    그 사람이 하는 말이 진심이라 하더라도, 그 사람이 친구들을 위해 희생할 거라고는 생각하지 않는다.
17. Compared with this time last year, the prices of commodities have risen about ten percent.
    작년 이맘때와 비교해 보면, 물가가 10 퍼센트 정도 올랐다.
18. Walking along the road, my friends and I used to talk about the future.
    그 길을 따라 걸으면서 친구들과 나는 장래에 대해 얘기하곤 하였다.
19. They chose the best scenes, leaving out everything that was unsuitable.
    그 사람들은 좋은 장면만 고른 다음, 나머지는 모두 빼버렸다.
20. People walked quickly, their brows furrowed.
    사람들은 미간을 찌푸린 채 빨리 걸었다.

21. A phone call sent him hurrying to Seoul.
    전화를 받자마자 그 사람은 급히 서울로 갔다.
22. My clumsy mistake set those present at the party giggling.
    내가 실수를 하는 바람에 파티에 온 사람들이 낄낄대기 시작했다.
23. I won't have you banging away at your drum in my study.
    서재에서 북을 치면 가만 안 둘 거다!
24. The girl, knitting the sweater, smiled shyly.
    스웨터를 짜고 있는 그 아가씨는 수줍어했다.
25. The house now being built probably will be rented.
    짓고 있는 집은 아마 세놓을 것이다.
26. Printed in haste, this book has many errors in spelling.
    급하게 인쇄되어서, 이 책은 철자에 있어서 많은 실수들이 있다.
27. When seen near the horizon, the moon appears strikingly larger than when viewed overhead.
    달은 수평선 가까이서 볼 때가 머리위에서 볼 때보다 훨씬 더 크게 보인다.
28. We chose to go by train.
    우리는 기차로 가기로 결정했다./우리는 기차 편을 택했다.
29. He agreed to let me go home early.
    그 사람은 나에게 일찍 집에 보내주겠다고 약속했다.
30. My wish is to see you succeed.
    내 소원은 네가 성공하는 것이다./네가 성공만 한다면 아무 걱정이 없다.

평가하기

* 다음 문장을 적절하게 번역하시오(품사전환 이용).

1. I am a firm believer in his keeping promise.
   ▮ 모범 답안: 나는 그 사람이 약속을 지킬 것을 확신한다.

2. Kindness is a meaning of the good
   ▮ 모범 답안: 친절함은 미덕을 나타낸다.

3. It is well known for an abundance of sunshine.
   ▮ 모범 답안: 그곳은 충분한 일광으로 잘 알려져 있다.

4. The house now being built probably will be rented.
   ▮ 모범 답안: 짓고 있는 집은 아마 세놓을 것이다.

5. Printed in haste, this book has many errors in spelling.
   ▮ 모범 답안: 급하게 인쇄되어서, 이 책은 철자에 있어서 많은 실수들이 있다.

6. When seen near the horizon, the moon appears strikingly larger than when viewed overhead.
   ▮ 모범 답안: 달은 수평선 가까이서 볼 때가 머리 위에서 볼 때보다 훨씬 더 크게 보인다.

7. We chose to go by train.
   ▮ 모범 답안: 우리는 기차로 가기로 결정했다. / 우리는 기차 편을 택했다.

8. He agreed to let me go home early.
   ▮ 모범 답안: 그 사람은 나에게 일찍 집에 보내주겠다고 약속했다.

9. My wish is to see you succeed.
   ▮ 모범 답안: 내 소원은 네가 성공하는 것이다. / 네가 성공만 한다면 아무 걱정이 없다.

10. Liars are not believed even when they tell the truth.
    ▮ 모범 답안: 진실을 말하더라도 사람들은 거짓말쟁이를 믿지 않는다.

18차시 영어 문법 범주별 번역 연습 (4)

학습 내용

(1) 관계사 번역 연습
(2) 접속사 번역 연습
(3) 관용어구의 번역 연습

사전 평가

*다음을 적절하게 번역하시오.
(1) A bank is to a country what the heart is to the body.
   ▌모범 답안: 은행과 국가의 관계는 심장과 신체의 관계와 같다.
(2) It must pump the money through the commercial arteries causing the whole body to function effectively.
   ▌모범 답안: 은행은 온몸을 능률적으로 작동하게 해주는 상업적 동맥을 따라 돈이 돌 수 있도록 해야 한다.
(3) As the body depends on the proper working of the heart, so the business of a country depends upon the proper working of the banks.
   ▌모범 답안: 신체가 심장의 적당한 활동에 달려 있는 것과 마찬가지로, 국가의 상업도 은행의 적절한 활동에 달려있다.
(4) Human life consists of a succession of small events, each of which is comparatively unimportant, and yet the happiness and success of every man depend upon the manner in which these small events are dealt with.
   ▌모범 답안: 인생은 작은 사건의 연속으로 이루어져 있다. 그리고 그 각각의 작은 사건들은 비교적 중요하지 않지만, 모든 사람들의 행복과 성공은 이들 작은 사건들이 다루어지는 방법에 좌우된다.

1. 관계사 번역

(1) ST: <u>A bank is to a country what the heart is to the body</u>. It must pump the money through the commercial arteries causing the whole body to function effectively. As the body depends on the

proper working of the heart, so the business of a country depends upon the proper working of the banks.

▌ 번역 포인트: A is to B what C is to D(A와 B의 관계는 C와 D의 관계와 같다)구문에 유의하여 번역한다.

▌ 해설: commercial: 상업의, 무역의
· through the <u>commercial arteries</u> causing the whole body to function
　　　　　　　선행사　　　　　　　　형용사구
· (just) as ~ , so ⋯ : ~ 한 것과 마찬가지로 [~와 똑같이] ⋯하다.

▌ 모범 번역: <u>은행과 국가의 관계는 심장과 신체의 관계와 같다.</u> 은행은 온몸을 능률적으로 작동하게 해주는 상업적 동맥을 따라 돈이 돌 수 있도록 해야 한다. 신체가 심장의 적당한 활동에 달려 있는 것과 마찬가지로, 국가의 상업도 은행의 적절한 활동에 달려있다.

(2) ST: Learning to swim is an important part of one's education, especially in modern times when there is much more travel than formerly. Sometimes an airplane is forced to come down the sea, and <u>those who can</u> swim have a better chance of being saved than <u>those who can't</u>.

▌ 번역 포인트: those who ~(~하는 사람들)는 who ~에서 한정하는 불특정한 사람들을 지칭할 때 사용하는 구문이다.

▌ 해설: · Learning to swim은 주어 역할을 하는 동명사 구문으로 '수영을 배우는 것'이다.
· be forced to do = be obliged to do = be compelled to do : 어쩔 수 없이 ~하다.
· those who can swim : 수영을 할 수 있는 사람들

▌ 모범 번역: 수영을 배우는 것은 특히, 예전보다 훨씬 더 많이 여행을 하는 현대에 있어서 교육의 중요한 한 부분이다. 때때로 비행기가 바다 위에 불가피하게 착륙할 경우에, 수영을 할 수 있는 사람들은 수영을 못 하는 사람들보다 구조될 기회가 더 많다.

(3) ST: All of us belong to social groups and have contracts with other groups while at work. The type of <u>clothing we wear</u>, the kind of houses <u>in which</u> we live, the type of <u>recreation we enjoy</u>, and the kind of food we eat, are the result of the influences of

the groups to which we belong.

▎번역 포인트: 목적격 관계사의 생략과 전치사+관계사의 쓰임을 적절하게 표현하는 부분이 중요하다. 관계대명사가 생략된 경우 그 의미를 파악하면서 자연스럽게 연결시킨다.

▎해설: · belong to ~: ~의 소유물이다. ~에 속하다.
· social 사회의, 사회적인
· The type of clothing **(which)** we wear: 우리가 입고 있는 의복의 형태
· 선행사 clothing을 수식해주는 목적격 관계사 생략됨.
· the kind of houses in which we: 우리가 살고 있는 가옥의 유형
· the type of recreation (which) we enjoy: 우리가 즐기고 있는 오락의 형태
· the influences of the groups to which we belong: which ~는 전치사 to의 목적어이 며, 전치사 to는 belong to에서 비롯된 것이다. '우리가 속해 있는 집단의 영향의 결과'

▎모범 번역: 우리들은 모두 사회집단에 속해있다. 그래서 (우리가) 일할 때는 다른 집단과 접촉을 하게 된다. 우리가 입고 있는 의복의 형태, 우리가 살고 있는 가옥의 종류, 우리가 즐기는 오락의 형태, 그리고 우리가 먹는 음식의 종류 등은 우리가 속해 있는 사회집단의 영향의 결과인 것이다.

(4) ST: Human life consists of a succession of small events, each of which is comparatively unimportant, and yet the happiness and success of every man depend upon the manner in which these small events are dealt with.

▎번역 포인트: ~ of small events, each of which ~ 는 관계사 which가 계속적 용법으로 쓰인 동시에 each of의 수식을 받는 형태이다. 따라서 '그 각각의 작은 사건들은 ~ 하다'와 같이 해석한다.

▎해설: · consist of = be composed of ~ = be made up of ~: ~으로 구성되다.
· succession 연속, 계승, 상속
ex) After a succession of warm days, the weather became cold.
따뜻한 날이 계속 된 후에, 날씨가 추워졌다.
He is the succession to the throne.
그는 왕위 계승자이다.
· comparatively 비교적, 다소간
ex) I found the English book comparatively easy to read.
나는 그 영어책이 비교적 읽기 쉽다는 것을 알았다.
· ~ small events, each of which is comparatively~: which는 관계대명사의 계속적 용

법으로 each of which는 and each of them으로 고칠 수 있으며 them은 small events를 가리킨다. 계속적 용법으로 쓰인 관계대명사는 접속사+대명사 역할을 하므로 which는 and them을 나타낸다.

▌모범 번역: 인생은 작은 사건의 연속으로 이루어져 있다. 그리고 그 각각의 작은 사건들은 비교적 중요하지 않지만, 모든 사람들의 행복과 성공은 이들 작은 사건들이 다루어지는 방법에 좌우된다.

(5) ST: It is a prevalent idea among men who are not very prosperous in their occupation that any other business is better than the one which they are engaged in. Those who are ever ready to act on this idea, and make frequent changes, as a rule, tend to remain badly off all through their lives.

▌번역 포인트: 첫 문장에서 「It ~ that ...」에 주의하여 가주어와 진주어 구문을 파악하고 men who ~와 the one which ~의 두 관계대명사 구문을 파악하면 번역이 쉬워진다.

▌해설: · be engaged in ~: ~에 종사하다. ~에 참여하다. (take part in ~)
· be engaged to ~: ~와 약혼하다.

It is a prevalent idea among **men** who are not very prosperous in their occupation **that** any other business is better than **the one which** they are engaged in.
It은 가주어, that ~는 진주어이다. the one은 the business를 뜻하며, which ~는 the one을 수식하는 형용사절이다. which는 전치사 in의 목적어 역할을 하는 목적격 관계대명사이다.
· act on : ~에 작용하다. ~에 따라 행동하다.
ex) Alcohol acts on the brain. 알콜은 뇌에 작용한다.
I will act on your advice. 나는 너의 충고에 따라 행동하겠다.
as a rule / usually
in general / generally ⇒ 대체로, 대개, 일반적으로
on the whole

▌모범 번역: 어떤 다른 직업도 자신이 종사하는 직업보다 더 낫다는 생각이, 자신의 직업에서 별로 성공하지 못한 사람들 사이에 널리 퍼져 있다. 이런 생각에 따라 행동하려 하고, 자주 직업을 바꾸는 사람들은 대체로 일생동안 줄곧 가난하게 산다.

(6) ST: Man seeks truth. He attempts to arrive at reality. He is the only animal that feels this curiosity and acts on it; just as he

is also the only <u>animal that</u> <u>laughs</u>, that <u>speaks</u> and <u>thinks</u> rationally.

▎**번역 포인트**: 두 번째와 세 번째 행의 주격관계대명사 that의 역할을 파악하는 것이 해석의 포인트이다. 두 번째 행의 the only animal that feels ~ acts on it과 세 번째 행의 the only animal that laughs, that speaks ~ rationally.에서 보듯이 하나의 관계대명사에 두 개 이상의 동사가 술부로 이어지는 문장형태이다.

▎**해설**: · seek-sought-sought: 찾다, 추구하다, 노력하다.
　ex) All men seek happiness. 모든 사람은 행복을 추구한다.
　　They sought to come to an arrangement. 그들은 합의에 도달하려고 애썼다.
· rational : 이성의, 이성적인, 합리적인
　ex) As children grow older, they become more rational.
　　아이들은 성장함에 따라 점점 더 이성적으로 된다.
· <u>the only animal that feels</u> this curiosity and acts on it
선행사에 the very, the only, the same, the first등 한정적 수식어가 동반될 때 관계사 that 이 쓰인다.

▎**모범 번역**: 인간은 진리를 추구한다. 인간은 진실에 도달하려고 노력한다. 인간은 이러한 호기심을 느끼고 그 호기심에 따라 행동하는 유일한 동물이다. 그것은 또한 인간이 웃고, 이성적으로 말하고 생각하는 유일한 동물인 것과도 같다.

2. 접속사

(7) ST: According to a man's experience of life, the book will unfold new meanings to him. The book that delighted us at eighteen, <u>if it be a good book</u>, will delight us much more at twenty-five, and it will prove like a new book to us at thirty years of age.

▎**번역 포인트**: 두 번째 문장에서 삽입절로 쓰인 가정법 구문 if it be a good book(그 책이 양서라면)을 파악하고, 주어 The book이 주격 관계대명사 that이 이끄는 형용사절의 수식을 받는다는 것을 파악하면 번역이 쉬워진다.

▎**해설**: according as +주어 +동사 ~에 따라서, ~에 의하면
according to + 명사/동명사
· Man succeeds <u>according as</u> he preserves.
　인간은 인내하는 것에 따라서 성공한다.
· According to the Bible, God made the world in six days.

성서에 의하면, 하느님은 6일 동안에 세상을 만드셨다고 한다.
· fold: 동사 - (천, 종이 등을)접다, (팔, 다리를) 끼다, 포개다
　　　　명사 - 주름, (실의) 한 타래

▌모범 번역: 개인의 인생의 경험에 따라서, 책은 그 사람에게 새로운 의미를 제시한다. 18세 때 우리를 즐겁게 한 책은, 만일 그 책이 훌륭하다면, 25세 때에 우리를 한층 더 즐겁게 할 것이고 30세 때에는 그것은 우리에게 새 책과 같이 될 것이다.

(8) ST: The existence of evil is a proof of the existence of God. <u>If the world consisted</u> wholly and uniquely of goodness and righteousness, <u>there would be</u> no need for God, for the world itself would be God. God is, because evil is.

▌번역 포인트: 신의 존재 의미를 악의 존재에서 찾는 의미의 글이다. 가정법 과거구문인 두 번째 문장에서 if가 이끄는 조건절의 wholly and uniquely(전적으로 유일하게)를 괄호로 묶어두고, consisted of (~로 구성되다)를 하나의 구문으로 파악하는 것이 이 글의 번역 포인트이다.

▌해설: · exist 존재하다, 있다, 살아있다
· evil 부도덕한, 사악한 악, 죄악
　*War brings many evils. 전쟁은 많은 해(악)을 가져온다.
· consist of ~ =be made up of = be composed of ~ : ~으로 구성되어 있다.
　ex) Water consists of hydrogen and oxygen.
　　　물은 수소와 산소로 구성되어 있다.
· If the world **consisted** ~, there **would be** ~, for the world itself **would be** God. 이 문장은 조건절이 **동사의 과거형**(consisted), 주절이 **would + 동사원형**으로 이루어진 **가정법 과거구문**이다.
· God **is**, because evil **is**. ⇒여기서 is는 존재하다의 1형식 동사로 쓰임.
　악이 존재하기 때문에 신이 존재한다.

▌모범 번역: 악이 존재한다는 것은 신이 존재한다는 증거이다. 만일 이 세상이 전적으로 유일하게 선과 정의만으로 구성되어 있다면 신은 필요가 없게 될 것이다. 왜냐하면 세상 그 자체가 신이 될 것이기 때문이다. 악이 존재하기 때문에 신이 존재한다.

(9) ST: The Scotch chemistry professor was demonstrating the properties of various acids. "Watch carefully" he instructed. "I am going to <u>drop</u> this two-shilling piece <u>into</u> a glass of acid.

Will it dissolve?" "No, sir," spoke up one student very promptly. "<u>Explain to the class</u> why it won't dissolve." "Because," came the answer, "if it should, you wouldn't drop it in."

▎ **번역 포인트**: 화학교수와 학생이 실험실에서 나누는 대화로 해학적인 글이다. explain이 ~을 (남에게)설명하다의 의미로 수여동사로 착각하기 쉬운데 실제로 타동사의 쓰임을 가지고 있으며 ~에게 라는 대상을 표현 할 경우 <u>전치사 to</u>를 동반해야 한다는 사실을 기억 할 필요가 있다.

▎ **해설**: · Scotch 스코틀랜드의
· demonstrate 증명하다, (실험으로)설명하다, 시위운동(데모)하다.
· property 재산, 소유권, 특성, 속성
· acid 신(sour), 까다로운, 산성
· shilling 영국의 은화
· speak up 감히 말하다, 거리낌 없이 말하다
· Explain <u>to the class</u>   <u>why it won't dissolve</u>
          전치사구   목적어(명사절)
· explain은 타동사이지만 목적어를 하나만 가지며 '~에게'의 표현은 반드시 'to +사람' 형태의 부사구를 취한다.
The teacher explained us the rule of the game. (×)
The teacher explained the rule of the game to us. (○)

▎ **모범 번역**: 스코틀랜드인 화학교수가 산(酸)의 성질을 실험을 통해 설명하고 있었다. "주의해서 보세요. 나는 2실링짜리 은화 한 개를 산이 들어있는 유리그릇에다 떨어뜨릴 겁니다. 그것이 녹을까요?" 하고 그 교수는 물었다. "아닙니다. 선생님."하고 한 학생이 매우 재빨리 큰 소리로 말했다. "그것이 용해되지 않는 이유를 반 학생들에게 설명해 봐요." "왜냐하면 만일 그것이 녹는다면 선생님께서 그걸 집어넣지 않으셨을 테니까요."하는 대답이 나왔다.

정리하기

1. 번역 요령

    관계사, 접속사는 모두 문장과 문장을 이어주는 연결사이다. 따라서 앞에서부터 자연스럽게 풀어서 번역하되, 의미적으로 어색하거나 잘 연결되지 않을 때에는 **문장 뒤에서부터 거슬러 번역**한다. 관계사가 콤마를 동반한 계속적 용법이라고 해서 반드시 앞에서부터 꼭 해석할 필요는 없다. 관계사 what의 경우는 관용적 표현이 많이 쓰이므로 따로 구문을 정리하여 학습한다.

2. 관용표현

    what one is: 현재의 인격, 인물, 본성
    what one has: 가지고 있는 것, 즉 재산
    what is called=what we call=what you call 소위, 말하자면
    what is better: 더욱 좋은 것은
    what is worse: 설상가상으로
    what is more important: 더욱 중요한 것은
    A is to B what/as C is to D: A와 B의 관계는 C와 D의 관계와 같다.
    예문) He is not what he was : 그는 옛날의 사람이 아니다.
    =He is not what he used to be.
    A man should be judged by what he is, not by what he has.
    사람은 재산에 의해서가 아니라, 인격에 의해서 평가되어야 한다.
    1) ST: Man seeks truth. He attempts to arrive at reality. He is <u>the only animal that feels</u> this curiosity and acts on it; just as he is also the only <u>animal that</u> <u>laughs</u>, that <u>speaks</u> and <u>thinks</u> rationally.

    ▎번역 포인트: 두 번째와 세 번째 행의 주격관계대명사 that의 역할을 파악하는 것이 해석의 포인트이다. 두 번째 행의 the only animal that feels ~ acts on it과 세 번째 행의 the only animal that laughs, that speaks ~ rationally.에서 보듯이 하나의 관계대명사에 두 개 이상의 동사가 술부로 이어지는 문장 형태이다.

    ▎모범 번역: 인간은 진리를 추구한다. 인간은 진실에 도달하려고 노력한다. 인간은 이러한 호기심을 느끼고 그 호기심에 따라 행동하는 유일한 동물이다. 그것은 또한 인간이 웃고, 이성적으로 말하고 생각하는 유일한 동물인 것과도 같다.

평가하기

* 다음 문장을 번역하시오.

Stonehenge is in Great Britain. It is a very popular place for tourists. Stonehenge is a group of big stones in a green field. The stones are all different shapes. You may think Stonehenge looks a little strange. But it is actually very scientific.

For a long time, scientists studied Stonehenge. At first, they thought *Druids made it. Druids were magical people. It is said that they went to Britain in 250 B.C. But in 1963, the scientist realized they were wrong. The Druids didn't make Stonehenge. Instead, ancient people made it many years before 250 B.C. In fact, they made it in 3200 B.C.

Modern scientists think that Stonehenge was very useful. People used the stones for a special reason: to study the moon and the sun. The stones showed how the moon and sun moved through the sky. Modern scientists say that those ancient people were very intelligent. They used very difficult math to build Stonehenge.

▮ 어휘: tourist 관광객　　　　useful 유용한　　　　scientific 과학적인
　　　intelligent 지능이 뛰어난　magical 신비한　　　realize 깨닫다
　　　*Druid : 고대 Gaul 및 Celt족의 드루이드교의 사제

▮ 모범 답안: 스톤헨지는 영국에 있다. 이곳은 관광객들에게 아주 인기 있는 장소이다. 스톤헨지는 녹색 평원에 큰 돌들이 무리지어 있는 것이다. 돌들은 모두 다른 모양이다. 당신은 스톤헨지가 조금 이상해 보인다고 생각할지 모른다. 하지만, 사실 그것은 매우 과학적이다.
　　오랫동안, 과학자들은 스톤헨지를 연구했다. 처음에, 과학자들은 Druid들이 그것을 만들었다고 생각했다. Druid들은 마법을 하는 사람들이다. 그들은 기원전 250년에 영국으로 갔다고 한다. 하지만, 1963년 과학자들은 자신들이 틀렸다는 사실을 깨달았다. Druid들은 스톤헨지를 만들지 않았다. 대신, 기원전 250년보다 더 이전에 고대인들이 이것을 만들었다. 사실, 그들은 기원전 3200년에 스톤헨지를 만들었다.
　　현대 과학자들은 스톤헨지가 아주 유용했다고 생각한다. 사람들은 특별한 이유로 돌을 이용했다. 해와 달을 연구하는 것이다. 돌은 해와 달이 어떻게 하늘을 가로질러 움직이는지를 보여주었다. 현대 과학자들은 그 고대인들이 아주 지적이었다고 말한다. 그들은 스톤헨지를 만들기 위해 아주 어려운 수학을 이용했다.

19차시 시사/언론 텍스트 번역 실습 (1)

학습 내용

(1) 영어 뉴스 번역 실습
(2) 시사적 개념 학습
(3) 시사용어 이해

사전 평가 * 다음 뉴스기사를 번역하시오.

(1) International Death Penalty Report 국제 사형 연례보고서
A European anti-capital punishment group, issuing its annual report on the death penalty around the world. According to the group Hands off Cain, 10 countries have given up capital punishment since the start of 2003. That makes a total of 134 nations that have done away with capital punishment or severely limited the terms of its use. Sixty-two nations still retain the death penalty, executing more than 5,500 people last year. The group says China accounted for more than 5,000 of those, roughly 90 percent.

> 모범 번역: 유럽의 한 사형반대단체가 세계의 사형에 관한 연례보고서를 발표했습니다. 그 「핸즈 오프 케인」이라는 단체에 따르면 2003년이 시작된 이후 사형제도를 폐지한 나라는 10개국이라고 합니다. 이로써 사형제도를 폐지 또는 그 집행기간을 엄격하게 제한하고 있는 나라는 총 134개국이 되었습니다. 62개국이 여전히 사형제도를 유지하고 있으며 작년에 5,500명 이상이 사형되었습니다. 이 단체에 따르면 그 중 중국에서 처형된 사람은 5,000명 이상으로 (전체의) 약 90%를 차지했다고 합니다.

(2) The Single Life-독신생활
More American are delaying marriage to focus on school and career pursuits. According to the Census Bureau data for last year, the average age for men on their first marriage in 27, compared to 23 for 1970. For women, the average age is now 25, nearly five years older than 1970. One-third of men and nearly 25 percent of women between the ages of 30 and 34 have never been married, nearly four times the rates in 1970.

> 모범 번역: 보다 높은 교육과 일을 찾느라고 결혼을 늦추는 미국인이 늘고 있습니다. 인구통계청의 작년 (2003년)도 자료에 따르면 남성의 평균 초혼연령은 1970년의 23세에 비해 27세입니다. 여성은 평균 초혼 연령이 현재 25세로 1970년보다도 5세 가까이 높아졌습니다. 30세부터 34세 사이는 남성의 3분의 1과 여성의 약 25%가 미혼으로, 이 비율은 1970년의 거의 4배입니다.

뉴스/시사 텍스트 번역 사례

19차시와 20차시에 실린 원문은 CNN의 2005년도 뉴스이며, 번역은 전문 통번역사이며 영어교육 전문가이신 케니 김(본명: 김형철)께서 작성하셨음을 미리 밝혀두기로 한다.

1. Kyoto Pact Takes Effect-교토의정서가 발효되다.

After years of delay, the U. N.'s controversial Kyoto Protocol comes into effect on Wednesday. The treaty is aimed at reducing greenhouse gas emissions, but many of the developed nations subject to the protocol's restrictions are far from meeting their targets. The treaty was agreed to at a 1997 conference and 141 nations ratified it. But it was rejected by Australia and the United States because it excludes large developing nations such as China and India.

▎ 어휘: take effect (법률, 협정 등이) 효력을 발생하다
controversial 쟁점이 되는, 물의를 일으키는
protocol 조약의정서, 조약원안   come into effect (법률 등이)발효하다
treaty (국제간의) 조약, 협정, 조약문서   meet the target 목표에 도달하다
ratify 승인하다, 비준하다

▎ 용어 해설: 교토의정서는 「UN기후변화협약 교토의정서(Kyoto Protocol to the United Nations Framework Convention on Climate Change)」가 정식명칭이다. 기후변화협약에 기초하여 1997년에 교토시 국립교토국제회관에서 열린 지구온난화방지교토회의(제3회 기후변화협약, COP3)에서 의결한 의정서이다.

▎ 모범 번역: 수년이나 연기된 끝에 논란이 되고 있던 유엔의 교토의정서가 수요일에 드디어 발효됩니다. 이 국제협정의 의도는 온실효과가스의 방출을 줄이는 것이지만 의정서의 제약 하에 있는 선진국들 대부분은 각국의 감축목표를 달성하기에는 거리가 먼 상황입니다. 이 국제협정은 1997년 회의에서 합의되었고 141개국이 비준했습니다. 그러나 의정서는 중국이나 인도와 같이 면적이 넓은 개발도상국을 (감축의무로부터) 제외하고 있다는 이유로 호주와 미국에 의해 거부되었습니다.

2. China Executes Drug Dealers-중국정부의 마약밀매상 처형

China's state media reports Chinese authorities executed 17 people on drug charges on Saturday to mark International Antidrugs Day.

Executions have reportedly taken place in a number of Chinese cities. Human rights group Amnesty International is calling on Beijing to stop the executions. The group says China executed at least 50 people on drug-related charges last year.

▌어휘: execute ~의 처형을 집행하다　　　　execution 처형, 사형집행
　　　drug dealer 마약 밀매상　　　　　　　reportedly 전하는 바에 따르면
　　　state media 국영통신사　　　　　　　　take place 행해지다
　　　authorities 당국　　　　　　　　　　　mark ~을 기념하다
　　　call on ... to do ...에 ~하도록 요구하다　Beijing 중국정부
　　　on ~ charge ~한 혐의로

▌모범 번역: 중국 국영통신사의 보고에 따르면 중국당국은 세계마약퇴치의 날에 맞추어 토요일에 17명을 마약혐의로 처형했다고 합니다. 사형집행은 중국의 많은 도시에서 집행되었다고 합니다. 인권단체인 국제사면위원회는 중국정부에게 마약범죄자에 대한 사형폐지를 요구하고 있습니다. 이 단체에 따르면 중국은 작년에 마약관련 죄목으로 적어도 50명을 처형했다고 합니다.

3. King's Diet-왕의 식이요법

A recent study tells us all about the health and treatments of kings during the Chosun dynasty. The study shows that most of the Chosun kings were quite unhealthy. According to the study, King Sejong was quite fat. That's because he enjoyed eating a lot of meat and hated exercising. By the age of 35, he drank more than a jar of water each day. Drinking lots of water can be a sign of diabetes. King Youngjo, on the other hand, was very healthy. He lived to the age of 82. He had a healthy diet, exercised every day and ate a lot of ginseng. He believed that it could keep him healthy.

▌어휘: recent 최근의　　　　　　　　　quite 꽤, 상당히　　　　　　　treatment 치료
　　　unhealthy 건강에 좋지 않은　　　　Chosun dynasty 조선왕조　　　ginseng 인삼
　　　jar 병 항아리　　　　　　　　　　diabetes 당뇨병

▌모범 번역: 한 최근의 연구는 조선왕조 동안의 국왕들의 건강과 치료에 대한 모든 것을 밝혔습니다. 그 연구는 조선 왕들 대부분이 건강이 상당히 안 좋았음을 보여주었습니다. 연구에 따르면 세종대왕은 상당히 살이 쪘었습니다. 그것은 그가 많은 육류를 즐기고 운동을 싫어했기 때문입니다. 35살이 될 때까지 그는 물을 매일 한 항아리 이상 마셨습니다. 물을 많이 마시는 것은 당뇨병의 신호일 수 있습니다. 반면 영조는 매우 건강했습니다. 그는 82살까지 살았습니다. 그는 건강에 좋은 음식을 먹었고, 매일 운동했으며, 많은 인삼을 먹었습니다. 그는

이러한 노력이 자신의 건강을 유지시켜 주었다고 믿었습니다.

4. Benefits of Breast-feeding-모유는 심장병을 막아준다

In health news, a new study suggests that breast-feeding may reduce the risk of cardiovascular disease for infants later in life. According to British scientists, a greater proportion of human milk intake was linked with lower ratios of LDL to HDL cholesterol. That ratio of good to bad cholesterol is said to be an indicator for those who are at high risk of a heart attack.

▎어휘: breast-feeding (아이를)모유로 키우는 것
　　　suggest that ~라고 넌지시 비치다
　　　cardiovascular 심장혈관의
　　　proportion 비율
　　　be linked with ~와 관계가 있다
　　　LDL 저밀도지단백
　　　indicator 지표
　　　be at risk 위험에 처하다
　　　heart attack 심장발작
　　　intake 섭취량
　　　a ratio of A to B A의 B에 대한 비율
　　　HDL 고밀도지단백

▎용어 해설: • LDL이란, low-density lipoprotein의 약자이다. 콜레스테롤을 몸 구석구석으로 운반하여 동맥경화를 일으키기 때문에 「나쁜 콜레스테롤」이라고 불린다.
　　　• HDL이란, high-density lipoprotein의 약자이다. 혈관벽에 쌓인 콜레스테롤을 골라내어 간장에 운반하는 작용을 해 동맥경화 방지의 역할을 해 「좋은 콜레스테롤」이라고 불린다.

▎모범 번역 건강에 관한 소식으로, 새로운 연구는 모유수유가 유아의 장래 심장병에 걸릴 위험성을 감소시킬지도 모른다는 사실을 시사하고 있습니다. 영국의 과학자들에 따르면 모유섭취량의 비율이 높을수록 HDL콜레스테롤에 대한 LDL콜레스테롤의 비율이 낮았다고 합니다. 좋은 콜레스테롤과 나쁜 콜레스테롤의 비율이 심장병이 될 위험성이 높은 사람에게 지표가 된다고 합니다.

5. Smoke Linked to Poor Scores-간접흡연으로 성적저하

Research published in the January issue of Environmental Health Perspectives - which I gotta renew my subscription to that; it's about out - shows that kids exposed to secondhand smoke have lower test scores in reading, math and problem-solving. The study of 4,400 children found that those subjected to the least amount of secondhand smoke scored an average of seven points higher in standardized math and reading test, compared to children exposed to high levels of secondhand smoke.

- 어휘: issue (출판물의) …호
  subscription (정기간행물의) 예약구매
  be subjected to ~을 받게 되다
  perspective 예측, 전망
  be out (기한 등이) 마감되다
  compared to ~와 비교하여

- 참고사항: 「Environmental Health Perspectives (환경건강전망)」은 (미국립환경건강과학연구소)가 발행하는 건강에 미치는 환경영향에 관한 정보나 연구결과 등에 관한 월간지이다.

- 모범 번역: 「환경건강전망」 1월호에 발표된 논문-나는 곧 만기가 되는 그 잡지의 정기구독을 갱신해야 한다-에 따르면 간접흡연을 한 아이들은 독해, 수학, 논리적 사고력 시험점수가 더 낮다고 합니다. 4,400명의 아이들을 대상으로 한 연구에서 간접흡연을 한 양이 가장 적은 아이들은 수학과 독해의 공통 테스트에서 높은 수준의 간접흡연을 한 아이들에 비해 평균 7점 높은 점수를 받았다는 사실이 밝혀졌습니다.

6. Teens' Brain Maturity-십대들의 두뇌 성숙도

Teenagers: four times as likely as older drivers to crash their cars. And now scientists think they know why. A study by the National Institute of Mental Health in UCLA shows that the part of the brain that inhabits risky behavior doesn't fully mature until age 25-which explains a lot of other things in addition to the car crashes, if you get my drift. Previous studies showed the brain matures at 18. Apparently, that's not the case. The study's findings could have an effect on the nation's driving laws.

- 어휘: crash (자동차 등을) 부딪치다, 충돌
  apparently 아무래도~한 것 같다.
  get my / the drift 내가 말하고자 하는 것
  findings 조사결과, 연구 성과

- 모범 번역: 10대는 나이 많은 운전자에 비해 4배나 자동차를 충돌할 가능성이 높습니다. 그리고 과학자들은 이제 그 이유를 안다고 생각합니다. UCLA 국립정신위생연구소의 연구가 밝혀낸 것은 위험한 행동을 억제하는 뇌의 일부는 25세까지 완전히 성숙되지는 않는다는 것입니다. 이것으로 자동차 충돌 이외에도 많은 사실이 설명됩니다. 여러분이 내가 하는 말을 이해한다면, 지금까지의 연구에서 뇌는 18세까지 성숙한다고 했습니다. 아무래도 사실은 그렇지 않은 것 같습니다. 이 연구결과는 미국의 자동차 운전에 관한 법률에 영향을 미칠지도 모르겠습니다.

7. The Single Life-독신생활

More American are delaying marriage to focus on school and career pursuits. According to the Census Bureau data for last year, the average age for men on their first marriage in 27, compared to 23 for 1970. For women, the average age is now 25, nearly five years older than 1970. One-third of men and nearly 25 percent of women between the ages of 30 and 34 have never been married, nearly four times the rates in 1970.

┃ 어휘: focus on ~에 집중하다   the Census Bureau (미국 상무부의) 인구 통계청
compared to ~와 비교해서

┃ 모범 번역: 보다 높은 교육과 일을 찾느라고 결혼을 늦추는 미국인이 늘고 있습니다. 인구통계청의 작년(2003년)도 자료에 따르면 남성의 평균 초혼연령은 1970년의 23세에 비해 27세입니다. 여성은 평균 초혼 연령이 현재 25세로 1970년보다도 5세 가까이 높아졌습니다. 30세부터 34세 사이는 남성의 3분의 1과 여성의 약 25%가 미혼으로, 이 비율은 1970년의 거의 4배입니다.

8. Too Smart for Marriage?-IQ가 높은 여성은 결혼을 놓친다.

A Survey by four British universities has found that a high IQ decreases the chances of a woman getting married but is considered an asset for men. Pay attention now. The study found that, for every 16-point increase in IQ, there's a 35 percent increase in the likelihood of marriage for men, but for women, it means a 40 percent decline. According to Nottingham University Professor Paul Brown, this may be because, quote, "Women in their late thirties who are among the brightest of their generation are finding that men are just not interesting enough." A British writer also pointed out that, quote, "The bright girl remembers the old saying that, at first, she sinks into his arms, only to spend the rest of her life with her arms in his sink."

┃ 어휘: asset 바람직한 조건   likelihood 있음직함   saying 속담, 격언

┃ 모범 번역: 영국의 4개 대학 합동조사로 알 수 있는 것은 높은 IQ는 여성이 결혼 할 기회는 감소시키지만, 남성에게는 바람직한 조건으로 생각되어진다는 것입니다. 자, 주목해보라. 이 조사에서 IQ가 16포인트 높아질수록 남성의 결혼 가능성은 35% 상승하지만, 여성의 경우 40% 감소를 의미한다는 것이 밝혀졌습니다. 노팅햄 대학의 폴 브라운교수에 따르면 이것은 아마도 "같은 세대 중에서도 가장 머리가 좋은 30대 후반의 여성들은 남성이 그다지 흥미롭지 않다는 사실을 알고 있다"는 이유 때문일 것이라고 합니다. 영국의 어느 작가의 말을 인용하면, "머리 좋은 여성은 '아내가 처음에는 남편의 팔에 기대지만 나머지 인생은 결국 남편을 위해서 싱크대에 팔을 담그며 지내게 된다'라는 오래된 속담을 기억하고 있다"고 지적했습니다.

9. Deep Impact Set on Collision Course-NASA가 우주탐사기를 발사

NASA's Deep Impact space probe tonight has entered a safe mode because of a technical glitch on board. NASA launched the spacecraft on a $330 million collision course with a comet this afternoon. Deep Impact blasted off from Cape Canaveral this afternoon. Its mission is to slam into the comet, Temple 1, on the Fourth of July. And it will capture a picture of what's inside. Scientists hope this mission will provide details about the makeup of the solar system. Deep Impact is now awaiting a signal from Earth to repair whatever damage there was to the system.

▎어휘: collision course 충돌 진로
　　　blast off from ~로부터 이륙하다
　　　glitch 작은 기술상의 문제
　　　slam into ~에 충돌하다

▎참고사항: 딥 임팩트를 사용한 이번 미션은 혜성에 임팩터(충돌체)를 충돌시켜 태양계 초기부터 존재하는 얼음 덩어리를 조사하는 것이다. 딥 임팩트는 발사 후 지구로부터 약 1억3000만 킬로미터 떨어진 랑데부 포인트를 목표로 하고 거기에서 370킬로그램의 구리로 된 임팩터를 혜성의 진로를 향해 발사하게 된다. 모두가 계획대로 진행된다면 혜성이 태양에 면한 쪽 바로 중앙에 시속 35,000킬로미터 이상의 속도로 임팩터가 부딪힌다.

▎모범 번역: 미항공우주국의 우주탐사선 딥 임팩트가 탐사기 내 작은 기술상의 문제로 인해 오늘밤 안전모드에 들어갔습니다. 나사는 오늘 오후 예산 3억 3000만 달러를 들여 탐사선을 혜성과의 충돌진로에 발사했습니다. 딥 임팩트는 오늘 오후 케이프 커내버럴 공군기지를 이륙했습니다. 탐사기의 임무는 7월 4일 템플혜성과 충돌하는 것입니다. 그리고 내부영상을 기록할 예정입니다. 과학자들은 이 임무에 의해 태양계의 상세한 구조가 밝혀지기를 기대합니다. 딥 임팩트는 현재 시스템이 받은 손상을 수리하기 위해 지구로부터 신호를 기다리고 있습니다.

10. Lost City of Atlantis Found?-아틀란티스 대륙 발견?

The lost city of Atlantis may have been found. An American archaeologist says the kingdom lies at the bottom of the Mediterranean Sea near Cyprus. On his boat this weekend, Robert Sarmast said he's found man-made walls underwater that match descriptions written by the great philosopher Plato in the 3rd century B.C. Other archaeologists say more proof is needed. The legend goes that the Kingdom of Atlantis, a culturally and technologically advanced society, was swallowed by the sea in a single day and night after an earthquake 10,000 years before the common area.

■ 어휘: archaeologist 고고학자
　　　　go that (속담, 이야기 등이) ~라고 말하다
　　　　Cyprus 키프로스 공화국
　　　　match ~에 일치하다, 부합하다

■ 참고사항: • Atlantis(아틀란티스)는 대서양해저에 가라앉았다고 고대 그리스 철학자 플라톤이 말한 전설의 섬이다.
　　　　• Cyprus(키프로스 공화국)는 터키남쪽 지중해에 있는 섬나라로 1960년 영국으로부터 독립해, 1974년 그리스계 주민이 쿠데타를 계획한 것을 계기로 터키군이 침공했다. 현재 남북이 그리스계와 터키계로 나뉘고 있다.
　　　　• B.C.(기원전)는 Before Christ의 약자. Before the Common Era(기원)역시 기원전을 의미하며 항상 연호, 세기가 뒤에 온다.

■ 모범 번역: 사라진 도시 아틀란티스가 발견되었는지도 모릅니다. 어느 미국인 고고학자가 그 왕국은 키프로스 부근 지중해 해저에 위치한다고 말했습니다. 이번 주말 자신의 배 위에서 로버트 사마스트 씨가 발표한 내용에 따르면 해저에서 인조벽이 발견되었는데 그것은 기원전 3세기에 위대한 철학자 플라톤에 의해 쓰인 설명과 일치한다고 합니다. 다른 고고학자들은 더 많은 증거가 필요하다고 말합니다. 전설에 따르면 아틀란티스 왕국은 문화적으로, 과학적으로도 발달한 사회였는데 기원전 1만 년에 일어난 지진 이후 단 하루 밤 낮 사이에 바다 속으로 사라져 버렸다고 합니다.

11. Twins with Identical PINs-비밀번호까지 같은 쌍둥이

Jiddo and Jefta Alberts are twins; they live in Holland. They share many things because of the fact that they are twins. It recently came to light that includes the PIN numbers for their bank accounts. Jiddo had his number for a year or more. His brother, Jefta, recently lost his bank card, or it was stolen. When one brother complained to the other that it was hard to remember his PIN number, the twin asked him what it was, and voilà, they're identical. The odds of non-family members at their bank having the same number are somewhere around 1,000 to one again, so a little weird.

■ 어휘: PIN =Personal Identification number 비밀번호
　　　　come to light (비밀 등이) 드러나다
　　　　voil 자, 어때요!
　　　　weird 불가사의한, 섬뜩한
　　　　odds 확률

■ 모범 번역: 지도와 제프타 알버트는 쌍둥이이고 네덜란드에 살고 있습니다. 그들은 많은 것을 공유하고 있습니다. 왜냐하면 쌍둥이기 때문입니다. 최근 밝혀진 사실은 공유하고 있는 것 중에 은행계좌의 비밀번호도 포함되어 있다는 것입니다. 지도는 그 번호를 1년 이상 사용하고 있었습니다. 그의 형제인 제프타는 최근에 은행카드를 분실했거나 도난당했습니다. 형제 중 한쪽이 다른 한쪽에게 자신의 비밀번호가 좀처럼 생각나지 않는다고

불평했습니다. 그런데 다른 한쪽이 그 번호를 물어봤더니 번호가 같았던 것입니다. 그들이 이용했던 은행에서 가족 이외의 사람이 같은 번호를 가지고 있을 확률은 대개 1,000명에 한 명뿐이라고 하니 불가사의한 이야기입니다.

12. Nobel Prize Goes to Kenyan-노벨상수상자는 케냐의 여성환경운동가

And for the first time, the Nobel Peace Prize has been awarded to an African women. Kenyan environmentalist Wangari Maathai was awarded this year's prize. She founded the Green Belt Movement, which has planted more than 30 million trees across Africa. Maathai was cited for her fight for democracy and women's rights. And her family's saying it is a shock. She was in some remote part of Africa, really, just working when the call came in.

┃ 어휘: go to (상이)~에게 주어지다   award A to B A를 B에게 수여하다
　　　be cited for ~로 표창되다   women's rights 여성의 권리
　　　a fight for ~를 위한 싸움, 분투   democracy 민주주의
　　　call in (전화가) 걸려오다

┃ 참고사항: • Nobel Prize(노벨상)은 스웨덴의 화학자 알프레드 버나드 노벨이 스웨덴 아카데미에 기부한 유산을 기금으로 하는 세계적인 상이다. 1901년부터 수여되어 평화상 외에 매년 의학, 생리학, 물리학, 화학, 문학, 경제학의 총 6부문에 있어서 현저한 공적이 있는 사람에게 수여된다.
　　　• The Green Belt Movement(그린벨트 운동)은 왕가리 마타이 씨가 환경보호와 주민의 생활향상을 목적으로 1977년부터 비정부조직(NPO)으로서 시작된 환경보호운동이다. 케냐 산림파괴에 의한 사막화 방지와 식림에 여성을 동원해 여성에게 자금, 기술, 교육, 가족계획의 지식을 제공하였다. 현재까지 3,000만 그루 이상의 나무를 심었다.

┃ 모범 번역: 처음으로 노벨평화상이 아프리카 여성에게 주어졌습니다. 케냐의 여성 환경보호론자, 왕가리 마타이 씨가 올해의 상을 수상했습니다. 그녀는 '그린벨트운동'이라는 단체를 설립했는데 그 단체는 아프리카 전체에 3천만 그루가 넘는 나무를 심었습니다. 마타이 씨의 수상은 민주주의와 여성의 권리를 위한 노력이 평가를 받은 것입니다. 그리고 그녀의 가족들은 수상소식에 놀랐다고 합니다. 그녀는 아프리카의 어느 멀리 떨어진 지역에 있었는데 수상전화가 왔을 때 일하는 중이었습니다.

정리하기

뉴스기사 번역의 방법
원문을 정확하고 객관적으로 표현하며 간결하게 번역한다. 뉴스이해를 위한 특정 단체나 용어에 대해 추가정보는 원문번역을 마친 후 하단에 삽입한다. 기사의 제목을 번역할 때는 대부분 원문을 그대로 직역하지만 때로는 기사의 전체적 개요를 독자가 알 수 있도록 요약하는 형태로 제시하기도 한다.

Lost City of Atlantis Found?-아틀란티스 대륙 발견?
The lost city of Atlantis may have been found. An American archaeologist says the kingdom lies at the bottom of the Mediterranean Sea near Cyprus. On his boat this weekend, Robert Sarmast said he's found man-made walls underwater that match descriptions written by the great philosopher Plato in the 3rd century B.C. Other archaeologists say more proof is needed. The legend goes that the Kingdom of Atlantis, a culturally and technologically advanced society, was swallowed by the sea in a single day and night after an earthquake 10,000 years before the common area.

▌어휘: archaeologist 고고학자　　　　　　Cyprus 키프로스 공화국
　　　　go that (속담, 이야기 등이)~라고 말하다　　match ~에 일치하다, 부합하다

▌모범 번역: 사라진 도시 아틀란티스가 발견되었는지도 모릅니다. 어느 미국인 고고학자가 그 왕국은 키프로스 부근 지중해 해저에 위치한다고 말했습니다. 이번 주말 자신의 배 위에서 로버트 사마스트 씨가 발표한 내용에 따르면 해저에서 인조벽이 발견되었는데 그것은 기원전 3세기에 위대한 철학자 플라톤에 의해 쓰인 설명과 일치한다고 합니다. 다른 고고학자들은 더 많은 증거가 필요하다고 말합니다. 전설에 따르면 아틀란티스 왕국은 문화적으로, 과학적으로도 발달한 사회였는데 기원전 1만 년에 일어난 지진 이후 단 하루 밤 낮 사이에 바다 속으로 사라져 버렸다고 합니다.

평가하기

Twins with Identical PINs Jiddo and Jefta Alberts are twins; they live in Holland. They share many things because of the fact that they are twins. It recently came to light that includes the PIN numbers for their bank accounts. Jiddo had his number for a year or more. His brother, Jefta, recently lost his bank card, or it was stolen. When one brother complained to the other that it was hard to remember his PIN number, the twin asked him what it was, and voil, they're identical. The odds of non-family members at their bank having the same number are somewhere around 1,000 to one again, so a little weird.

▎모범 번역: 지도와 제프타 알버트는 쌍둥이이고 네덜란드에 살고 있습니다. 그들은 많은 것을 공유하고 있습니다. 왜냐하면 쌍둥이기 때문입니다. 최근 밝혀진 사실은 공유하고 있는 것 중에 은행계좌의 비밀번호도 포함되어 있다는 것입니다. 지도는 그 번호를 1년 이상 사용하고 있었습니다. 그의 형제인 제프타는 최근에 은행카드를 분실했거나 도난당했습니다. 형제 중 한쪽이 다른 한쪽에게 자신의 비밀번호가 좀처럼 생각나지 않는다고 불평했습니다. 그런데 다른 한쪽이 그 번호를 물어봤더니 번호가 같았던 것입니다. 그들이 이용했던 은행에서 가족 이외의 사람이 같은 번호를 가지고 있을 확률은 대개 1,000명에 한 명뿐이라고 하니 불가사의한 이야기입니다.

20차시 시사/언론 텍스트 번역 실습 (2)

학습내용

(1) 영어 뉴스 번역 실습
(2) 뉴스 번역 특성 이해

사전평가

* 다음 영어뉴스를 자연스럽게 번역하시오.

(1) And U.S film director Steven Spielberg is now a knight in the French Legion of Honor. The French president, Jacques Chirac, bestowed the honor on Spielberg in Paris on Sunday. Mr. Chirac praised Spielberg as a filmmaker committed to fighting hatred and intolerance. And in turn, the director praised France's efforts to fight anti-Semitism. Spielberg directed the searing Holocaust drama, Shindler's List.

▎모범 번역: 미국의 영화감독 스티븐 스필버그는 프랑스의 레지옹 도뇌르 훈장을 받아 현재 기사작위에 있습니다. 프랑스의 자크 시라크 대통령은 일요일 파리에서 스필버그 감독에게 이 훈장을 수여했습니다. 시라크 대통령은 스필버그를 증오와 편협과 싸우는 데 신념을 가지고 일해 온 영화감독이라고 칭찬했습니다. 그리고 이에 대해 감독은 반유태주의와 싸우는 프랑스의 노력을 칭찬했습니다. 스필버그 감독은 강한 인상을 남긴 유태인 대학살을 그린 영화 '쉰들러리스트'를 감독했습니다.

(2) Police in Colombia are cracking down on poachers of exotic animals. Officers confiscated more than 200 Caiman skins in the Santander Province this week. Poachers typically transport the skins to cities around Columbia.

▎모범 번역: 콜롬비아 경찰은 희귀동물 밀렵자를 엄격하게 단속하고 있습니다. 경찰은 이번 주 산탄데르주에서 카이만 악어가죽을 200점 이상 압수했습니다. 밀렵자들은 콜롬비아의 주요 도시에 보통 가죽을 수송합니다.

1. France Honors Spielberg-레지옹 드뇌르 훈장을 받은 스필버그 감독

And U.S film director Steven Spielberg is now a knight in the French Legion of Honor. The French president, Jacques Chirac, bestowed the honor on Spielberg in Paris on Sunday. Mr. Chirac praised Spielberg as a filmmaker committed to fighting hatred and intolerance. And in turn, the director praised France's efforts to fight anti-Semitism. Spielberg directed the searing Holocaust drama, Shindler's List.

▌ 어휘   the Legion of Honor 레지옹 드뇌르 훈장
　　　　bestow A on B B에게 A를 수여하다
　　　　(be) committed to doing 신념을 가지고 ~하는 것에 전념하다
　　　　anti-Semitism 반유태주의
　　　　searing (기억에)강한 인상을 남긴

▌ 참고사항: · knight는 국가에 대한 공로로 주어지는 비세습 작위이다.
　　　　　　· the Legion of Honor은 나폴레옹 1세가 1802년에 제정한 프랑스 최고훈장이다.
　　　　　　· Holocaust(홀로코스트)는 제2차 세계대전 때 나치에 의한 유태인 학살을 말한다.

▌ 모범 번역: 미국의 영화감독 스티븐 스필버그는 프랑스의 레지옹 드뇌르 훈장을 받아 현재 기사작위에 있습니다. 프랑스의 자크 시라크 대통령은 일요일 파리에서 스필버그 감독에게 이 훈장을 수여했습니다. 시라크 대통령은 스필버그를 증오와 편협과 싸우는 데 신념을 가지고 일해 온 영화감독이라고 칭찬했습니다. 그리고 이에 대해 감독은 반유태주의와 싸우는 프랑스의 노력을 칭찬했습니다. 스필버그 감독은 강한 인상을 남긴 유태인 대학살을 그린 영화 '쉰들러리스트'를 감독했습니다.

2. Feasting on Insects-곤충을 먹는 축제

Well, low-carb diets are currently all the rage, but a new culinary trend could just be around the corner for those adventurous eaters out there. A weekend food festival in Johannesburg, South Africa, has a variety of insects on the menu. How about termites with chocolate sauce or stinkbug pizza? The event's organizer say he is trying to convert tourists to the country's insect-eating culture. Mopani worms are eaten widely all over South Africa.

▌ 어휘: feast on ~을 마음껏 즐기다　　low-carb 저탄수화물　　be all the rage 대유행이다
　　　　culinary 요리의　　　　　　　　stinkbug 방귀벌레

▌ 모범 번역: 저탄수화물 식사가 대유행인 요즈음, 세상의 먹는 것에 대해서 모험적인 사람들에게는 요리의 새로운 유행이 다가오고 있는지도 모릅니다. 남아프리카공화국의 요하네스버그에서 열린 주말의 음식축제에서는 여러 가지 곤충들이 메뉴에 실려 있습니다. 초콜릿소스를 뿌린 흰개미 또는 방귀벌레 피자는 어떨지? 행사 주최자는 관광객들이 시선을 이 나라의 곤충 먹는 문화에 관심을 갖도록 한다고 말합니다. 모파니 벌레는 남아프리카 전역에서 널리 사람들이 먹고 있습니다.

3. Warning Put on Antidepressants-항우울제에 대한 FDA의 경고

A troubling warning tonight from the Food and Drug Administration. The FDA today ordered drug manufacturers to place a so-called "black box" warning label on all antidepressant medications-all of them-detailing an increased risk of suicidal thoughts among children and adolescents. The "black box" warning is the government's strongest safety alert. It does not prohibit the use of antidepressant in children but does urge medical professionals to carefully consider the heightened risk before prescribing certain drugs to children.

▌어휘: antidepressant 항우울제   suicidal thoughts 자살 생각
　　prescribe A to B A(약, 요법)를 B(사람)에게 처방하다
　　adolescent 10대 젊은이   alert 경보
　　urge ... to do ...에게 ~하도록 설득하다   prohibit ~을 금지하다

▌모범 번역: 오늘밤은 미국식품의약국(FDA)으로부터 논란의 여지가 있을만한 경고에 대해 전합니다. FDA는 오늘 제약회사에 대해 모든 항우울제에 이른바 '블랙박스'라는 경고라벨을 붙이도록 지시했습니다. 모든 항우울제에 대해 아이들과 10대 젊은이들 사이에서 자살생각의 위험성이 높아진다는 사실을 상술한 것입니다. '블랙박스'는 정부의 가장 강력한 안전에 대한 경고표시입니다. 이 경고는 아이들의 항우울제 복용을 금지하는 것은 아니지만 높아진 위험성을 충분히 고려한 후 특정 약을 아이들에게 처방하도록 의사에게 촉구하는 것입니다.

4. The 9/11 Commission Report-9.11위원회 보고서

And the 9/11 Commission's report is a success, at least for publishers. Another 200,000 copies have been ordered. The book has hit the top of Amazon.com's nonfiction best seller list and is No.1 at Barnes & Noble as well. There's also a plan to translate the report into four languages, including Arabic. For those who don't want to spend the 10 bucks, the full text of the report is available both on the Commission's website and on CNN.com.

▌어휘: commission (특정 권능을 가진) 위원회   copy (책 등의) 1부, 1권
　　translate A into B A를 B로 번역하다   buck 달러

▌모범 번역: 한편, 9.11위원회보고서가 적어도 출판사에게는 성공을 거두고 있습니다. 20만부가 추가로 주문되

었습니다. 이 책은 온라인서점 아마존의 논픽션부문 베스트셀러 리스트에서 정상에 차지하고 반스앤노블 서점에서도 1위가 되었습니다. 이 보고서를 아라비아어를 포함한 4개 국어로 번역할 계획도 있습니다. 이 책에 10달러나 내고 싶지 않다는 사람들을 위해서 보고서 전문은 9/11위원회의 웹사이트 및 CNN웹사이트에서 입수할 수 있습니다.

5. Mother knows Best?-엄마가 제일 박식한 사람?

British men think their mother knows best. More than half men between the ages of 18 and 24 ask mom for medical advice, according to a survey. Forty-four percent of those between 25 and 34 still go to mom. And 30 percent of men between 35 and 44 trust their mother when it comes to their healthcare. Are you listening, Dr. Gupta? You couldn't make very much money in Britain if this is the case. Men detest seeking medical advice so much over there, 25 percent of them say they prefer shopping - which is worse than going to the dentist as far as I'm concerned. And 7 percent said they'd actually rather visit their mother-in-law than go to the doctor.

▮ 어휘: When it comes to ~의 문제라면　　　　detest doing ~하기를 매우 싫어한다
　　　know best 무엇을 해야 할지 제일 잘 알고 있다.
　　　as far as ... be concerned …에 관한 한　　　mother-in-law 장모

▮ 참고사항: 세 번째 문장의 those는 men을 말하는 말이다. 다섯, 여섯 번째 문장은 CNN에서 건강에 대한 정보를 제공하는 의학 전문기자 Gupta에게 앵커가 농담을 던지고 있다.

▮ 모범 번역: 영국남성은 어머니가 제일 박식하다고 생각합니다. 어떤 조사에 따르면, 18~24세 남성의 반 이상이 어머니에게 건강상의 조언을 구한다고 합니다. 그리고 25~34세 남성의 44%가 여전히 어머니를 찾아갑니다. 그리고 35~44세 남성의 30%가 그들의 건강관리에 관해서는 어머니를 신뢰합니다. 듣고 있나요? 굽타선생님? 만약 이것이 사실이라면 영국에서는 별로 돈벌이가 되지 않을 것 같습니다. 영국 남성은 의사에게 건강상의 조언을 구하는 것을 아주 싫어해서 25%의 남성이 쇼핑가는 것이 낫다고 말합니다. 하지만 이것은 내가 생각하기에 치과에 가는 것보다 싫은 것입니다. 또한 7%는 병원에 가기보다 오히려 장모를 찾아가고 싶다고 했다고 합니다.

6. Setback to Democracy in H.K.-홍콩 민주화에 제동

Well, according to a Hong Kong delegate, a Chinese legislative committee has voted to rule out full direct elections in Hong Kong in 2007 and 2008. Such a decision would be seen as a setback by many

Hong Kong residents, who want to elect their own leaders. The delegate said any democratic reforms in the territory must come gradually. China angered many in Hong Kong earlier this month when it ruled that electoral reforms there must be approved in advance by the Chinese government.

▎어휘: setback 방해, 패배 　　　　legislative 입법정부의　　　　territory (관할)구역

▎모범 번역: 홍콩의 한 대의원에 따르면 중국입법위원회는 2007년과 2008년에 홍콩에서 완전한 직접선거를 금지할 것을 가결했다고 합니다. 이러한 결정은 자신들의 지도자를 선출하고 싶은 많은 홍콩시민들에게는 방해로 보일 것입니다. 이 대의원은 홍콩에서 어떠한 민주개혁도 시간을 들여서 이루어져야 한다고 말합니다. 홍콩에서의 선거제도개혁은 사전에 중국정부의 승인을 얻어야 한다고 결정하여 중국은 이번 달 초부터 홍콩의 많은 시민의 노여움을 샀습니다.

7. Locked Up in the Land of the Free-자유의 땅에서 투옥

Here in the Land of the Free, we put people in prison at a higher rate than any country on Earth: 2.1 million of us are currently incarcerated, which works out to one in every 138 Americans in the joint. The government reports that we were locking people up at the rate of 900 folks a week last year. Here's a bit of a breakdown: 61 percent of the prison inmates are racial or ethnic minorities. This is scary: 6 percent of all black men in their late twenties are in prison; 3.6 percent of all Hispanic men in their twenties are in prison; 1.7 percent of all white men in the twenties are in prison.

▎어휘: lock up.../lock...up ~을 감금하다, 교도소에 넣다
　　　incarcerate ~을 투옥하다　　　　　　breakdown 분석, 분류
　　　put.. in prison … 을 투옥하다　　　　work out (숫자가) 합계 ~이 되다.
　　　the joint 교도소　　　　　　　　　　racial 인종의
　　　scary 무서운, 두려운

▎모범 번역: 이곳 자유의 나라에서는 세계에서 가장 높은 비율로 미국민이 투옥되고 있습니다. 즉, 현재 210만 명이 투옥되어 있는데 미국인 138명 중 한명이 교도소에 있는 셈입니다. 정부의 보고에 따르면 작년에는 일주일에 900명꼴로 교도소로 보내졌다고 합니다. 여기에 분석 자료의 극히 일부가 있는데 수감자의 61%는 소수인종과 소수민족입니다. 이것은 끔직한 일입니다. 20대 후반 흑인 남성의 6%, 20대 라틴 아메리카계 남성의 3.6%, 20대 백인남성의 1.7%가 현재 수감 중입니다.

8. Library Legacy-도서관 기부

In an age when we're all in debt—and we are: credit cards, mortgages, car loans, college loans, et cetera—here's a refreshing story about the value of living within your means. George Kyle worked 46 years as a clerk for the St. Louis Missouri Public Library. There's old George. He never made more than $18,000 a year. Coworkers say he ate the same thing for lunch every day for 46 years: a bologna sandwich on white bread, with two graham crackers. But he saved his money. And when he died two years ago at the age of 88, he left the library a gift of $350,000. He wants the money to be used to buy books.

❙ 어휘: legacy 유산　　　　　　　mortgage 주택융자　　　　et cetera 기타 등등
　live within one's means 수입의 범위 내에서 생활하다
　bologna 볼로냐 쇠고기 돼지고기로 만든 소시지

❙ 모범 번역: 신용카드, 주택자금대출, 자동차 대출, 학자금 대출 등으로 누구나가 빚을 지고 있는 시대에 여기 수입의 범위 내에서 생활하는 중요성을 가르쳐 주는 기분 좋은 뉴스를 전합니다. 조지 카일 씨는 세인트루이스 미주리 공공도서관 직원으로서 46년간 근무했습니다. 이분이 조지 아저씨. 그는 연간 18,000달러 이상 버는 일은 없었습니다. 동료들에 따르면 그는 46년간 매일 점심식사로 같은 것을 먹었다고 합니다. 그것은 흰 빵의 볼로냐 샌드위치와 통밀 크래커 2조각입니다. 그러나 그는 저축을 하고 있었습니다. 그리고 2년 전에 88세로 죽었을 때 그는 도서관에 35만 달러의 기부를 남겼습니다. 그는 그 돈이 책 구입에 쓰이기를 원했습니다.

9. Crackdown on Poachers in Colombia-콜롬비아의 밀렵자 단속

Police in Colombia are cracking down on poachers of exotic animals. Officers confiscated more than 200 Caiman skins in the Santander Province this week. Poachers typically transport the skins to cities around Columbia. They are sold on the black market to buyers in Japan, Europe and the United States. The skins are used to make shoes, wallets and other products. A Colombia conservation group says the crackdown has helped reduce trafficking.

❙ 어휘: crackdown 단속　　　　　　　　poacher 밀렵자
　crack down on ~을 엄격하게 단속하다　　confiscate ~을 몰수하다

province 도, 주, 성	transport A to B A를 B로 운반하다
black market 암시장	trafficking 밀매(cf. drug trafficking)

▌모범 번역: 콜롬비아 경찰은 희귀동물 밀렵자를 엄격하게 단속하고 있습니다. 경찰은 이번 주 산탄데르주에서 카이만 악어가죽을 200점 이상 압수했습니다. 밀렵자들은 콜롬비아의 주요 도시에 보통 가죽을 수송합니다. 이 가죽들은 일본, 유럽, 미국의 암시장에서 구매자들에게 팔립니다. 가죽을 구두, 지갑, 그리고 다른 제품들을 만드는데 사용합니다. 콜롬비아의 한 동물보호단체에 따르면 단속은 밀매감소에 도움이 되었다고 합니다.

10. More People Need More Sleep-미국인은 수면부족

And catch up on your winks. Yep, that's right. That's the advice from the National Sleep Foundation. Most American average just under seven hours a night, when some experts say we should be getting as many as nine hours a night. The lack of sleep can cause problems in health, on the road, in the workplace and in your personal life. And, Bill, one tip to try and sleep more every night: no caffeine after 2 p.m.

▌어휘: catch up on ~뒤처진 것을 만회하다	winks 잠깐 눈을 붙임, 선잠
foundation 재단	average 평균해서 ~이 되다
as many as (만큼)도	on the road 운전 중에

▌참고사항: 마지막 문장의 Bill은 아메리칸 모닝의 앵커 Bill Hemmer로 그를 부르고 있다. 그리고 one tip to try and sleep more...은 one tip to help you to try and sleep more...이라고 생각하면 이해하기 쉽다.

▌모범 번역: 수면부족을 보충하라. 그렇습니다. 이것은 전국수면재단의 충고입니다. 대부분의 미국인의 평균수면시간은 하루 7시간 이하지만, 일부 전문가에 따르면 하루 9시간 정도는 취해야 한다고 합니다. 수면부족은 건강에, 운전 중에, 직장에서, 그리고 사생활에 있어서 문제를 일으킬 수밖에 없습니다. 그리고 빌, 매일 밤 더 많이 자기 위한 비결은 오후 2시 이후에 카페인을 섭취하지 않는 것이라고 합니다.

11. Cause of King Tut's Death-투탄카멘왕의 사인

And perhaps some more clues to the ancient past. An archeologist in Egypt reportedly has some new information on King Tut. Tests done on King Tut's mummy indicate the boy king was not murdered but he may have suffered a badly broken leg that could have become infected. He died at the age of 19. King Tut's short life has fascinated tourists for years and years, but it turns out the mystery has been solved and he might have died of something as unromantic as a broken leg.

▎어휘: Tut =Tutankhamen 투탄카멘 　(be) infected 감염되다.
　archeologist 고고학자　　　　fascinate ~을 매혹하다
　indicate ~임을 나타내다　　　turn out ~로 드러나다. 판명되다
　murder ~을 살해하다　　　　unromantic 현실적인

▎모범 번역: 어쩌면 고대사의 비밀을 푸는 단서가 몇 가지 추가될지도 모릅니다. 전해지는 바에 의하면 이집트의 어느 고고학자가 투탄카멘왕에 관한 새로운 정보를 입수했다고 합니다. 투탄카멘왕의 미이라 분석결과에 따르면 이 소년왕은 살해된 것이 아니라 다리를 심하게 골절하여 감염증을 일으켰을 것이라고 합니다. 그는 19세의 나이로 사망했습니다. 투탄카멘왕이 어려서 죽은 것은 오랫동안 관광객을 매료해 왔으나 결국 그 비밀은 풀렸고 다리 골절이라는 현실적인 원인으로 죽었을지도 모른다는 결과가 되었습니다.

12. Monet Painting Auctions for $20 million

And in New York, money was no object when it came to a Monet. The painting was among dozens of Impressionists and modern art pieces auctioned at Christie's Auctions House last night. This one sold for about $20 million, the highest price tag of the night. The piece captures London's Houses of Parliament surrounded by fog. Sounds like a lot of dough, but, Bill, (people)are really concerned the art market might have topped out. There was a Van Gogh that was expected to go for $12 million; only went for 11.2million. Hmm, makes you wanna cry.

▎어휘: auction 경매하다　　　　　　　top out (가격 등이) 절정에 달하다
　when it comes to ~에 관해서는　　　go for ~가격으로 팔리다.
　impressionist 인상파 화가　　　　　capture 포착하다
　dough 현금, 금

▎모범 번역: · 원문의 the piece는 London, the Parliament, Effects of Sun in the Fog(런던의사당)이라는 이름으로 알려진 1904년 작품이다.
　· 다섯 번째 문장의 Bill은 빌이라는 앵커를 부르는 것이다. 영어 원문이 CNN의 뉴스에서 추출 한 것이라서 비교적 구어체와 리포터의 자연스러운 발화가 덧붙여져 있다.

▎모범 번역: 뉴욕에서의 모네의 그림은 돈이 문제가 아니었습니다. 그 그림은 어젯밤 크리스티 경매에 붙여진 많은 인상파 그림과 현대 미술작품 중의 하나였습니다. 그림은 약 2,000만 달러에 팔려 그날 밤 최고 가격이 되었습니다. 이 작품은 안개에 둘러싸인 런던의 국회의사당을 묘사했습니다. 매우 비싸다고 생각되겠지만, 빌, (사람들은) 미술시장이 한계에 달했는지도 모른다고 걱정합니다. 경매에서는 반 고흐의 그림도 있어 1,200만 달러로 팔릴 거라고 예상되었는데 겨우 1,120만 달러로 팔렸습니다. 이것은 우리들을 눈물 나게 합니다.

정리하기

1. Cause of King Tut's Death-투탄카멘왕의 사인

   And perhaps some more clues to the ancient past. An archeologist in Egypt reportedly has some new information on King Tut. Tests done on King Tut's mummy indicate the boy king was not murdered but he may have suffered a badly broken leg that could have become infected. He died at the age of 19. King Tut's short life has fascinated tourists for years and years, but it turns out the mystery has been solved and he might have died of something as unromantic as a broken leg.

   ▌모범 번역: 어쩌면 고대사의 비밀을 푸는 단서가 몇 가지 추가될지도 모릅니다. 전해지는 바에 의하면 이집트의 어느 고고학자가 투탄카멘왕에 관한 새로운 정보를 입수했다고 합니다. 투탄카멘왕의 미라 분석결과에 따르면 이 소년왕은 살해된 것이 아니라 다리를 심하게 골절하여 감염증을 일으켰을 것이라고 합니다. 그는 19세의 나이로 사망했습니다. 투탄카멘왕이 어려서 죽은 것은 오랫동안 관광객을 매료해 왔으나 결국 그 비밀은 풀렸고 다리 골절이라는 현실적인 원인으로 죽었을지도 모른다는 결과가 되었습니다.

2. Monet Painting Auctions for $20 million

   And in New York, money was no object when it came to a Monet. The painting was among dozens of Impressionists and modern art pieces auctioned at Christie's Auctions House last night. This one sold for about $20 million, the highest price tag of the night. The piece captures London's Houses of Parliament surrounded by fog. Sounds like a lot of dough, but, Bill, (people) are really concerned the art market might have topped out. There was a Van Gogh that was expected to go for $12 million; only went for 11.2million. Hmm, makes you wanna cry.

   ▌모범 번역: 뉴욕에서의 모네의 그림은 돈이 문제가 아니었습니다. 그 그림은 어젯밤 크리스티 경매에 붙여진 많은 인상파 그림과 현대 미술작품 중의 하나였습니다. 그림은 약 2,000만 달러에 팔려 그날 밤 최고 가격이 되었습니다. 이 작품은 안개에 둘러싸인 런던의 국회의사당을 묘사했습니다. 매우 비싸다고 생각되겠지만, 빌, (사람들은) 미술시장이 한계에 달했는지도 모른다고 걱정합니다. 경매에서는 반 고흐의 그림도 있어 1,200만 달러로 팔릴 거라고 예상되었는데 겨우 1,120만 달러로 팔렸습니다. 이것은 우리들을 눈물 나게 합니다.

평가하기

* 다음 기사문을 적절하게 번역하시오.

Library Legacy -도서관 기부

In an age when we're all in debt—and we are: credit cards, mortgages, car loans, college loans, et cetera—here's a refreshing story about the value of living within your means. George Kyle worked 46 years as a clerk for the St. Louis Missouri Public Library. There's old George. He never made more than $18,000 a year. Coworkers say he ate the same thing for lunch every day for 46 years: a bologna sandwich on white bread, with two graham crackers. But he saved his money. And when he died two years ago at the age of 88, he left the library a gift of $350,000. He wants the money to be used to buy books.

▮ 모범 번역: 신용카드, 주택자금대출, 자동차 대출, 학자금 대출 등으로 누구나가 빚을 지고 있는 시대에 여기 수입의 범위 내에서 생활하는 중요성을 가르쳐 주는 기분 좋은 뉴스를 전합니다. 조지 카일 씨는 세인트루이스 미주리 공공도서관 직원으로서 46년간 근무했습니다. 이분이 조지 아저씨. 그는 연간 18,000달러 이상 버는 일은 없었습니다. 동료들에 따르면 그는 46년간 매일 점심식사로 같은 것을 먹었다고 합니다. 그것은 흰 빵의 볼로냐 샌드위치와 통밀 크래커 2조각입니다. 그러나 그는 저축을 하고 있었습니다. 그리고 2년 전에 88세로 죽었을 때 그는 도서관에 35만 달러의 기부를 남겼습니다. 그는 그 돈이 책 구입에 쓰이기를 원했습니다.

21차시 문학작품 번역 연습

학습 내용

(1) 소설 텍스트 번역 이해
(2) 소설 텍스트 번역 실습

사전 평가

* 다음 문장을 자연스럽게 번역하시오.

(1) Being the third son of the family and not bred to any trade, my head began to be filled very early with rambling thoughts.
┃모범 번역: 셋째로 태어나 이렇다 할 직업도 가져 본 일이 없이 자란 나는 일찍부터 방랑해 보고 싶은 생각에만 사로잡히기 시작했다.

(2) My father, who was very ancient, had given me a competent share of learning, as far as house-education and a country free school generally go, and designed me for the law.
┃모범 번역: 아버지는 아주 완고한 분이어서 나를 꽤 많이 공부시켜 주셨다. 하기야 가정교육과 시골의 월사금이 없는 학교의 교육에 지나지 않았지만, 그분은 나를 법관으로 만들 계획이었다.

(3) But I would be satisfied with nothing but going to sea and my inclination to this led me so strongly against the will, nay, the commands of my father, and against all the entreaties and persuasions of my mother and other friends, that there seemed to be something fatal in that propensity of nature, tending directly to the life of misery which was to befall me.
┃모범 번역: 그러나 내게는 배를 타는 것만이 소원이었다. 이처럼 바다에 대한 갈망이 너무나 심했기 때문에 아버지의 뜻, 아니 명령까지 거역하고 어머니와 친구들의 간청과 설득도 모두 물리쳤다. 이 타고난 외고집이 나를 비참한 생애로 몰아간 어떤 숙명이었던 것처럼 생각된다.

이번에는 Daniel Defoe의 『로빈슨 크루소』(*Robinson Crusoe*) 영어 소설을 연구중심 자료로 다수의 한글 번역본 가운데 김병익 역. 2004(개정판). 문학세계사와 박혜령 역. 1993. 서울: 홍신문화사, 박영의 역 2001년을 중심으

로 비교, 검토하였고 번역평가 차원에서 본 연구자의 의견도 함께 서술하였다.[20]

(1) ST: **Being the third son of the family and not bred to any trade**, my head began to be filled very early with rambling thoughts. My father, who was very ancient, **had given me a competent share of learning, as far as house-education and a country free school generally go**, and designed me for the law; but **I would** be satisfied with nothing but going to sea and my inclination to this led me so strongly against the will, nay, the commands of my father, and against all the entreaties and persuasions of my mother and other friends, that there seemed to be something fatal in that propensity of nature, **tending directly to the life of misery which was to befall me**. (Robinson Crusoe, 5)

TT1: 셋째로 태어나 이렇다 할 직업도 가져 본 일이 없이 자란 나는 일찍부터 방랑해 보고 싶은 생각에만 사로잡히기 시작했다. 아버지는 아주 완고한 분이어서 나를 꽤 많이 공부시켜 주셨다. 하기야 가정교육과 시골의 월사금이 없는 학교의 교육에 지나지 않았지만, 그분은 나를 법관으로 만들 계획이었다. 그러나 내게는 배를 타는 것만이 소원이었다. 이처럼 바다에 대한 갈망이 너무나 심했기 때문에 아버지의 뜻, 아니 명령까지 거역하고 어머니와 친구들의 간청과 설득도 모두 물리쳤다. 이 타고난 외고집이 나를 비참한 생애로 몰아간 어떤 숙명이었던 것처럼 생각된다. (로빈슨 크루소 김병익 역 4)

TT2: 나는 셋째 아들로 태어났고, 그 어떠한 직업교육도 받지 못했다. 내 머릿속에는 일찍부터 '방랑'이란 말이 꽉 들어차 있었다. 부친은 그때 이미 나이가 많았으나 나에게 가정교육은 물론, 그 지방학교들의 수준에 떨어지지 않는 교육을 받게 해주었고, 장차 나를 법률가로 만들 작정을 하고 있었다. 그런데 나는 선원이란 직업 말고는 만족할 만한 일이 없다고 생각했다. 이러한 내 생각은 부친의 의지 – 의지라기보다는 명령 – 또는 모친이나 친구들의 간곡한 설득에도 꺾이지 않을 정도로 강력했다. 그러나 결국은 내가 지고 말았지만······. 그런데 한편으론 그저 불행한 생활 속으로만 빠져들어 가는 이런 성미도, 어찌 보면 하늘에서 내려준 운명을 사람의 힘으로는 도저히 거역할 수 없기 때문에 갖게 된 것이 아닐까 생각되기도 했다. (박혜령 역 4)

---

[20] 필자의 번역은 하나의 대안일 뿐이며 모범 번역은 아닐 수 있음을 미리 밝혀둔다.

『로빈슨 크루소』는 흔히 아동문학의 고전정도로 이해되고 있으므로 번역이 쉬울 것 같지만, 실제 텍스트는 만만하지 않은 작품이다. 18세기 특유의 문어체와 긴 호흡을 가지고 있고 구문과 의미 등이 현대어와 달라진 경우가 있어 상당한 주의를 요한다.

원문의 첫 번째 문장이 분사구문으로 시작되고 있는데 TT1에서는 이유, 원인의 분사구문을 뒤의 주절과 연결해서 번역하였으며 TT2에서는 "나는 셋째 아들로 태어났고, 그 어떠한 직업교육도 받지 못했다"로 문장을 끊어서 처리하여서 그 뒤의 주절과 자연스럽게 연결되지 않는 번역이 되고 말았다.

두 번째 문장은 주인공의 아버지의 교육에 대한 열의를 보여주는 부분인데, TT1에서는 '하기야 가정교육과 시골의 월사금이 없는 학교의 교육에 지나지 않았지만'이라고 한 부분은 원문의 의미를 오역한 해석인데, "as far as house-education and a country free school generally go" 구문은 '－만큼이나, －할 정도로'로 의미를 파악해서 나름대로 아버지께서 최대한도로 학습을 시키신 것으로 이해해야 한다. '나의 아버지는 상당한 정도의 교육을 나에게 시켜주셨는데, 가정교육과 시골의 무료학교도 보내주셨다.'의 번역이 의미상 부합된다.

원문의 조동사 "would"는 과거의 주어의 강한 고집, 의지를 나타낸다. TT2의 "－외에는 만족할 만한 일이 없다고 생각했다"의 번역은 직역으로서 주인공의 간절함이 느껴지지 않는다. 원문의 마지막 분사 구문 "tending directly to the life of misery which was to befall me"을 TT2의 번역에서 "어찌 보면 하늘에서 내려준 운명을 사람의 힘으로는~" 원문에 없는 부분을 역자가 의미보충을 위하여 추가하였는데 오역이라 할 수 있다.

TT1에서는 해석 순서가 적절하지 않다. 이 분사구문을 앞의 that절의 결과로 해석해서 '내 인생을 비참하게 몰아가게 될 것이다'로 표현하면 자연스럽게 맥락에 부합된다. 품사 명사인 'misery'를 부사로 치환하여 번역하였다.

(2) ST: My father, a wise and grave man, gave me serious and excellent counsel **against what he foresaw was my design**. He called me one morning into his chamber, where he was confined by the gout, and expostulated very warmly with me upon this subject. He asked me what reasons, more than a mere wandering inclination, I had for leaving father's house and my native country, where I **might be well introduced**, and had a prospect of raising my fortune by application and industry, with a life of ease and pleasure. (Robinson Crusoe, 6)

TT1: 아버지는 현명하고 엄격한 분이어서 내 계획을 미리 알아차리시고 그것을 말리려고 진지하고도 조리 있게 충고해 주셨다. 중풍으로 꼼짝 못하는 아버지는 어느 날 아침 나를 자기 방으로 불러 이 문제에 대해 너그럽고 따뜻하게 타이르셨다. "난 널 좋은데 취직도 시켜주겠다. 네가 의욕과 근면으로 일하면 돈을 벌어 편안하고 즐거운 생활을 할 수 있다. 그런데도 집과 고향을 떠나려 하다니 그건 방랑벽 아니면 무엇이겠느냐?" (로빈슨 크루소 김병익 역 5)

TT2: 부친은 분별 있고 성실한 분이었다. 또한 내가 무엇을 생각하고 있는지를 훤히 알고 있어 나에게 적절하고 훌륭한 충고를 해주었다. 부친은 어느 날 아침 나를 그의 방으로 불러들여 이 문제에 관해서 간곡하게 타일렀다. 이 나라 안에 있으면 훌륭한 사람들과 알게 되고 또 성실하게 일하면 재산도 모으고, 따라서 안락한 생활을 할 수 있을 텐데 이것을 마다하고 고국을 떠나겠다는 이유가 도대체 무엇이냐, 단지 방랑을 해보겠다는 그런 어리석은 이유밖에 더 있느냐는 것이었다. (박혜령 역 5)

TT3: 아버지는 현명하고 엄격한 분이어서 내 계획을 미리 알아차리고서 그것을 말리려고 진지하고도 적절한 충고를 해 주셨다. ------누락------ "난 널 좋은데 취직도 시켜 주겠다. 네가 근면하고 성실하게 일하면, 편안하고 즐거운 생활을 할 수 있는데 왜 집과 고향을 떠나려 하니?" (박영의 역 5)

먼저 TT1에서 아버님의 충고부분에서 원문의 후반부 부분에서부터 거슬러 번역을 하였는데 의외로 자연스러움을 주고 있으며 그래서 "I might be well introduced"라는 부분이 아버님의 충고가 처음 시작되는 부분에서 "난 널 좋은데 취직도 시켜 주겠다"라는 해석으로 나오는데 다소 의미를 의역하였는데 번역가의 의도가 느껴지는 대목이다.

원문의 "expostulated very warmly" 부분을 TT1에서는 '너그럽게'라는 부

사를 추가시킴으로서 의미를 더욱 살려주었다. 아버지가 아들에게 타이르는 대목인데 '따뜻하게'라는 부사만으로는 분위기를 나타내는데 다소 부족하기 때문이다. 그리고 TT1에서는 아버지가 말씀하는 대목을 직접화법으로 처리하여 생생한 느낌을 나타내려 하였다.

TT2에서는 "I might be well introduced"라는 부분을 "훌륭한 사람들과 알게 되고"라는 표현으로 번역하였는데 다소 직역투가 느껴진다. 이 부분은 번역을 하는데 있어 번역가의 개입이 필요한 부분이다. 주인공 로빈슨이 아버지의 덕택으로 여러 사람들에게 얼굴이 알려지고 그래서 좀더 편안한 생활을 할 수 있다는 의미가 암시되어 있다. "against what he foresaw was my design" 부분을 "내가 무엇을 생각하고 있는지를 훤히 알고 있어"라고 번역하였는데 아버지가 아들의 심중을 이미 간파하고 있다는 의미를 잘 드러내고 있다.

TT3에서는 일부 번역이 누락되어 있는데 번역가의 윤리의식이 필요한 부분이다. 번역가는 충실하게 원문을 전달해야 하는 의무가 있다. 전체적으로 번역이 엉성하며 많이 생략한 부분이 눈에 띈다. 그리고 마지막 문장의 번역에서 "왜 집과 고향을 떠나려 하니?"의 우리말 표현이 아들을 꾸중하는 분위기에서 어투가 다소 어색하다. 아버지의 충고가 시작되는 부분과 맥을 같이 하는 어법으로 '왜 집과 고향을 떠나려 하는 거냐?'의 방법이 더욱 자연스럽다.

> (3) ST: He told me **it was men of desperate fortunes on one hand, or of aspiring, superior fortunes on the other, who went abroad upon adventures, to rise by enterprise, and make themselves famous in undertaking of a nature out of the common road; that these things were all either too far above me or too far below me**; that mine was the middle state, or what might be called the upper station of low life, which he had found, by long experience, was the best state in the world, the most suited to human happiness, not exposed to the miseries and hardships, the labour and sufferings of the mechanic

part of mankind, and not embarrassed with the pride, luxury, ambition, and envy of the upper part of mankind. (Robinson Crusoe, 6)

TT1: 모험을 찾아 바다를 항해하면서 기발한 일로 이름을 날리려는 자들이란 극심한 절망에 빠진 사람이거나 아니면 야심만만하고 재산이 굉장히 많은 모험가다. 그런 계획은 네 손이 닿을 수 없는 거다. 너는 중간층이 아니면 하류의 상층이라 할 신분을 가지고 태어났는데, 이것은 오랜 경험으로 보아 이 세상에서 가장 좋은 신분으로 사람의 행복에 가장 알맞은 계층이다. 천한 일을 해야 하는 사람들이 겪어가야 할 가난과 고역, 노동과 고통을 겪지 않을 것이고 상류계급처럼 오만이나 호사, 야심이나 질투로 고민할 필요도 없다. (김병익 역 5)

TT2: 부친의 생각을 말한다면, 자포자기한 사람이나 또는 특별히 좋은 환경에 있는 사람들이 한번 그 이름을 세상에 떨쳐보겠다고 해서 나라밖으로 나가는 것이지, 아무나 함부로 나가는 것이 아니라는 거였다. 그리고 이런 일들은 어느 것이든 나로서는 도저히 넘겨다 볼 수 없는 아주 고급의 것이거나 반대로 아주 저급의 것으로서, 나에게 알맞은 것은 그 중간, 즉 상류층보다는 조금 낮고 서민층보다는 조금 높은 정도의 것이라는 말씀이었다. 부친은 또한 이것이 이 세상에서 가장 좋은 경우이고, 인간의 행복이란 관점에서 볼 때도 가장 알맞은, 가장 실속 있는 경우라고 주장하셨다. 육체노동을 하는 하류층 사람들처럼 비참과 곤란에 부딪힐 염려가 없고, 또 상류층 사람들처럼 오만, 사치, 야심, 질시 등과 같은 악덕을 경험하지 않아도 되며, 그것도 부친 자신이 오랜 삶에서 얻은 소중한 경험에 의해서 증명된 일이라는 것이었다. (박혜령 역 5)

TT3: 모험을 찾아 바다를 항해하면서 기발한 일로 이름을 날리려는 사람들이란, 극심한 절망에 빠진 사람이거나, 아니면 야심만만하고 재산이 굉장히 많은 야심가이다. 그런 계획은 내 손이 닿을 수 없는 거다. 너는 중류층이 아니면 하류의 상층이라 할 신분을 가지고 태어났는데, 이것은 오랜 경험으로 보아 이 세상에서 가장 좋은 신분으로 사람의 행복에 가장 알맞은 계층이다. 천한 일을 해야 하는 사람들이 겪어야 할 가난과 고역, 노동과 고통을 겪지 않을 것이고, 상류계급처럼 오만이나 사치, 야심이나 질투로 고민할 필요도 없다. 이 한 가지 사실만으로도 우리 신분이 얼마나 행복한가를 너는 판단할 수 있을 거다. 바로 이런 신분은 다른 계급의 사람이 모두 부러워하는 거야." (박영의 역 6)

이 대목은 아버지가 바다로 나가려는 아들을 어떻게 해서든지 설득해서 마음을 돌리려고 애쓰는 상황인데 문장의 호흡이 길며 위의 원문 전체를 하나의 의미의 덩어리로 번역가는 일관성 있는 주제를 표현할 수 있어야 한다. 문장의 앞부분은 크게 'It be — that —' 강조구문이 들어가 있는데 일단 이 점을 파악했다 하더라도 문장 내부가 길게 늘어져 있어서 적절하게 잘라야 한다.

"it was men of desperate fortunes on one hand, or of aspiring, superior fortunes out of the common road." 부분은 TT1과 TT3의 번역이 비슷한데 동일 작품의 번역에 있어서 앞서 출판된 번역물의 내용을 번역가가 그대로 모방하는 사례가 적지 않다. 번역가의 직업적 윤리의식이 요구되는 부분이다. TT1과 TT3 모두 첫 부분의 강조구문을 그 의미를 살려서 'who went abroad upon adventures~' 뒷부분에서부터 거슬러 해석하였다.

우선 원문의 진하게 표시되어 있는 부분은 하나의 호흡으로 파악하여 의미가 단절됨이 없이 자연스러운 번역이 요구되는 부분이다. 특히 "that these things were all either too far above me or too far below me"에서 대명사 'me'의 우리말 처리를 보면 TT1에서는 "네 손이 닿을 수 없는 거다"라고 하였는데 원문은 아버지가 주인공에게 말씀하신 부분을 간접화법으로 나타내고 있지만 TT1과 TT3의 번역문은 직접화법으로 나타내고 있으므로 이때 'me'의 해석은 주인공인 '너'가 되는 셈이다.

TT1의 해석은 원문의 의미를 단순화시켜 나타냈는데 의미의 재현에 다소 무리가 있다. 그러면 TT3의 '그런 계획은 내 손이 닿을 수 없는 거다'의 번역은 대명사 부분이 오역되어 있다고 할 수 있다. TT2는 원문처럼 간접화법으로 번역을 표현하였는데 문장의 말미를 '~라는 거였다. ~라고 주장하셨다.'라는 식으로 표현한 점이 두드러진다. 그리고 "가장 실속 있는 경우라고 주장하셨다", "아무나 함부로 나가는 것이 아니라는 거였다"라는 부분은 번역가의 생각이 개입된 부분이다.

TT3의 마지막 번역부분 "이 한 가지 사실만으로도 우리 신분이 얼마나 행복한가를 너는 판단할 수 있을 거다. 바로 이런 신분은 다른 계급의 사람이 모두 부러워하는 거야"는 번역가가 내용을 강조하기 위해 원문에 없는 문장을 추가적으로 삽입된 부분인데 지나친 비약이라고 할 것이며 오역에 해당된다.

(4) ST: **He bade me observe it, and I should always find** that the calamities of life were shared among the upper and lower part of mankind, but that the middle station had the fewest disasters, and was not exposed to **so many vicissitudes** as the higher or lower part of mankind; nay, they were not subjected to so **many distempers** and uneasinesses, either of body or mind, as those were who, by **vicious living**, luxury, and extravagances on the one hand, or by hard labour, want of necessaries, and mean or insufficient diet on the other hand, **bring distemper upon themselves by the natural consequences of their way of living**. (Robinson Crusoe, 9)

TT1: "네가 잘 살펴보면 알겠지만, 인생의 재앙은 상류층과 하류층에 일어나기 마련이고, 중류층은 거의 재난을 겪지 않는다. 상·하류층처럼 덧없이 변하는 인생의 소용돌이도 겪지 않는다. 이를 테면, 중류층은 심신을 아울러 별다른 사고나 불행을 당하지 않는다. 그러나 도덕을 거슬러 살고 사치를 부리는 사람들, 그와 반대로 고된 노동을 하며, 나날의 양식이나 생활 필수품이 모자라는 사람들은, 바로 그네들의 살림 탓으로 수난을 겪게 된다. (로빈슨 크루소 김병익 역 7)

TT2: 부친은 또 신중히 생각해 보면 다음과 같은 것을 꼭 알게 될 것이라고 나에게 말한 적이 있다. 즉 이 세상의 재난이란 그 태반이 상층과 하층계급 사람들의 것이고, 중간층에 있는 사람들은 재난을 당하는 일이 제일 적을 뿐만 아니라 아침에 흥했다가 저녁에 망하는 터무니없는 신세의 변화가 없어서 좋다는 것이었다. 게다가 상류층 사람들처럼 배덕적인 생활이나 사치스런 생활, 또는 방종한 생활로 인하여 타락할 일도 없고, 그리고 하류층 사람들처럼 중노동, 필수품의 결핍, 식량부족 등으로 인하여 병을 얻을 일도 없다는 것이었다. 우리 중간층은 심신의 불건강, 불안 등으로 인한 고통이 적다는 것이었다. (박혜령 역 7)

원문은 의미상으로 크게 중류층의 생활과 상·하류층의 생활을 비교하며 서술되어 있고 중류층의 생활방식을 강조하고 있다. 아버지가 뱃사람이 되려는 아들의 마음을 돌리려고 계속 현재의 삶의 방식을 고수할 것을 강하게 역설하는 대목이다.

먼저 TT1에서 번역의 도입부분 "He bade me observe it, and I should always find that~"을 "네가 잘 살펴보면 알겠지만,~"으로 직접 화법의 형태로 시작하고 있는데 비교적 자연스럽게 대화상황을 나타내었다. 문단의 후반부 "bring distemper upon themselves by the natural consequences of their way of living." 부분의 번역을 보면 "바로 그네들의 살림 탓으로 수난을 겪게 된다"라고 하였는데 '그네들의 살림'이라는 표현과 '수난'이라는 단어를 사용하였는데 의미를 다소 정확하게 나타내지 못했다.

영어 단어 'distemper'를 찾아보면 ①개의 급성 전염병 ②심신의 이상, 병 ③혼란이나 소란 의미로 나와 있는데 번역문에 그대로 옮기기에는 의미가 적절하지 않다. '그들의 생활방식의 자연스런 결과로 말미암아 스스로 화를 초래하게 된다.'로 나타내면 저자의 의도가 잘 드러난다고 할 것이다.

TT2에서 번역 도입부분 "~생각해 보면 다음과 같은 것을 꼭 알게 될 것이라고 나에게 말한 적이 있다" 부분은 번역자 편의로 내용을 바꾸었는데 원문의 의미와 맞지도 않을뿐더러 어색한 문장이다. 그리고 좀 더 내용을 살펴보면 다소 내용을 생략한 부분과 지나친 직역투가 눈에 거슬린다. "이 세상의 재난이란 그 태반이 상층과 하층계급 사람들의 것이고"에서 "태반(太半)"이라는 말과 원문의 "vicious living"을 '배덕적인 생활'이라고 하였는데 모두 지금은 잘 쓰지 않는 일본어를 그대로 표현한 부분은 반드시 정정되어야 할 부분이다.

그리고 "so many vicissitudes"를 "아침에 흥했다가 저녁에 망하는 터무니없는 신세"라고 하였는데 'vicissitudes'라는 단어는 '변화, 변동' 복수형으로 쓰이면 '처지나 환경 따위의 변천, 인생의 부침(浮沈), 영고성쇠'라는 의미를 가지고 있다. 즉 인생을 살아가면서 겪게 되는 여러 어려움, 흥망성쇠를 나타낸다고 하겠다. 하류층과 상류층의 사람들의 인생사가 더욱 여러 가지 일을 겪기 마련이고 인생행로가 순탄치 않다는 것을 의미하는 부분이다. 그런데 '아침에 흥했다가 저녁에 망하는 터무니없는 신세'라는 표현은 원문의 의미에서 다소 비약된, 긴 인생행로의 여정보다는 일시적이고 순간적인 의미를 불러일으키며 하룻밤에 도토리 신세가 되어버리고 만다는 부정적인 느낌을 가지게 한다.

정리하기

『로빈슨 크루소』는 흔히 아동문학의 고전정도로 이해되고 있으므로 번역이 쉬울 것 같지만, 실제 텍스트는 만만하지 않은 작품이다. 18세기 특유의 문어체와 긴 호흡을 가지고 있고 구문과 의미 등이 현대어와 달라진 경우가 있어 상당한 주의를 요한다.

Daniel Defoe의 『로빈슨 크루소』(Robinson Crusoe) 영어 소설을 연구중심 자료로 다수의 한글 번역본 가운데 김병익 역. 2004(개정판). 문학세계사와 박혜령 역. 1993. 서울: 홍신문화사, 박영의 역 2001년을 중심으로 비교 검토하였고 번역평가 차원에서 본 연구자의 의견도 함께 서술하였다.

(1) ST: **Being the third son of the family and not bred to any trade**, my head began to be filled very early with rambling thoughts. My father, who was very ancient, **had given me a competent share of learning, as far as house-education and a country free school generally go**, and designed me for the law; but **I would** be satisfied with nothing but going to sea and my inclination to this led me so strongly against the will, nay, the commands of my father, and against all the entreaties and persuasions of my mother and other friends, that there seemed to be something fatal in that propensity of nature, **tending directly to the life of misery which was to befall me**. (Robinson Crusoe, 5)

TT1: 셋째로 태어나 이렇다 할 직업도 가져 본 일이 없이 자란 나는 일찍부터 방랑해 보고 싶은 생각에만 사로잡히기 시작했다. 아버지는 아주 완고한 분이어서 나를 꽤 많이 공부시켜 주셨다. 하기야 가정교육과 시골의 월사금이 없는 학교의 교육에 지나지 않았지만, 그분은 나를 법관으로 만들 계획이었다. 그러나 내게는 배를 타는 것만이 소원이었다. 이처럼 바다에 대한 갈망이 너무나 심했기 때문에 아버지의 뜻, 아니 명령까지 거역하고 어머니와 친구들의 간청과 설득도 모두 물리쳤다. 이 타고난 외고집이 나를 비참한 생애로 몰아간 어떤 숙명이었던 것처럼 생각된다. (로빈슨 크루소 김병익 역 4)

TT2: 나는 셋째 아들로 태어났고, 그 어떠한 직업교육도 받지 못했다. 내 머릿속에는 일찍부터 '방랑'이란 말이 꽉 들어차 있었다. 부친은 그때 이미 나이가 많았으나 나에게 가정교육은 물론, 그 지방학교들의 수준에 떨어지지 않는 교육을 받게 해주었고, 장차 나를 법률가로 만들 작정을 하고 있었다. 그런데 나는 선원이란 직업 말고는 만족할 만한 일이 없다고 생각했다. 이러한 내 생각은 부친의 의지-의지라기보다는 명령-또는 모친이나 친구들의 간곡한 설득에도 꺾이지 않을 정도로 강력했다. 그러나 결국은 내가 지고 말았지만······. 그런데 한편으론 그저 불행한 생활 속으로만 빠져들어 가는 이런 성미도, 어찌보면 하늘에서 내려준 운명을 사람의 힘으로는 도저히 거역할 수 없기 때문에 갖게 된 것이 아닐까 생각되기도 했다. (박혜령 역 4)

　원문의 첫 번째 문장이 분사구문으로 시작되고 있는데 TT1에서는 이유, 원인의 분사구문을 뒤의 주절과 연결해서 번역하였으며 TT2에서는 "나는 셋째 아들로 태어났고, 그 어떠한 직업교육도 받지 못했다"로 문장을 끊어서 처리하여서 그 뒤의 주절과 자연스럽게 연결되지 않는 번역이 되고 말았다.

　두 번째 문장은 주인공의 아버지의 교육에 대한 열의를 보여주는 부분인데, TT1에서는 '하기야 가정교육과 시골의 월사금이 없는 학교의 교육에 지나지 않았지만'이라고 한 부분은 원문의 의미를 오역한 해석인데, "as far as house-education and a country free school generally go" 구문은 '-큼이나, -할 정도로'로 의미를 파악해서 나름대로 아버지께서 최대한도로 학습을 시키신 것으로 이해해야 한다. '나의 아버지는 상당한 정도의 교육을 나에게 시켜주셨는데, 가정교육과 시골의 무료학교도 보내주셨다.'의 번역이 의미상 부합된다.

　원문의 조동사 "would"는 과거의 주어의 강한 고집, 의지를 나타낸다. TT2의 "-외에는 만족할 만한 일이 없다고 생각했다"의 번역은 직역으로서 주인공의 간절함이 느껴지지 않는다. 원문의 마지막 분사 구문 "tending directly to the life of misery which was to befall me"을 TT2의 번역에서 "어찌 보면 하늘에서 내려준 운명을 사람의 힘으로는~" 원문에 없는 부분을 역자가 의미보충을 위하여 추가하였는데 오역이라 할 수 있다.

평가하기

* 다음 텍스트를 번역하시오.

ST: He told me it was men of desperate fortunes on one hand, or of aspiring, superior fortunes on the other, who went abroad upon adventures, to rise by enterprise, and make themselves famous in undertaking of a nature out of the common road; that these things were all either too far above me or too far below me; that mine was the middle state, or what might be called the upper station of low life, which he had found, by long experience, was the best state in the world, the most suited to human happiness, not exposed to the miseries and hardships.

▎모범 번역: 모험을 찾아 바다를 항해하면서 기발한 일로 이름을 날리려는 자들이란 극심한 절망에 빠진 사람이거나 아니면 야심만만하고 재산이 굉장히 많은 모험가다. 그런 계획은 네 손이 닿을 수 없는 거다. 너는 중간층이 아니면 하류의 상층이라 할 신분을 가지고 태어났는데, 이것은 오랜 경험으로 보아 이 세상에서 가장 좋은 신분으로 사람의 행복에 가장 알맞은 계층이다. 천한 일을 해야 하는 사람들이 겪어가야 할 가난과 고역, 노동과 고통을 겪지 않을 것이고 상류계급처럼 오만이나 호사, 야심이나 질투로 고민할 필요도 없다.

22차시 문학작품 번역 연습 및 수정

학습 내용

(1) 단편소설 번역 실습
(2) 오역 번역 수정

사전 평가

* 다음 문장을 자연스럽게 번역하시오.

(1) that the middle station of life was calculated for all kind of virtue and all kind of enjoyments; that peace and plenty were the handmaids of a middle fortune;
▎모범 번역: 그러나 중용의 생활은 모든 덕성과 안락에 알맞은 살림이다. 평화와 부유함은 중산층의 하녀요,

(2) that temperance, moderation, quietness, health, society, all agreeable diversions, and all desirable pleasures, were the blessings attending the middle station of life;
▎모범 번역: 절제와 중용, 건강과 친교, 모든 유쾌한 오락과 바람직한 쾌락은 중류생활자에게 주어지는 축복이다.

(3) that this way men went silently and smoothly through the world and comfortably out of it, not embarrassed with the labours of the hands or of the head, not sold to a life of slavery for daily bread, nor harassed with perplexed circumstances, which rob the soul of peace and the body of rest, nor enraged with the passion of envy, or the secret burning lust of ambition for great things; (Robinson Crusoe, 10)
▎모범 번역: 이런 생활이야말로 심신의 노동으로 괴로워하지도 않고, 하루의 식량을 위해 종살이로 몸을 팔 필요도 없고, 복잡한 환경 속에서 마음의 평화와 육체의 안식을 잃지도 않고, 엄청난 일에 질투하거나 남몰래 불타는 야망으로 흥분하지 않는다.

(1) ST: **that the middle station of life was calculated for all kind of virtue and all kind of enjoyments; that peace and plenty were the handmaids of a middle fortune**; that temperance, moderation, quietness, health, society, all agreeable diversions, and all desirable pleasures, were the blessings attending the middle station of life; that this way men went silently and smoothly through the world and comfortably out of it, not embarrassed with the labours of the hands or of the head, not sold to a life of slavery for daily bread, nor harassed with perplexed circumstances, which rob the soul of peace and the body of rest, **nor enraged with the passion of envy, or the secret burning lust of ambition for great things**; (Robinson Crusoe, 10)

TT1: 그러나 중용의 생활은 모든 덕성과 안락에 알맞은 살림이다. 평화와 부유함은 중산층의 하녀요, 절제와 중용, 건강과 친교, 모든 유쾌한 오락과 바람직한 쾌락은 중류생활자에게 주어지는 축복이다. 이런 생활이야말로 심신의 노동으로 괴로워하지도 않고, 하루의 식량을 위해 종살이로 몸을 팔 필요도 없고, 복잡한 환경 속에서 마음의 평화와 육체의 안식을 잃지도 않고, 엄청난 일에 질투하거나 남몰래 불타는 야망에 흥분하지 않는다. (로빈슨 크루소 김병익 역 7)

TT2: 또 중간층의 생활은 모든 오락이나 기호를 내 것으로 하기에 편리하고 평화와 충족이 바로 이 중간층의 시녀처럼 따라다닌다는 것도 강조하셨다. 절제, 중용, 정온, 건강, 사교, 오락 등 모두가 중간층 사람들의 생활에 함께하는 신의 축복과도 같은 것이라는 거였다. 그리고 또 중도를 걷는 사람들은 이 세상을 조용히, 그리고 편안히 지내고는 기분 좋게 사라져간다는 것, 하류층과 같이 손을 쓰는 노동이나 상류층처럼 머리를 쓰는 노동, 그 어느 것으로도 괴로움을 당하지 않고, 나날의 호구(糊口)를 위하여 노예처럼 남들 밑에서 고생할 필요도 없다고 했다. 또 고귀한 사람들처럼 마음에서 평온을 빼앗기고 몸에서 휴식을 빼앗길 만한 복잡한 인간관계를 맺을 것도 없고, 질투에 몸을 태우거나 분에 넘치는 야망에 가슴을 태우는 등의 어리석은 짓은 안 해도 된다는 것이었다. (박혜령 역 7)

▎번역 해설: TT1의 번역본에서 "중용"이라는 단어는 '중산층'으로 '알맞은 살림"이라는 표현은 '알맞은 계층'으로 나타내는 것이 의미맥락에 부합된다. "평화와 부유함은 중산층의 하녀요"는 지나친 직역의 결과이다. '중산층의 생활에서는 평화로움과 풍요로움이 항상 함께 하며'로 주부와 술부를 치환하여 풀어서 표현해 주면 더욱 자연스러운 해석이 된다. 그리고 "quietness"의 해석이 빠져 있다.

'중류생활자'는 '중산층 계층'으로 그리고 원문의 "that this way men went

silently and smoothly through the world, and comfortably out of it."의 번역은 제자리에 해석되어 있지 않고 문단의 맨 마지막 문장에 '이렇듯 평범하고 편안하게 끝을 맺는 것이 보람 있는 인생이다'라고 제시되어 있다. 번역가가 이 문장의 의미를 강조해 주기 위해 위치를 바꾸어 놓았는데 번역자의 자율성을 생각하게 하는 부분이다.

TT2의 번역문은 TT1의 번역문보다 다소 길게 이어져 있으며 중간 중간에 "중도를 걷는 사람들" "평화와 충족이 바로 중간층의 시녀처럼 따라 다닌다" "나날의 호구를 위하여" 등과 같이 어색한 번역투와 한자어가 눈에 거슬린다. 번역문 도입부의 "또 중간층의 생활은 모든 오락이나 기호를 내 것으로 하기에 편리하고"라고 하였는데 'virtue'라는 단어를 빠뜨리고 'enjoyment'를 오락이나 기호로 이중 해석하였다.

'중산층의 생활은 미덕과 즐거움으로 가득 차 있으며' 정도로 나타내면 의미에 적절하다. "질투에 몸을 태우거나 분에 넘치는 야망에 가슴을 태우는"의 해석은 지나친 과잉번역이며 '질투심에 사로잡히거나 세상의 출세를 위한 비밀스런 야망에 가슴 태울 일도 없을 것이다.' 정도로 번역하면 훨씬 자연스럽다.

(2) ST: After this he pressed me earnestly, and in the most affectionate manner, not to play the young man, **nor to precipitate myself into miseries which nature, and the station of life I was born in, seemed to have provided against**; that I was under no necessity of seeking my bred; that he would do well for me, and **endeavour to enter me fairly into the station of life which he had just been recommending to me**; and that if I was not very easy and happy in the world, it must be my mere fate or fault that must hinder it; and **that he should have nothing to answer for, having thus discharged his duty in warning me against measures which he knew would be to my hurt**;

TT1: 넘쳐흐르는 애정으로 나에게 이런 말씀을 하신 아버지는 또 타이르셨다. "젊은 혈기에만 빠지지 말아다오. 하나님께서도 네가 태어난 환경이 그저 고생만을 하지 않도록 해주셨다. 너는 빵을 찾아 헤맬 필요도 없다. 내가 널 잘 보살펴 주겠다. 또 내가 말한 그런 생활을 할 수 있도록 열심히 뒤에서 밀어주겠다. 그렇게 해주어도 네가 안락이나 행복을 얻지 못한다면, 그것은 결국 너 자신의 잘못이거나 운명 때문이다. 내겐 책임이 없어. 나는 분명히 네 좋지 못한 계획을 아버지로서 미리 경고해 둔다." (김병익 역 8)

TT2: 그 뒤에 부친은 다시없을 두터운 애정이 깃들인 간곡하고 다정한 말로 나에게 다음과 같이 타이르는 것이었다. 그런 무모한 짓은 안하는 것이 좋다, 너의 성격을 봐서도 그렇고, 집안 환경을 봐서도 빠지지 않을 수 있는 불행에 일부러 뛰어 들어 갈 필요는 없지 않느냐, 그리고 돈을 악착같이 벌어야 할 필요도 너에게는 없다, 나는 너의 뒷바라지를 해주고 아까 말한 대로 중간층의 생활에 네가 딱 들어맞을 수 있도록 힘써 주려하고 있다. 만일 그렇게까지 해도 네가 안락과 행복을 느끼지 못한다면 그것은 바로 너의 운명이거나 너의 실수로 인해서일 것이다. 나는 자식에게 해로운 일에 대하여 경고하고 아버지로서의 의무를 다한 것이므로 이제는 더 이상의 책임을 질 수가 없다. (박혜령 역 8)

TT3: 그런 뒤에 아버지는 나에게 두터운 애정이 깃든 간곡하고 다정한 말로 다음과 같이 타이르셨다. 그런 무모한 짓은 안 하는 것이 좋다. 너의 성격이나 집안환경을 봐서라도 일부러 불행에 뛰어들 필요는 없는 것 아니냐, 그리고 돈을 악착같이 벌어야 할 필요도 없으며, 내가 힘이 닿는 한 너의 뒷바라지를 해 주려하고 있다. 만일 그렇게까지 해도 네가 안락과 행복을 느끼지 못한다면 그것은 너의 운명이고 너의 실수이다. 나는 자식에게 해로운 일에 대하여 이렇게까지 충고하였으니 아버지로서의 의무를 다한 것이다. (김혜리 역 8)

▎번역 해설: TT1은 계속해서 직접화법의 형식으로 번역문을 표현했기 때문에 원문의 "me, myself, I" 등의 인칭은 "너를, 네 자신, 너" 등의 이인칭으로 번역되었고 원문의 "he"는 "내가(화자, 아버지)"로 대명사 전환이 일어났다. 원문은 pressed의 목적어로 크게 네 개의 that 종속절을 취하고 있으며 전체문장이 길어서 주부와 술부를 적절히 끊어서 번역해야 한다.

"which nature, and the station of life I was born in, seemed to have provided against"의 번역문 "하나님께서도 네가 태어난 환경이 그저 고생만을 하지 않도록 해주셨다."은 내용을 너무 축약시킨 점이 느껴진다. which 절의 주어는 하나님으로 보고 and the station of life~를 장소의 부사절로 보아 '네가 태어난 환경에서'로 본동사를 seemed 이하로 파악해 보면 '네가 태어난 환경에서 하나님은 온갖 불행으로부터 너를 보호해주셨다.' 마지막

that절의 해석은 직접화법으로 대명사전환에 유의하면서 해석해야 한다. his duty 이하는 duty에 대한 동격으로 파악하고 'measures which he knew would be to my hurt'를 연결해서 보면 '네가 자초하게 되는 계획'으로 의미를 이해하면 맥락에 부합된다.

TT2에서 "너의 성격을 봐서도 그렇고, 집안 환경을 봐서도 빠지지 않을 수 있는 불행에 일부러 뛰어 들어갈 필요는 없지 않느냐"에서 '너의 성격이나 집안환경을 봐서도'라는 부분은 원문에 없는 표현을 삽입하였고 "빠지지 않을 수 있는 불행에"의 부분은 원문에 대한 어색한 번역투가 느껴진다. '너에게 닥칠 불행으로부터'로 표현하면 훨씬 자연스럽다. '아까 말한 대로 중간층의 생활에 네가 딱 들어맞을 수 있도록 힘써주려 하고 있다.'에서 먼저 앞의 내용에서부터 중산층 혹은 중간층이라는 말이 계속 나오기 때문에 이 문장에서는 그 표현을 생략해도 무리가 없을 듯하다.

그리고 "네가 딱 들어맞을 수 있도록"이라는 표현도 상황에 잘 어울리지 않는다. 옷이나 신발의 크기를 말하는 것도 아니어서 '꼭 맞는~'이라는 표현보다는 '방금 너에게 얘기했던 그런 생활 방식에 잘 어울릴 수 있도록 애써주겠다'의 해석이 상황에 잘 맞는다.

TT3에서는 "너의 성격이나 집안환경을 봐서라도" 부분은 앞의 TT2의 번역본과 똑같은 내용이며 번역자가 의미를 보충하기 위해 의도적으로 어구를 첨가하였는데 오역에 해당한다. 원문의 의도와 다소 비껴가는 해석이다. '네 자신을 불행 속으로 빠뜨리지 않아도 된다. 하느님께서 네가 태어난 형편에 맞게 고생들을 막아 주셨다.'로 표현하는 것이 의미상 부합된다. "and endeavour to enter me fairly ~ he had just been recommending to me" 부분의 해석이 생략되어 있다. 충실한 번역이 요구되는 부분이다.

   (3) ST: but I took my mother at a time when I thought her a little more pleasant than ordinary, and told her that my thoughts were so entirely bent upon seeing the world that **I should never settle to anything with**

resolution enough to go through with it, and my father had better give me his consent than force me to go without it; that I was now eighteen years old, which was too late to go apprentice to a trade or clerk to an attorney; **that I was sure if I did I should never serve out my time, but I should certainly run away from my master before my time was out, and go to sea.**

TT1: 어머니의 기분이 평소보다 좋은 때를 골라 마음을 터놓고 어머니에게 졸랐다. "전 세상을 구경하고 싶은 생각밖에 없어요. 어떤 일을 해도 손에 잡히지 않아 끝까지 해낼 자신이 없어요. 그래서 아버지의 허락을 받지 못하더라도 떠날 생각입니다. 그러니 차라리 허락을 해 주시는 게 좋지 않겠어요? 저는 벌써 열여덟 살이나 되었으니 상인들에게 장사를 배울 나이도 아니고, 변호사의 서생노릇 하기에도 너무 늦었어요. 가령, 그렇게 한다고 해도 틀림없이 정한 기간을 다 채우지도 못하고 그 전에 뛰쳐나와 바다에 나가 배꾼이 될 거예요. (김병익 역 10)

TT2: 나는 모친이 평소에 없던 기분 좋은 얼굴, 말하자면 매우 들떠있는 것처럼 보일 정도로 유쾌한 얼굴을 하고 있는 때를 골라 내 심정을 자세히 설명했다. 즉 이 세상을 보고 싶다는 생각, 이 소원 외에는 내 머릿속에 아무것도 없으니 지금 어떤 일을 시작해 보아도 소용없고, 차분히 자리를 지키고 앉아 끝까지 해나갈 자신이 없다. 아버지의 동의가 있든 없든 나는 기어이 나갈 것이므로 제발 어머니만이라도 동의해 주셔서 승낙을 받고 싶다. 그리고 나도 이미 열여덟이나 됐고 상점의 점원이나 변호사 사무실의 서기노릇하기에는 너무 때가 늦었다, 가령 점원이 됐다 하더라도 그것을 끝까지 할 자신이 없고 끝내는 도망쳐서 배 속으로 뛰어 들어갈 것이 틀림없으니, (박혜령 역 10)

❚ 번역 해설: 원문은 간접화법의 형태로 나타나 있지만 TT1은 주인공의 생각을 표현하는 대목을 직접화법의 형태로 번역하여서 생생한 주인공의 심정을 잘 드러내고 있다. "어떤 일을 해도 손에 잡히지 않아 끝까지 해낼 자신이 없어요." 주인공의 답답한 심정을 잘 드러낸 표현이다. 'settle'이 자동사로 '일에 전념하다, 마음을 붙이다'의 의미로 해석되었고 'go through with it'은 '~을 끝까지 해내다, 완성하다.'의 의미인데 맥락상으로 주인공 로빈슨이 바다로 나가고 싶은 마음에 사로잡혀 있어서 즉, 오직 한 가지 생각에만 빠져 있음을 나타내는 의미로서 앞에서부터 뒤로 해석하여 '어떤 일에도 마음을 잡을 수가 없어서 끝까지 해낼 자신이 없어요'의 해석이 자연스럽다.

"I was sure if I did I should never serve out my time, but I should certainly run away from my master~" 부분은 과거를 기준시점으로 하는 조건절이 포함되어 있다. 주인공의 절박한 심정을 가정법 구문으로 나타내

었는데 TT1의 해석은 비교적 의미를 잘 표현하였다.

TT2의 번역에서 "말하자면 매우 들떠있는 것처럼 보일 정도로 유쾌한 얼굴을 하고"는 원래의 의미에 대해 지나친 비약이다. 어머니가 평상시 보다 다소 기분이 좋을 때를 의미하는데 '매우 들떠있는 것처럼 보일 정도로'의 번역은 번역가의 지나친 개입이다.

그리고 "아버지의 동의가 있든 없든 나는 기어이 나갈 것이므로 제발 어머니만이라도 동의해 주셔서 승낙을 받고 싶다."의 부분은 의미를 잘못 이해한 오역이다. 주인공의 심리를 표현한 대목이라서 '집에 있으라고 나에게 강요하는 것보다 차라리 허락을 해주시는 편이 훨씬 나을 텐데'의 해석이 맥락에 적절하다.

(4) ST: **This put my mother into a great passion**; she told me she knew it would be to no purpose to speak to my father upon any such subject; that he knew too well what was my interest to give his consent to anything so much for my hurt; and that she wondered how I could think of any such thing after the discourse I had had with my father, and such kind and tender expressions as she knew my father had used to me;

TT1: 이 말을 듣자 어머니는 무척 화를 내셨다. "이런 문제는 아버지께 말씀드려 보아도 쓸데없어. 아버지는 무엇이 네게 이로운지 잘 알고 계신다. 네게 해로운 일인 줄 아시면서 허락을 하실 리 없다. 너도 아버지와 충분히 말을 해 보지 않았니? 아버지는 참말 부드럽고 친절하게 타이르셨는데, 이제 와서 또 집 떠날 생각을 하다니 난 알 수 없구나. (로빈슨 크루소 김병익 역 10)

TT2: 이 말을 듣자 모친은 기절할 정도로 놀라는 것이었다. 그리고는 이런 얘기를 아버지에게 해보았자 소용없는 일이다. 아버지는 어떤 일이 너에게 이롭고 어떤 일이 해롭다는 것을 잘 아시기 때문에 이와 같은 당치도 않고 해롭기 짝이 없는 얘기에 찬성하실 리는 결코 없을 것이라고 말했다. 그리고 또 아버지와 네가 많은 얘기를 나누었고, 그렇게나 간절하고 간곡한 아버지의 얘기를 듣고도 이런 당치 않은 소망을 버리지 못한다는 것은 도저히 이해조차 할 수 없다. (박혜령 역 10)

▌번역 해설: TT1에서는 어머님의 말씀을 역시 직접화법으로 표현하고 있다. 'passion'은 대부분 사람들이 '열정, 열의'라는 뜻만 있는 것으로 생각하기 쉬운데 '감정의 격분, 몹시 화를 내는 상황'에서도 쓰인다. 평소 다양한 글을 읽어서 어휘의 쓰임을 폭넓게 해야 할 필요가 있다. 첫 번째 문장의 번역은 비교적 자연스럽다.

"아버지는 무엇이 네게 이로운지 잘 알고 계시다. 네게 해로운 일인 줄 아시면서 허락을 하실 리 없다." 적절하게 문장을 끊어서 해석했는데 오히려 이 경우는 주인공의 어머니가 강하게 아들의 생각을 만류하는 대목이라 이어서 번역하는 것이 더욱 상황에 알맞다. 여기에서 원문의 "for my hurt" 부분은 맥락상으로 무엇을 의미하는지 독자도 충분히 파악이 가능하므로 굳이 해석하지 않아도 좋을 듯하다. '아버지는 어떤 것이 너에게 좋을지를 너무 잘 알고 있으셔서 화를 초래하는 어떤 일에도 절대 허락하지 않으실 꺼다.' 표현이 상황에 부합한다.

TT2의 첫 번째 문장 "이 말을 듣자 모친은 기절할 정도로 놀라는 것이었다."에서 모친이라는 표현은 나이가 제법 든 연령의 성인이 자신의 어머님을 존칭해서 부르는 호칭인데, 이 글의 주인공 로빈슨은 불과 10대 후반의 청소년인데 자기 어머니를 '모친'이라고 부르는 것은 다소 어색하다. 상황에 맞는 존칭표현이 특히 중요하다. 그리고 "기절할 정도로"의 번역은 상황을 너무 비약시킨 점이 느껴진다. 그리고 "아버지는 어떤 일이 너에게 이롭고 어떤 일이 해롭다는 것을 ~결코 없을 것이라고 말했다,"의 표현에서 문장의 호흡이 너무 긴 것이 상황에 잘 맞지 않다. 그리고 굳이 '어떤 일이 너에게 이롭고 어떤 일이 해롭다는 것을'에서 일일이 어구 하나 하나의 의미를 다 해석하려 했는데 오히려 핵심이 잘 전달되지 않았다.

(5) ST: **It was not till almost a year after this that I broke loose, though, in the meantime, I continued obstinately deaf to all proposals of settling to business, and frequently expostulated with my father and mother about their being so positively determined against what they knew my inclinations prompted me to.** But being one day at Hull, where I went

casually, and without any purpose of making an elopement at that time; but I say, being there, and one of my companions being about to sail to London in his father's ship, and prompting me to go with them with the common allurement of seafaring men, that it should cost me nothing for my passage.

TT1: 이런 일이 있은 지 일 년 후에 나는 집을 나왔다. 하긴 1년 동안 나는 취직자리 알선에 귀를 막고, 내 소원인 여행을 단호하게 말리는 아버지, 어머니와 말다툼을 해 왔다. 그러던 어느 날 나는 전에도 가끔 다녀 온 적이 있는 헐에 갔다. 그때까지만 해도 꼭 집을 나가겠다는 생각은 전혀 없었다. 거기서 한 친구를 만났는데, 그는 아버지의 배를 타고 런던으로 항해를 떠나니 함께 가자는 것이었다. 배꾼들이 늘 쓰는 꾐수이지만 뱃삯도 들지 않는다는 것이었다. (김병익 역 11)

TT2: 내가 집을 나간 것은 그로부터 1년이 다 된 때였다. 그 동안에도 차분한 마음과 계획으로 일을 배우고 후일을 위해서 모든 일에 노력을 기울이는 것이 좋지 않으냐 하는 등의 충고랄까 제안을 귀가 아프도록 수없이 들어왔다. 하지만 나도 양친에 대하여, 내 마음이 어디로 향하고 있다는 것을 뻔히 알면서 그것을 단호하게 반대하는 것은 또 무슨 일이냐고 때로는 불평을 늘어놓기도 했었다. 그러던 중 어느 날, 별다른 용무가 있어서도 아니었는데 헐 시에 나가게 됐다. 하기야 그때까지만 해도 별로 가출할 생각은 없었다. 어쨌든 헐 시에 오니 자기 부친의 배에 편승해서 런던까지 가게 되어 있는 한 친구가 함께 가자면서 선원의 특전(特典), 즉 선임은 무료란 미끼로 나를 유인했다. 나는 그만 이게 웬 떡이냐 하며 수차 감사하다고 말하고 함께 가기로 작정해 버렸다. (박혜령 역 12)

▎번역 해설: 원문의 첫 번째 긴 문장 즉 진하게 표시되어있는 부분의 TT1과 TT2의 번역을 서로 비교해보면 TT1은 간략하게 상황을 설명한 반면에 TT2는 상황을 비교적 자세하게 서술하였다. 일단 읽어보면 TT2의 번역이 독자에게 주인공의 심리를 잘 파악할 수 있도록 배려하였다고 하겠다. 번역가는 때로는 원문의 의미에 더하여 상황에 알맞은 설명이 보충되어야 할 필요가 있을 때 독자의 이해를 돕기 위해 내용을 추가할 수 있다.

TT2의 "후일을 위해서 모든 일에 노력을 기울이는 것이 좋지 않으냐 하는 등의 충고랄까 제안을 귀가 아프도록 수없이 들어왔다"의 번역은 독자로 하여금 주인공의 심리와 상황을 잘 이해할 수 있도록 하였다. TT1에서 "~단호하게 말리는 아버지, 어머니와 말다툼을 해왔다." 부분은 'expostulated with'

의 번역을 다소 과장했는데 아버지와 어머니께 간곡하게 자신의 결심을 말씀드리는 상황이지 싸우는 상황은 아니다.

TT2의 "나는 그만 이게 웬 떡이냐 하며 수차 감사하다고 말하고 함께 가기로 작정해 버렸다." 부분은 번역가가 원문의 의미에 과잉번역 하였는데 다소 비약이 심했다고 볼 수 있다. 원문에는 없는 문장을 번역가가 임의로 삽입하였고 친구에게 수차 감사하다고 말했다는 부분도 다소 어색하다.

(5) ST: **Never any young adventurer's misfortune, I believe, began sooner, or continued longer than mine. The ship was no sooner out of the Humber than the wind began to blow and the sea to rise in a most frightful manner**; and, as I had never been at sea before, I was most inexpressibly sick in body and terrified in mind. **I began now seriously to reflect upon what I had done, and how justly I was overtaken by the judgement of Heaven for my wicked leaving my father's house, and abandoning my duty.**

TT1: 젊은 모험가로서 나처럼 일찍 고된 운명에 부딪쳐야 했고, 오랜 고통을 겪은 사람도 없으리라 믿는다. 배가 험버를 벗어나자마자 바람이 불기 시작하고 파도가 거세게 날뛰었다. 한 번도 바다에 나와 본 일이 없었던 나는 심한 뱃멀미에 시달렸고 공포에 떨었다. 지금까지 해온 일을 깊이 돌아보고 이것이 아버지로부터 도망쳐 내 할 일을 팽개친 데 대한 하나님의 벌이 내렸다고 생각했다. (김병익 역 12)

TT2: 무릇 젊은 모험가로서 내 경우처럼 일찍감치 화(禍)가 닥친 것은 그 예가 없을 것이다. 또 그 화가 내 경우처럼 오랫동안 달라붙어 있는 경우도 없을 것으로 생각된다. 배가 험버를 벗어나자마자 무서운 기세로 바람이 불어대고 파도가 일기 시작했다. 배를 처음 타보는 나는 심한 뱃멀미에 시달렸고 공포심이 내 가슴과 머릿속에 가득 들어차게 되었다. 이것이야말로 내가 저지른 일, 즉 부친과 모친의 반대를 무릅쓰고 멋대로 집을 뛰쳐나온, 그리하여 나 자신의 갖가지의 의무를 저버린 데 대한 하늘이 주는 천벌, 바로 그것이라는 생각을 하기 시작했다. (박혜령 역 13)

┃번역 해설: 첫 번째 문장은 '부정주어+비교급+than' 구문인데 주인공 로빈슨의 불행함을 최상급의 의미로 강조하기 위한 것이다. 'sooner'와 'longer'의 두개의 비교급이 연결되어 있다. TT1에서는 자연스러운 직역의 형태를 띠고 있다. '일찍 고된 운명에 부딪쳐야 했고, 오랜 고통을 겪은 사람도'의 번역은 상황에

걸맞은 적절한 번역이다. 두 번째 문장은 'no sooner A than B'의 구문이 들어가 있는데 대부분의 영어 학습자들에게 'A하자마자 B하다'라는 해석으로 많이 알려져 있다.

이 구문이 나오면 대부분의 번역가나 영어학습자들은 상투적으로 해석하고 만다. 그런데 '~하자마자, ~한다'라는 표현이 사실은 어색한 번역투의 한 예이다. 실제 행동을 시간적으로 연달아 한다고 해서 우리말 표현에서 이런 식으로 나타내지는 않는다. 'A하고서 B 했다' 혹은 'A가 일어났을 때 B의 일이 발생하였다'라는 식으로 나타내는 것이 보다 우리말에 자연스러운 표현이다.

본문의 고유 대명사 "Humber"는 강의 이름인데 TT1이나 TT2에서 전혀 설명되지 않았고 언뜻 해석해보면 항구이름처럼 느껴진다. '배가 험버강을 나와서 바다로 들어갈 무렵이 되자, 바람이 불기 시작하고 파도가 무섭게 몰아쳤다' 번역이 맥락에 잘 부합된다.

TT2의 첫 번째 문장을 보면 "화(禍)가 닥친다" 그리고 "그 화가 내 경우처럼 오랫동안 달라붙어 있은~"의 표현은 원문의 'misfortune'단어를 화(禍)라는 한자어로 나타냈는데 어색하고 "오랫동안 달라붙어있다"라는 표현은 'continued' 단어를 그대로 직역한 나머지 이상한 번역이 되고 말았다. 번역가의 성의 있는 직업의식이 요구되는 대목이다. TT2의 번역은 첫 번째 문장을 두 개의 긴 문장으로 풀어서 서술하였는데 호흡이 다소 길어져서 원문의 의도에서 빗나가는 번역이 되고 말았다.

원문의 마지막 문장부분에서 "I began now seriously to reflect upon what I had done"을 "~바로 그것이라는 생각을 하기 시작했다"로 나타내었는데 오역이며, 원문의 의미를 번역가가 임의로 바꾸어서 해석하였다. 또한 "하늘이 주는 천벌"이라는 부분도 역시 과잉번역 한 예이다. 부모님의 집을 뛰쳐나와서 내 할 일을 져버린 것에 대해 하느님이 주시는 마땅한 벌이라는 의미를 다소 과장한 해석이다.

정리하기

ST: It was not till almost a year after this that I broke loose, though, in the meantime, I continued obstinately deaf to all proposals of settling to business, and frequently expostulated with my father and mother about their being so positively determined against what they knew my inclinations prompted me to. But being one day at Hull, where I went casually, and without any purpose of making an elopement at that time; but I say, being there, and one of my companions being about to sail to London in his father's ship, and prompting me to go with them with the common allurement of seafaring men, that it should cost me nothing for my passage.

TT1: 이런 일이 있은 지 일 년 후에 나는 집을 나왔다. 하긴 1년 동안 나는 취직자리 알선에 귀를 막고, 내 소원인 여행을 단호하게 말리는 아버지, 어머니와 말다툼을 해 왔다. 그러던 어느 날 나는 전에도 가끔 다녀온 적이 있는 헐에 갔다. 그때까지만 해도 꼭 집을 나가겠다는 생각은 전혀 없었다. 거기서 한 친구를 만났는데, 그는 아버지의 배를 타고 런던으로 항해를 떠나니 함께 가자는 것이었다. 배꾼들이 늘 쓰는 꾐수이지만 뱃삯도 들지 않는다는 것이었다.

TT2: 내가 집을 나간 것은 그로부터 1년이 다 된 때였다. 그 동안에도 차분한 마음과 계획으로 일을 배우고 후일을 위해서 모든 일에 노력을 기울이는 것이 좋지 않으냐 하는 등의 충고랄까 제안을 귀가 아프도록 수없이 들어 왔다. 하지만 나도 양친에 대하여, 내 마음이 어디로 향하고 있다는 것을 뻔히 알면서 그것을 단호하게 반대하는 것은 또 무슨 일이냐고 때로는 불평을 늘어놓기도 했었다. 그러던 중 어느 날, 별다른 용무가 있어서도 아니었는데 헐 시에 나가게 됐다. 하기야 그때까지만 해도 별로 가출할 생각은 없었다. 어쨌든 헐 시에 오니 자기 부친의 배에 편승해서 런던까지 가게 되어 있는 한 친구가 함께 가자면서 선원의 특전(特典), 즉 선임은 무료란 미끼로 나를 유인했다. 나는 그만 이게 웬 떡이냐 하며 수차 감사하다고 말하고 함께 가기로 작정해 버렸다. (박혜령 역 12)

▎번역 해설: 그 원문의 첫 번째 긴 문장 즉 진하게 표시되어 있는 부분의 TT1과 TT2의 번역을 서로 비교해보면 TT1은 간략하게 상황을 설명한 반면에 TT2는 상황을 비교적 자세하게 서술하였다. 일단 읽어보면 TT2의 번역이 독자에게 주인공의 심리를 잘 파악할 수 있도록 배려하였다고 하겠다. 번역가는 때로는 원문의 의미에 더하여 상황에 알맞은 설명이 보충되어야 할 필요가 있을 때 독자의 이해를 돕기 위해 내용을 추가할 수 있다.

TT2의 "후일을 위해서 모든 일에 노력을 기울이는 것이 좋지 않으냐 하는 등의 충고랄까 제안을 귀가 아프도록 수없이 들어왔다"의 번역은 독자로 하여금 주인공의 심리와 상황을 잘 이해할 수 있도록 하였다. TT1에서 "~단호하게 말리는 아버지, 어머니와 말다툼을 해왔다." 부분은 'expostulated with'의 번역을 다소 과장했는데 아버지와 어머니께 간곡하게 자신의 결심을 말씀드리는 상황이지 싸우는 상황은 아니다.

TT2의 "나는 그만 이게 웬 떡이냐 하며 수차 감사하다고 말하고 함께 가기로 작정해 버렸다." 부분은 번역가가 원문의 의미에 과잉번역 하였는데 다소 비약이 심했다고 볼 수 있다. 원문에는 없는 문장을 번역가가 임의로 삽입하였고 친구에게 수차 감사하다고 말했다는 부분도 다소 어색하다.

평가하기

* 다음 영문을 적절하게 번역하시오.

1. Never any young adventurer's misfortune, I believe, began sooner, or continued longer than mine.
   ┃ 모범 번역: 젊은 모험가로서 나처럼 일찍 고된 운명에 부딪쳐야 했고, 오랜 고통을 겪은 사람도 없으리라 믿는다.

2. The ship was no sooner out of the Humber than the wind began to blow and the sea to rise in a most frightful manner;
   ┃ 모범 번역: 배가 험버를 벗어나자마자 바람이 불기 시작하고 파도가 거세게 날뛰었다.

3. and, as I had never been at sea before, I was most inexpressibly sick in body and terrified in mind.
   ┃ 모범 번역: 한 번도 바다에 나와 본 일이 없었던 나는 심한 뱃멀미에 시달렸고 공포에 떨었다.

4. I began now seriously to reflect upon what I had done, and how justly I was overtaken by the judgement of Heaven for my wicked leaving my father's house, and abandoning my duty.
   ┃ 모범 번역: 지금까지 해온 일을 깊이 돌아보고 이것이 아버지로부터 도망쳐 내 할 일을 팽개친 데 대한 하나님의 벌이 내렸다고 생각했다.

23차시 영상번역의 이해

학습 내용

(1) 영상번역의 정의
(2) 영상번역의 원리 이해

사전 평가

(1) 영상번역이란 시각정보와 청각정보로 이루어지는 복합모드 텍스트를 문어텍스트로 전환하는 번역방식을 말한다. ┃정답(O)
(2) 번역모드에 따라 자막 번역(subtitle translation), 더빙번역(dubbed translation), 보이스-오버(voice-over)가 있다. ┃정답(O)
(3) 자막번역의 경우 자막 한 줄에 한글 13-15자 내외로 작성한다. ┃정답(O)
(4) 자막은 자연스러운 문어체로 번역한다. ┃정답(X)
(5) 영상번역에서는 가능한 원문을 그대로 직역하여 충실성을 강조하여야 한다.
┃정답(X)

1. 영상번역의 정의

영상번역이란 시각정보와 청각정보로 이루어지는 복합모드 텍스트로 전환하는 번역방식을 말한다.[21] 번역모드에 따라 자막 번역(subtitle translation), 더빙번역(dubbed translation), 보이스-오버(voice-over)가 있다. 이때 더빙번역이나 보이스-오버의 경우에는 복합 모드 텍스트를 문어텍스트로 일단 변환한 다음 다시 청각정보로 바꾸어 주는 후속작업이 뒤따른다.

영상번역의 대상은 비디오테이프, CD, DVD 등과 같이 영상을 담고 있는

---

[21] 정호정 2008: 214.

다양한 매체의 영상물이다. 분야별로는 영화, 드라마, 다큐멘터리, 토크쇼, 리얼리티 쇼, 애니메이션, 홍보 영상물 등 다양한 분야를 포함한다. 자막번역의 장점에 대하여 Shuttleworth & Cowie[22]는 "영상물에서 출발 텍스트 등장인물의 실제 목소리를 듣게 되면 출발텍스트의 구체적인 대화나 줄거리 구조를 이해하기가 쉬워질 뿐만 아니라 그들의 지위나 관계를 이해하기 위해 필요한 열쇠도 함께 찾을 수 있게 된다"고 설명한다.

2. 영상번역의 기초[23]

1) 영상번역 작가란 어떤 직업일까?

번역 초보자의 입장, 혹은 일반인의 입장에서 막연하게 생각하자면 수없이 쏟아져 나오는 케이블 TV와 공중파 텔레비전의 많은 외화들이나 극장에서 개봉되는 영화들, 그리고 비디오 대여점에서 얼마든지 빌려볼 수 있는 외국 영화들을 우리가 볼 수 있도록 한글로 번역해주는 사람을 떠올릴 것이다.

영상번역 작가는 외국 영상물을 우리말로 번역해주는 직업을 가진 사람이다. 글로벌 시대를 맞아, 매일같이 수많은 외국 프로그램들이 쏟아져 들어오고 있고, 우리는 좋든 싫든 그 프로그램들을 극장과 텔레비전, 비디오와 DVD 등을 통해 매일 접하고 있는 것이 현실이다. 요즘엔 한류를 타고 잘 만들어진 우리 프로그램들이 외국으로 수출되고 있지만, 미국이나 일본, 중국 등지에서 제작된 외국 영화와 드라마, 다큐멘터리 등은 그에 수십 배에 달하는 분량이 수입되어 안방극장을 24시간 공략하고 있다. 외국 프로그램은 앞으로의 문화 개방 추이를 보면, 지금보다 더욱 늘어나면 늘어났지 절대 줄어들지는 않을 것이다. 어쩌면 개방 정도에 따라, 국내 제작 프로그램보다 훨씬 더 많은 외국 프로그램들을 시청하게 될 지도 모른다.

---

[22] Shuttleworth & Cowie 1997: 45.
[23] 필자는 2009년 1.4-2.28에 실시된 한국번역연구원 주최 제1회 영상번역작가 연수를 수료하였으며 당시 학습한 부분을 정리했다. '김형옥' 영상번역 작가님의 많은 도움 받았음을 밝혀둔다.

그토록 다양한 외국 방송물들을 국내 시청자들에게 보여주기 위해서는, 꼭 거쳐야 하는 단계가 있다. 바로 번역과 자막, 더빙 등을 거치는 재제작 과정이다. 외화의 재제작은 먼저 그 프로그램의 대사와 자막 따위를 우리말로 번역한 다음, 자막을 입히거나 성우를 동원해 더빙을 하게 되는데, 실제로 요즘 케이블 방송에서 상영되는 외화는 이 과정을 거치지 않는 프로그램은 거의 없다고 해도 무방할 것이다.

영상번역 작가는 바로 그 과정의 선봉에서 뛰어난 외국어 실력과 방송 감각으로, 국내 시청자들이 외국 프로그램을 마치 국산 프로그램처럼 즐길 수 있게 해주는데 꼭 필요한 사람들이다.

향후 방송 시장이 점진적으로 개방된다면 외국 방송 프로그램들이 거의 밀물처럼 쏟아져 들어올 것이다. 그렇게 되면 당연히 영상번역 작가에 대한 수요도 대폭 늘어날 것이다.

외화 번역에 있어서 어쩌면 외국어 실력보다 더 중요한 것이 바로 한국어 실력일 것이다. 요즘엔 부모님을 따라 미국으로 이민을 갔다가 돌아온 속칭 '연어족'들, 즉 이민 1.5세나 2세들이 국내로 복귀해 학교나 직장에 다니는 것을 많이 볼 수 있다. 완벽한 영어 실력, 세련된 매너 등으로 번역 업계에서도 이들은 실력 있는 번역작가들로 떠오르고 있다. 하지만 영어 실력이 완벽한 이들의 번역물은 어떨까?

필자가 지인을 통해 알아본 결과 실제 외국어는 완벽하다고 하나 한국어 실력은 초등학교 5, 6학년 정도에 불과한 경우가 더 많았다. 물론 이들이 우리말을 영어로 번역하는 경우엔 가히 타의 추종을 불허할 만큼 훌륭한 번역 솜씨를 보여준다. 하지만 우리가 다루는 영상번역 분야는 대부분 영어를 한국어로 번역하는 분야인 만큼 한국어의 중요성이 부각될 수밖에 없다. 외국 이민 1.5세이든, 외국어 실력이 뛰어난 토종 한국인이든, 번역을 하기에 앞서 분명한 필요요건인 '자연스러운 우리말 실력'을 키우려면 어떻게 하는 것이 좋을까?

번역 작가가 한국어 실력을 키우는 방법은 여러 가지가 있지만 우선 우리나라 TV의 드라마를 많이 보라고 권하고 싶다. 드라마 주인공들의 대화체를 잘 들어보면 쉽게 쓰인 것 같지만, 실제로 직접 써 볼 때는 자꾸 문어제로 쓰이는 걸 경험한 초보 작가들이 많이 있다.

우리말 표현을 익히는 또 하나의 방법은 일상생활에서의 대화를 늘 귀담아 듣는 일이다. 친구들과 대화를 하다가, 혹은 길을 가다가도 사람들의 대화를 듣고, 가능하다면 좋은 표현이 들릴 때 수첩에 메모해 두는 것도 좋은 습관이라고 할 수 있다. 그 수첩은 그대로 자연스러운 우리말 대사를 만들 때 유용한 '우리말 표현 사전'이 될 수 있기 때문이다.

우리말을 잘 한다는 것은 여러 가지 의미로 볼 수 있는데, 그 중 대표적인 것들을 추려보면 다음과 같다.

(1) 상황에 맞는 적절한 표현

한국어에는 영어뿐 아니라 세계 어떤 언어에도 없는 재미있는 표현들이 무궁무진하다. 영어의 yellow(노란)와 비슷한 의미의 표현은 amber(호박색), 내지는 gold(황금색) 정도이고, 그나마 yellow와 전혀 다른 느낌을 주는 표현이다.

그러나 한국의 '노랗다'는 표현에는 노랗다, 노르스름하다, 노리끼리하다, 누렇다, 샛노랗다, 누르스름하다와 같은 수도 없이 많은 표현이 가능하다. 이렇듯 풍부한 우리말 표현을 시의 적절하게 동원한다면 얼마든지 훌륭한 표현이 가능하다는 얘기가 된다. 어떤 단어를 골라 쓰느냐도 중요하지만, 상황에 그 단어가, 혹은 대사가 얼마나 적절한 가도 중요하다.

예를 들어 <프렌즈> 같은 코믹 드라마에서는 평상시 쓰는 말보다는 좀 더 위트 있고 통통 튀는 표현을 써준다면, 그만큼 드라마를 보는 재미가 배가될 것이고, 치열한 전투가 난무하는 전쟁영화라면 그에 걸 맞는 전문적인 군대 및 전투용어가, 병원과 의사, 간호사가 자주 나오고 의학 용어가 많이 나오는 영화라면 전문적인 의학용어가 나와야 한다. 또 <CSI>시리즈 같이 스릴러, 형사 영화가 많이 나오는 법정 드라마도 인기가 높은데, 그에 따른 전문적인 법률 용어도 잘 골라서 써주어야 한다. 번역은 매끄럽지만 어쩐지 전문적인 용어에서 서툰 느낌이 든다면 시청자 입장에서는 왠지 미흡한 기분을 떨칠 수 없을 것이다. 이런 용어들을 접하게 되면 우선은 사전을 찾아보거나 해당 전문 서적을 뒤지는 방법이 첫 번째 해결방법이고, 그래도 찾을 수 없다면 해당 전문 기관에 직접 전화해서 알아볼 정도의 성의가 있어야 한다.

또 한 가지 유의할 점은, 시대 상황에 맞는 용어를 구사해야 한다는 점이다. 영화의 배경이 중세일 때, 혹은 미래일 때는 지금 우리가 쓰는 용어와는 사뭇 다른 말투일 것이다. 그렇다고 우리의 옛 궁중 용어인 "~하시옵나이다" 등을 남발하는 것은 좀 그렇지만, 여하튼 그 시대의 그 인물에 맞는 용어가 반드시 존재할 것이다. 이를 적절히 살려 대사에 반영해주는 것이 적절한 표현을 돋보이게 만드는 요인이 된다.

(2) 정확한 맞춤법과 띄어쓰기

우리말 표현에서 두 번째로 중요한 것이 바로 한글의 정확한 맞춤법과 띄어쓰기이다. 우리말은 영어나 그 밖의 외국어와 달리 동음이어(同音異語)가 상당히 많은 편이다. 이를 순간적으로 혼동하거나 잘못 쓸 경우 자막을 접하는 시청자는 동시에 착각에 빠질 수도 있어, 번역작가로서 조심해야 하는 부분이 아닐 수 없다. 또, 무엇보다 맞춤법이 틀리면, 번역이 아무리 매끄럽고 표현이 훌륭하다 해도 어딘지 '무식하게' 보이는 것은 어쩔 수 없다고 하겠다.

우리말의 맞춤법과 띄어쓰기의 실제는 인터넷 사이트를 검색해 보면 여러 사이트에서 다루고 있다.

(3) 매끄러운 우리말 표현

용어와 맞춤법을 적절하게 사용했다 하더라도 우리말 표현이 매끄럽지 못하면 잘된 번역이라고 할 수 없다. 특히 외국어를 우리말로 번역했을 때 가장 눈에 띄는 부분이 흔히 말하는 '번역투'라고 할 수 있다.

번역투란 다시 말하면, 자연스러운 우리말이 아닌, 외국어를 그대로 직역한 느낌이 물씬 나는 말투를 말한다. 이는 초등학교 때부터 영어로 쓰인 문장을 한국어로 옮기는 과정에서 일종의 '공식'을 배운 한국인들이 종종 문어체가 아닌 구어체에서도 같은 공식을 적용하면서 불거지는 문제다. 초보 번역 작가들은 먼저 이 번역투를 극복해야 좋은 번역을 할 수 있다.

그럼 번역투란 어떤 것일까? 예를 들어 같은 대사를 초보작가인 A와 경력 작가인 B가 동시에 번역했다면 어떤 번역문이 나올까?

(예문 1)
COLE   I want to tell you my secret now.
MALCOLM   Okay.
COLE   I see people. I see dead people...
              Some of them scare me.
MALCOLM   In your dreams? When you're awake?
              Dead people, like in graves and coffins?
COLE   NO, walking around, like regular people...
              They can't see each other.
              Some of them don't know they're dead.
MALCOLM   They don't know they're dead?

위 대사는 몇 해 전에 국내에서 개봉되어 큰 화제를 불러일으킨 영화 <식스 센스>에 나오는 대사로 주인공 말콤과 콜의 대화 장면이다.

번역투가 나오는 가장 큰 원인은 영어를 한국어로 직역하기 때문인 경우가 가장 많고, 이는 영어를 잘 하는 사람이라도 번역이 서툴 경우 흔히 저지르게 되는 실수이다.

위에서 언급한 대로 이 대사를 초보작가인 A가 번역했다면 이런 번역이 나올 수 있다.

<A의 번역>
콜: 지금 제 비밀을 말하고 싶어요.
말콤: 좋아
콜: 전 사람들을 봐요, 죽은 사람들을요,
그중 일부는 절 무섭게 해요.
말콤: 꿈속에서? 깨어있을 때?
무덤이나 관에 있는 죽은 사람들을?
콜: 아뇨, 보통 사람들처럼 걸어서 돌아다녀요.
그들은 서로를 보지 못 해요.
그들 중 일부는 그들이 죽었다는 것도 몰라요
말콤: 그들은 그들이 죽었다는 것도 모른다고?

틀린 번역은 아니지만 누가 보아도 어색하게 느껴질 수 있는 번역이다. 가장 큰 이유는 직역체의 번역 습관과, 영어를 영어로 번역하는 습관 때문이다. 그렇다면 경력작가 B라면 어떤 번역이 가능할까? 비교해 보자

<B의 번역>
콜: 제 비밀을 말씀드릴께요
말콤: 그래.
콜: 사람들이 보여요, 죽은 사람들요
어떤 사람들은 너무 무서워요.
말콤: 꿈속에서? 아니면 깨어있을 때?
무덤이나 관에 든 시체들 말이니?
콜: 아뇨, 보통 사람처럼 돌아다녀요.
서로를 보지는 못 해요.
자기가 죽은 걸 모르는 사람들도 있어요
말콤: 자기가 죽은 걸 모른다고?

B의 번역은 위의 A의 번역에 비해 상당히 자연스럽게 느껴진다.
 주어와 대명사를 굳이 번역하지 않는 것만으로도 자연스러운 대사를 표현할 수 있다. 과거의 영어교육에서는 주어, 동사, 목적어를 분명히 명시해줘야 '정확한 해석'이라고 칭찬을 했지만, 문법보다는 회화와 어휘력, 청취능력

에 역점을 두고 있는 현대 영어교육에서는 이런 문제점이 상당 부분 개선되었다.

따라서 신세대 번역 작가 중에는 구세대보다 훨씬 자연스럽고 매끄러운 번역을 할 수 있는 역량을 갖춘 사람들이 얼마든지 많다. 좋은 번역을 하기 위해서는 작가 스스로 나쁜 번역 습관을 과감하게 탈피하는 것이 무엇보다 중요하다.

3. 영상번역의 실무

1) 자막번역 개요

자막번역은 외화를 우리말로 번역함에 있어 우리말 대사를 일정한 규격의 자막으로 처리하여, 실제 원음(Original Sound)을 들으면서 우리말로 된 대사를 음미할 수 있도록 해주는 번역 작업이다. Subtitle이라고도 불리는 자막은 영화나 드라마, 다큐멘터리 등에서는 주인공이나 내레이터의 대사뿐 아니라, 화면에 나오는 자막, 신문기사, 간판, 메모, 편지, 지도의 지명 따위도 모두 자막으로 번역해야 한다. 또 다큐멘터리에서 흔히 쓰는 방법으로, 내레이터의 대사는 우리말 녹음으로 처리하고 그 외 인터뷰를 하거나 자료화면에 등장하는 인물의 대사는 자막으로 처리하는 경우도 있다.

빠른 외국어 대사를 자막으로 그대로 가감 없이 번역해주다 보면 대사를 다 읽기도 전에 다음 자막으로 넘어가야 하는 경우가 생길 수 있으므로, 시청자가 편하게 읽으면서 시청할 수 있도록 대사를 줄여서 번역해 주는 것이 중요하다.

자세한 방법은 다음과 같다.

(1) 자연스러운 구어체로

대사는 사람이 하는 '말'이다. 즉, 책을 읽는 것 같은 문어체가 아니라 구어체로 의역해 주는 것이 자연스럽다.
다음은 영화 '드리본'의 한 장면이다.

지미   형, 이제 그만 가
드미   내말 잘 들어
        이 사람들은 널 보고 티켓을 사는 거야
        티켓 판매율을 좌우하는 건 기자들이란 말야
지미   내일 시합할 준비해야 돼
드미   이것도 시합의 일부야
        5년 후에 돈방석에 앉으면 다 내 덕인 줄 알아

위 대사는 형제끼리 의견이 달라 다투는 내용이다. 만약 외국인들처럼 형제끼리 이름을 부른다거나, 대사를 딱딱한 문어체로 처리했다면 대단히 어색한 대사가 되었을 것이다. 책 번역이 아닌 영상번역은 '무조건' 구어체로 번역해주어야 자연스럽다.

(2) 각 자막은 호흡에 맞게 끊어서 번역한다.
자막은 원어 대사가 시작되면서 화면에 뜨고, 대사가 끝나는 동시에 사라진다. 따라서 원어 대사와 호흡이 맞게 끊어져서 번역되어야 한다.
  예를 들면 원어 대본이 다음과 같이 주어지면 화면을 보면서 대조한다.

<원어 대본 American Beauty 중에서>
JANE I need a father who's a role model, not some horny geek-boy who's gonna spray his shorts whenever I bring a girlfriend home from school.
       Like he'd ever have a chance with her. What a lame-o.
       Somebody really should put him out of his misery.
RICKY Want me to kill him for you?
JANE Yeah, would you?
RICKY It'll cost you.

JANE I've been baby-sitting since I was ten, I've got almost three thousand dollars.
　　　I was saving it for a boob job.
　　　But my tits can wait.
RICKY You know, that's not a very nice thing to do, hiring somebody to kill your dad.
JANE Well, I guess I'm just not a very nice girl, then, am I?
LESTER My name is Lester Burnham. I'm forty two-years old.
　　　In less than a year, I'll be dead.
　　　In a way, I'm dead already. Look at me jerking off while I listen to country music. I hated this shit when I was growing up.
　　　Funny thing is, this is the higt point of my day. It's all downhill from here.
　　　That's my wife Carolyn. See the way the handle on those pruning shears matches her gardening cologs?
　　　That's not an accident.

위와 같은 대본을 받고 주어진 화면과 일차 대조해 보면서 대본에 연필로 다음과 같이 호흡을 표시해준다.

JANE　I need a father who's a role model,/ not some horny geek-boy who's gonna spray his shorts whenever I bring a girlfriend home from school./
　　　Like he'd ever have a chance with her. What a lame-o./
　　　Somebody really should put him out of his misery./
RICKY　Want me to kill him for you?/
JANE　Yeah, would you?/
RICKY　It'll cost you./
JANE　I've been baby-sitting since I was ten, I've got almost three thousand dollars./
　　　I was saving it for a boob job./
　　　But my tits can wait./
RICKY　You know, that's not a very nice thing to do, hiring somebody to kill your dad./

JANE   Well, I guess I'm just not a very nice girl, then, am I?/
LESTER My name is Lester Burnham. I'm forty two-years old./
       In less than a year, I'll be dead./
       In a way, I'm dead already./ Look at me jerking off while I listen to country music./ I hated this shit when I was growing up./
       Funny thing is, this is the higt point of my day./ It's all downhill from here./
       That's my wife Carolyn./ See the way the handle on those pruning shears matches her gardening cologs?/
       That's not an accident./

위에서 표시한 것처럼 대본에 호흡을 끊었으면, 각 호흡을 한 개의 자막으로 설정하고 번역해 주면 된다. 대사가 빨리 이어진다면 두 개의 문장이 한 개의 자막이 될 수도 있고, 한 문장이 호흡 없이 길게 이어질 경우엔 중간 절에서 끊어서 자막을 바꿔줄 수도 있다.

(3) 지명, 인명 등은 정확한 발음으로 표기해 주어야 한다.

우리가 번역하는 외화엔 무수한 지명과 인명이 나온다. 물론 모두 외국어이다. 따라서 우리말로 표기할 때는 읽는 사람에 따라서 여러 가지 표기가 나올 수도 있다. 외국어를 우리말로 표기하는 데는 기존에 우리에게 익은 한국식 영어 표기법이 좋다고 하지만, 필자는 가능하면 원어에 가깝게 표기하는 것이 정석이라고 믿는다. 그러나 예외도 있다. New York을 실제 원어로 발음한다면 '누우욕'에 가깝지만 기존에 우리에게 익숙한 표기가 '뉴욕'이기 때문에 이 경우엔 '뉴욕'으로 표기해주는 것이 무리가 없다고 하겠다. 여기서 정확하게 표기하자고 하는 의미는, 지명이나 인명에 익숙하지 않아 잘 못 읽을 수 있기 때문에 하는 얘기이다. 특히 미국식 지명이나 인명이 아닌 독일어나 불어에서 유래한 지명, 또는 인명의 경우엔 찾아보거나 그래도 없을 때에는 대사를 잘 듣고 그 발음 그대로를 적어주는 것이 최선이다.

(4) 자막 한 줄에 한글 13자에서 15자, 두 줄까지 표현이 가능하다.

시청자가 가장 보기 좋은 자막의 글자 수는 15자 이내이다. 너무 대사가 길어도 읽을 시간이 부족하기 때문이다. 즉, 적당한 크기로 시청자가 읽어나가기 좋은 글자 수는 한 줄에 15자 이내란 뜻인데, 대체로 그 한도 내에서 대사를 처리해주면 무리가 없다. 어떤 경우엔 정확하게 대사의 길이를 계산하여 글자 수를 맞추는 경우도 있지만, 번역이란 것이 완전히 기계적으로 글자 수를 맞출 수는 없기 때문에 어느 정도의 융통성이 필요하다.

아래 번역 대본은 영화 '엔젤 아이즈'의 한 장면이다. 대본을 보면서 실제 어떻게 글자 수가 맞춰져 있는지를 파악해 보자.

글자 외의 느낌표, 물음표 등은 반 자로 친다. 문장 끝부분의 마침표는 하지 않는다는 것을 유의해야 한다.

■ 자막 글자 수 안배의 예
샤론 여기서 만날 줄 몰랐어요 —10자
      왜 혼자 앉아 있어요? —8자 반
캐취 사교적인 성격이 못 돼요 —10자
      좀 앉으시겠어요? —7자 반
샤론 그러죠 —3자
      고맙다는 말도 못했네요 —10자
      전 샤론 포크에요 —7자
캐취 난 캐취에요 —5자
샤론 그냥 캐취요? —5자 반
캐취 네 —1자
샤론 그땐 정말 너무 무모했어요 —11자
      총 가진 사람한테 덤볐잖아요 —12자
캐취 당신이 위험해져서요 —9자
샤론 그러다 다치면 어쩌려고요? —11자 반
      정말 죽고 싶었어요? —8자 반
캐취 그런 걸 따질 경황이 없었어요 —12자
동료 포고! —2자 반
샤론 지금 생각은요? —6자 반

캐취   잘 했다고 생각해요 －8자
샤론   절 알지도 못하잖아요? －9자 반
캐취   그렇죠 －3자
        당신도 마찬가지였을 거에요 －12자
        난 경찰을 존경해요 －8자
        사람들의 안전을 위해 －9자
        밤낮 고생만 하잖아요 －9자
        소방대원들을 보면 모두 －10자
        손 흔들고 웃어주는데 －9자
        왜 경찰에겐 그렇게 －8자
        냉담한지 모르겠어요 －9자
        내 말이 우스워요? －7자 반
샤론   아뇨 －2자

위에서 보는 것처럼 한 줄에 들어가는 글자는 15자를 넘지 않는 것이 보통이고, 또 보기에도 좋다. 대사 앞부분에 짧은 바가 들어가 두 개의 대사가 나란히 놓이는 경우는, 두 사람이 빠른 대화를 나눌 때 한 자막에 대사를 띄워주기 위해 그렇게 하는 것인데, 이 기법을 적절히 사용하면 더욱 간결하고 깔끔한 자막을 만들 수 있다.

정리하기

1. **영상번역의 정의**

   영상번역이란 시각정보와 청각정보로 이루어지는 복합모드 텍스트를 문어텍스트로 전환하는 번역방식을 말한다.[24] 번역모드에 따라 자막 번역(subtitle translation), 더빙번역(dubbed translation), 보이스-오버(voice-over)가 있다. 이 때 더빙번역이나 보이스-오버의 경우에는 복합 모드 텍스트를 문어텍스트로 일단 변환한 다음 다시 청각정보로 바꾸어 주는 후속작업이 뒤따른다. 영상번역의 대상은 비디오테이프, CD, DVD 등과 같이 영상을 담고 있는 다양한 매체의 영상물이다. 분야별로는 영화, 드라마, 다큐멘터리, 토크쇼, 리얼리티 쇼, 애니메이션, 홍보 영상물 등 다양한 분야를 포함한다.

2. **영상번역의 기초**
   ① 우리말부터 완벽하게 구사하라.
   ② 상황에 맞는 적절한 표현
   ③ 정확한 맞춤법과 띄어쓰기
   ④ 매끄러운 우리말 표현

3. **자막 작성**
   ① 자연스러운 구어체로 번역한다.
   ② 호흡에 맞게 끊어서 번역한다.
   ③ 지명, 인명은 정확한 발음으로
   ④ 자막 한 줄에 한글 13-15자 내외로 작성한다.
   ⑤ 유행어나 속어의 남발을 자제한다.
   ⑥ 대사는 간결하게 축약해준다.

---

[24] 정호정 2008: 214.

평가하기

1. 영상번역의 기본원리에 관한 설명으로 틀린 것을 고르시오.
   ① 번역방법에 따라 자막번역, 더빙번역, 보이스오버가 있다.
   ② 시각정보와 청각정보의 복합모드 텍스트이다.
   ③ 원문을 가능한 직역하여 표현한다.
   ④ 자연스러운 우리말 실력이 중요하다.

   ▎정답: 3

2. 자막 작성 방법 중 설명이 맞지 않는 것은?
   ① 상황에 맞는 적절한 표현으로 번역한다.
   ② 자막 한 줄에 20자까지 가능하다.
   ③ 지명은 정확한 발음으로 표기한다.
   ④ 유행어를 남발하지 않도록 한다.

   ▎정답: 2

3. 다음 영화대사를 번역하시오.

COLE	I want to tell you my secret now.
MALCOLM	Okay.
COLE	I see people. I see dead people...
	Some of them scare me.
MALCOLM	In your dreams? When you're awake?
	Dead people, like in graves and coffins?
COLE	NO, walking around, like regular people...
	They can't see each other.
	Some of them don't know they're dead.
MALCOLM	They don't know they're dead?

▌모범 번역:

콜   제 비밀을 말씀드릴께요.
말콤 그래.
콜   사람들이 보여요, 죽은 사람들요.
     어떤 사람들은 너무 무서워요.
말콤 꿈속에서? 아니면 깨어있을 때?
     무덤이나 관에 든 시체들 말이니?
콜   아뇨, 보통 사람처럼 돌아다녀요.
     서로를 보지는 못 해요.
     자기가 죽은 걸 모르는 사람들도 있어요.
말콤 자기가 죽은 걸 모른다고?

24차시 영상번역 실무

학습 내용

(1) 영상번역 실무 이해
(2) 자막 작성 방법 이해

사전 평가

(1) 다음의 어색한 표현을 한글맞춤법과 띄어쓰기에 적절하게 수정하시오.
   1. 갈께요   → 갈게요
   2. 개구쟁이   → 개구쟁이
   3. 안돼는   → 안 되는
   4. 데리고탈수 없어요 → 데리고 탈 수 없어요
   5. 고마워   → 고마워
   6. 건더기   → 건더기
   7. 망토   → 망토
   8. 휴게실   → 휴게실
   9. 곱슬머리   → 고수머리
   10. 괜찬지   → 괜찮지

(2) 다음의 영어 크레딧 표현을 한국어로 전환하시오.
   1. Casting   → 배역담당
   2. Screenplay   → 각본
   3. Director of Photography → 촬영감독
   4. Make-Up Artist   → 분장
   5. Producer   → 제작
   6. Costume Design   → 의상담당
   7. Art Director   → 미술감독
   8. Special Effect   → 특수효과

1. 유행어나 속어의 남발을 자제해야 한다

중세시대나 지금보다 훨씬 과거의 얘기를 다룰 때는 예외가 되지만, 최근을 배경으로 한 현대물의 경우엔 부드럽게 대사를 만들어 준다는 명목으로 흔

히 유행하는 말을 써주는 경우를 종종 본다. 예를 들어 코믹물의 경우에 TV에서 흔하게 접하는 개그 용어를 써주기도 하는데, 자칫 천박해 보일뿐더러 미국과 한국의 배경이나 상황이 전혀 다른 데서 오는 이질감도 클 것이다. 다음 대사를 눈여겨보자.

■ 영화 〈Someone like you〉 중에서
제인　왔어?
에디　응
제인　그 여자랑 있는 줄 알았는데
에디　우리 파토났어
제인　무슨 문제라도 생겼어?
　　　왜 그래, 어떻게 된 거야?
에디　그냥 맛이 좀 갔다니까
제인　맛이 가다니 무슨 소리야?
에디　그렇게까지 집요하게
　　　확인사살 해야겠어?
제인　그냥 궁금해서 그래
　　　먼저 영화를 보고
　　　여자 집엘 갔을 거고
에디　그냥 한잔 꺾으면서
　　　주방에 있었는데
　　　갑자기 여자가 먹을 걸
　　　찾는 거야
　　　저녁을 먹고 난 다음에
　　　영화를 봤는데 말야
　　　잘은 모르지만 배꼽시계가
　　　울렸나봐

사실 원래 번역은 이게 아니지만, 만약 위와 같은 식으로 번역했다면 보는 사람 입장에서는 재미있기보다는 왠지 씁쓸한 기분이 들 수도 있다. 재미있는 번역은 품위도 갖춘 번역을 말한다.

2. 두 사람의 짧은 대사가 바로 이어질 때에는 한 화면에 같이 표현해 준다

두 등장인물의 대사가 짧고 빠르게 이어질 때, 순차적으로 대사를 자막으로 처리하면 그 자막을 전부 읽을 시간이 부족할 것이다. 이럴 때는 아래와 같이 두 사람의 대사를 한 화면에 띄워주어야 한다.

    (예) - 나랑 얘기 좀 하자
         - 싫어요

         - 대체 뭐가 불만이야?
         - 아시잖아요!

이런 기법은 짧은 대사가 속사포처럼 이어지는 액션 장면이나, 말이 많고 빠른 코믹물에서 특히 유용하다.

3. 대사는 간결하게 축약해준다

우리가 접하는 영화나 드라마의 대사는 일상생활에서 흔히 사용하는 구어체이다. 따라서 단어 하나하나를 너무 직역해 주는 것보다는 의역을 통해 자연스럽고 매끄러운 대사로 약간씩 축약해 주는 기교가 필요하다. 많은 대사를 일일이 전부 번역해 주면 시청자가 미처 다 읽기도 전에 다음 자막으로 넘어가게 되기 때문이다.

1) 축약하지 않은 번역

    I think I've found a very nice vase for the foyer.
    현관에 놓아둘 아주 멋진 꽃병을 찾았어.

    You'll probably think it's an extravagance,

but it's not, all things considered
자넨 사치라고 생각할지 모르지만
그렇지 않아, 다 생각해서 산 거야

There pieces are becoming increasingly rare.
이런 것들은 점점 보기 드물거든

Isn't that exquisite?
우아하지 않니?

I hope you like it, because
it's perfect for the foyer.
마음에 들었으면 좋겠군, 현관에는 완벽하게 어울리거든.

We already have a vase in the foyer, Eve.
이브, 현관에는 이미 꽃병이 있어요.

Yes, but this will never look right when we redo the floors.
그래, 하지만 이건 바닥을 다시 깔면 전혀 어울리지 않을 거야.

I've never understood why they have to be redone.
바닥을 왜 다시 깔아야 하는 지도 모르겠어요.

위의 번역은 축약하지 않고 그대로 번역해 주었다. 당연히 말이 길다. 대사가 진행되는 시간이 5초 정도라면, 자막도 역시 5초 이내에 읽을 수 있게 만들어주어야 한다. 따라서 자막 번역에 알맞은 대사의 길이는 아래 쪽 번역과 같이 해주어야 한다.

2) 축약한 번역

I think I've found a very nice vase for the foyer.
현관에 놔둘 예쁜 화병을 찾았어.

You'll probably think it's an extravagance,
but it's not, all things considered
사치라고 생각하지 말게 다 알아서 고른 거니까.

There pieces are becoming increasingly rare.
이런 건 요즘 점점 보기 드물어.

Isn't that exquisite?
우아하지 않니?

I hope you like it, because
it's perfect for the foyer.
현관 장식용으로 그만이야 맘에 드니?
We already have a vase in the foyer, Eve.
현관에 꽃병 있어요.

Yes, but this will never look right when we redo the floors.
하지만 바닥을 고치면 그건 안 어울려.

I've never understood why they have to be redone.
바닥도 왜 고쳐야 하는지 모르겠어요.

4. 가급적 의역을 해준다

영화나 드라마의 대사는 보고서가 아니다. 따라서 문어체적인 대사나 직역보다는 의역을 하더라도 실제 우리가 쓰는 표현으로 번역해 주는 것이 훨씬 자연스럽게 느껴진다. 다시 말해서 꼭 대사에 나오는 말 한마디 한마디를 그대로 번역해 줄 필요는 없으며 큰 테두리 안에서의 의미에 차이가 없다면 다른 말로 바꾸어 주어도 무방하다. 번역은 제2의 창작이라고 하지 않았던가. 다음 대사를 보면서 의역의 묘미를 음미해 보자.

■ 직역과 의역의 비교: 영화 〈Interiors〉 중에서
원문 It's good to be back.
직역 돌아오니 좋구나.
의역 집에 오니 좋구나.

원문 You can't beat Greece for sand and blue water.
직역 모래와 푸른 물은 그리스를 당할 수 없지.
의역 모래와 푸른 바다는 그리스만 한 데가 없지.

원문 The only problem I had was nobody spoke English.
직역 단 한 가지 문제라면 영어를 하는 사람이 없다는 거였지.
의역 영어를 하는 사람이 없다는 게 문제였지만.

원문 You knew he was bringing someone.
직역 아빠가 누구 데려오는 거 알았어?
의역 저 여자 오는 거 알았어?

원문 Yes. Didn't I mention it?
직역 응, 내가 말 안 했나?
의역 응, 얘기했잖아?

대사를 비교해 보면 알 수 있겠지만, 단어 하나하나보다는 영화 전체의 흐름이나 분위기, 줄거리에 맞게 번역해주는 것이 중요하다. 단, 의역을 한다고 해서 대사의 의미가 바뀌거나 오역이 나와서는 안 될 것이다.

5. 미국식 단위는 한국식으로 환산해 준다

미국에서는 거리를 나타낼 때 km이 아니라 Mile을 쓴다. 따라서 영화대사에도 그대로 Mile로 표현이 되는데, 그대로 써주면 km에 익숙한 우리나라 시청자들에겐 낯설게 느껴지고 얼마만큼의 거리인지 감이 잘 잡히지 않는 경향이 있다. 따라서 이 단위는 Km로 환산하여 표현해 주어야 한다. 그밖에 길이나 무게 등에서 우리와 다른 표기는 우리 식으로 반드시 고쳐주는 것이

상식이다.

주로 많이 쓰이는 단위 환산은 아래와 같이 정리할 수 있다.

① 길이
  1인치 = 2.54센티 = 0.0254미터
  1피트 = 30.48센티 = 0.3048미터
  1야드 = 91.438센티 = 0.8144미터
  1마일 = 1.609킬로미터

② 무게
  1온스 = 28.3495그램 = 0.02835킬로그램
  1파운드 = 453.592그램 = 0.45359킬로그램

③ 온도
  · 화씨(°F)를 섭씨(℃)로 환산하는 공식
    C = F -32 ÷1.8   (예) 80°F = 26.6℃
  · 섭씨(℃)를 화씨(°F)로 환산하는 공식
    F = C ×1.8+32   (예) 30℃ = 86°F

6. 속어와 비어(卑語)의 사용에 특히 주의한다

미국 문화, 특히 영화에서는 아무렇지도 않게 쓰이는 각종 비어나 속어를 그대로 직역해 놓는다면 어떻게 될까. 아마도 대단히 적나라한 표현이 많이 등장할 것이고, 까다로운 심의에서도 걸림돌이 될 것이다. 영화에 흔히 등장하는 비어나 속어는 상황을 리얼하게 묘사하기 위해 들어간 것이므로 굳이 그대로 번역해 줄 필요는 없다. 예를 들어 교육을 받지 않은 등장인물들이 말

끝마다 후렴처럼 내뱉는 욕을 그대로 다 번역해준다면 시청자들은 수많은 욕의 홍수에 빠지게 될 것이다.

주로 많이 나오는 fuck같은 욕은 굳이 번역할 필요 없이, 대사를 조금 거칠게 표현해주면 된다. 예를 들어, 유난히 욕이 많이 나오는 영화 <디-톡스> 중의 대사를 예로 들어보자.

예 1   He's at my fuckin' house.
       놈이 우리 집에 있어!
예 2   What the fuck is...? What's the matter with you?
       무슨 짓이야? 미쳤어?
예 3   Stupid fucker missed his brain and blew half his cheek out.
       놈이 머리를 잘 못 쏴서 뺨을 스쳤대요.

7. 맞춤법과 띄어쓰기에 유의해야 한다

흔히 비디오나 영화에 나오는 자막은 맞춤법이나 띄어쓰기가 그대로 맞다고 생각하기 쉽다. 따라서 자칫 번역 작가의 실수로 대중매체에 잘못된 자막이 보이는 경우 그 파장은 심각하다고 볼 수 있다. 최근 개정된 맞춤법에 따라 정확하게 표기해 주는 것도 번역을 잘하는 것 못지않게 중요한 일이다. 개정된 맞춤법에 관한 책자는 서점에 가보면 여러 종류가 나와 있으므로 참고하는 것도 좋다.

1) 전문적인 용어나 약어는 정확하게

CSI: 수사물/ 검시용어, 약물, 의학용어
보스턴 리걸: 법정용어
전쟁물: 무기용어, 계급, 지명, 역사적 사실
역사물: 역사적인물명, 지명

영화의 스토리 전개상 전문적인 용어가 나올 때가 간혹 있다. 예를 들면 컴퓨터용어나 전쟁용어, 과학용어, 첨단기자재의 명칭, 의학, 생물학적인 용어 등 영화 내용이나 흐름에 따라 등장하는 전문 분야의 전문 용어는 실로 다양하다. 간혹 번역작가들이 이 용어들을 영화라고 해서 대충 번역하거나 혹은 그냥 넘어가는 예가 간혹 있는데, 그렇게 되면 중요한 포인트를 놓치거나 관객으로 하여금 애매한 느낌을 갖게 만드는 경우가 있다. 따라서 영화 전개상 꼭 필요한 전문용어는 반드시 정확하게 표현해 주는 것이 기본이다.

전문용어는 대게 인터넷 검색엔진- 주로 네이버에서 해당 단어를 치거나, 백과사전을 찾아보는 것이 유용하다. 예를 들어, conjunctivitis라는 생소한 단어도 컴퓨터 사전이나 인터넷 사전을 찾으면 금방 '결막염'이란 것을 쉽게 알 수 있기 때문에 굳이 의학사전을 뒤지지 않아도 된다.

2) 대사 이외에 번역할 것들

① 타이틀

예) chance to love → 사랑의 약속 → 찬스투러브
chasing amy → 체이싱 에이미 → 체이싱 아미

어떤 프로그램이든 제목이 있게 마련이다. 대개의 경우 작가에게 번역을 의뢰하기 전에 영화사, 혹은 방송국에서 제목을 달아 주는 것이 보통이지만, 원제목을 그대로 보냈을 경우 작가는 제목을 우리말로 번역해 주어야 한다. 물론 작가가 단 제목을 꼭 그대로 사용하는 것은 아니지만, 적어도 어떤 제목이 적당한지 스스로 네이밍을 할 수는 있어야 번역작가라고 할 수 있다.

프로그램의 제목은 시청률, 또는 흥행의 성공에 아주 중요한 영향을 주게 되므로 번역 작가의 역할이 중요하다.

② 크레딧 표기

영화의 시작 부분에는 영화에 출연한 사람들이나 제작진의 이름이 순서대로 뜨는 것이 보통이다. 외국어로 된 이름을 우리말로 표기할 때는 원 발음에

맞게 제대로 표기해 주어야 한다. 때로는 제작진의 표기와 대사가 겹치기도 하는데, 이럴 때는 대사를 우선적으로 띄워준다.
　제작진의 우리말 표기법은 다음과 같다.

Director of Photography	촬영감독
Production Designer/Art Director	미술감독
Casting	배역담당
Music/ Score	음악담당
Editor	편집
Based upon Novel by~	원작
Screenplay	각본
Teleplay	TV용 각본
Costume Design	의상담당
Special Effect	특수효과
Make-Up Artist	분장
Special Appearance, Guest Star	특별출연
Producer	제작
Director	감독

　'촬영감독'은 카메라의 위치와 각도 등을 결정하여 지시하는 감독이다. 영화를 찍을 때는 한 촬영감독이 영화제작사에 고용되어 일하기도 하지만, 촬영 전문 회사에 맡기기도 하는데, 그 경우에는 회사명이 나오기도 한다.
　'미술감독'은 영화 장면의 밑그림, 즉 화면 배경이나 소도구, 각 장면의 컬러 등을 준비하는 작업을 하며, 영화의 분위기를 담당하는 중요한 위치이다. 건축이나 디자인, 의상의 분위기 등 모든 영역을 책임지기 때문에 탁월한 감각을 요한다. 미술감독은 대본을 받아 들고 가장 먼저 각 장면에 맞는 배경을 구상하고, 이 아이디어를 세트 디자이너에게 충분히 설명하여 물질적인 도구를 만들게 한 뒤 이를 배치하여 완성시킨다. 세트 데코레이터에게 장식과 포장을 의뢰하여 겉모양을 꾸미면 세트가 완성이 되는 것이다.

 '**배역**' 담당은 각 역할에 맞는 배우를 캐스팅 하는 사람을 일컫는다. 원작의 분위기에 적합한 배우를 선택하는 일은 영화의 성패를 가르는 중요한 작업이다. 최근에는 배우를 먼저 선정해 놓고 그 배우의 이미지에 맞게 대본을 쓰는 경우도 있다.

 '**음악**'은 영화에 사용되는 음악을 쓰는 사람을 의미한다. 영화음악은 영화를 관객들에게 각인시키는데 한 몫을 하고 하나의 커다란 음악장르로까지 발전했다. '타이타닉', '대부', '사운드 오브 뮤직', '로미오와 줄리엣' 등은 주제음악 자체로도 유명하다.

 '**편집**'은 촬영이 끝난 뒤, 각 장면의 구성을 감독이나 제작자의 지시에 따라 처리하는 일을 말한다. 편집자는 감독이 제공하는 필름을 처리하는 단순 작업자로 보기 쉽지만, 한편의 영화를 깔끔하게 마무리하는 최종 점검자로서 막중한 임무와 감각이 요구되는 일이다.

 '**원작**'은 영화의 줄거리가 되는 소설을 쓴 작가의 이름이다. 원작을 영화화하면서 전체, 또는 부분을 고치거나 첨가하는 작업은 '각색'이라 부른다.

 '**각본**'은 소설 또는 연극대본 등으로 되어 있는 내용이 영화화할 수 있도록 대본으로 바꾸어 주는 작업이다. 흔히 영화의 청사진을 만드는 작업이라고도 한다.

 '**의상**'은 영화에 등장하는 연기자들의 의상을 총 책임진다. 영화의 배경이 현대물인 경우 연기자의 성격에 맞는 의상을 준비하면 되지만, 역사물이나 외국을 배경으로 한 영화의 경우엔 그에 걸맞은 고증을 거쳐 의상을 준비해야 한다. 의상 때문에 영화 전체가 돋보인 경우도 대단히 많은데 그 중 대표적인 것이 오드리 햅번이 주연한 영화 '사브리나'였다. 유명한 디자이너 지방시의 의상이 각 장면에서 빛을 발해 아카데미 의상상을 받기도 했다.

 '**특수효과**'는 특정장면을 직접 촬영하기 힘들 때 컴퓨터그래픽이나 모형으로 처리하여 영화의 극적 재미를 높이는 역할이다. 엄청난 자본과 기술이 필요한 대규모 폭파 장면이나, 잔인한 장면, '쥬라기공원'에서처럼 공룡이 등장하는 장면 등, 현대영화에서 특수효과가 차지하는 비중은 대단히 크다.

'특별출연'은 이미 널리 알려진 유명한 배우가 주연이 아닌 조연급으로 영화에 출연할 경우 일반 출연진이나 조연과 구분하여 칭할 때 쓰인다. 대사 없이 화면에 얼굴만 잠시 비추는 <카메오>와는 성격이 다르다.

'감독'은 영화가 완성되기까지의 모든 과정을 책임지는 사람이다. 한 편의 영화를 만든다는 것은 물론 '공동작업'이기는 하지만, 촬영장에서의 감독의 말 한마디는 법과 같은 효력을 가진다고 해도 과언이 아니다. 일단 영화 제작안이 기획되면, 제작자와 작가, 촬영감독, 배우 등은 감독을 전폭적으로 믿고 지지하면서 촬영이 원활히 진행될 수 있도록 협조해야 한다. 제작과정에서 완벽한 뒷받침이 이루어질 때 감독의 역할이 빛나는 것이다. 즉 감독은 자질구레한 준비나 비용 문제에 신경 쓰지 않고 다만 영화를 잘 만드는 일에만 전념할 수 있기 때문이다. 제작과 감독의 분업효과가 극대화되어 일체 상승효과를 낼 때 훌륭한 영화가 만들어진다.

정리하기

1. **영상번역 실무**
   ① 대사는 간결하게 축약한다.
   ② 가급적 의역을 한다.
   ③ 미국식 단위는 한국식으로 전환한다.
   ④ 속어와 비어의 사용에 특히 주의한다.
   ⑤ 맞춤법과 띄어쓰기에 유의해야 한다.
   ⑥ 전문적인 용어나 약어는 정확하게 표기한다.

   ■ 대사 이외에 번역할 것들
   ① 타이틀
   ② 크레딧 표기
   ③ 대사 이외의 자막(메모, 편지, 신문기사)

2. **축약한 번역의 예**

   I think I've found a very nice vase for the foyer.
   현관에 놓을 예쁜 화병을 찾았어.

   You'll probably think it's an extravagance, but it's not, all things considered.
   사치라고 생각하지 말게 다 알아서 고른 거니까.

   There pieces are becoming increasingly rare.
   이런 건 요즘 점점 보기 드물어.

   Isn't that exquisite?
   우아하지 않니?

I hope you like it, because. it's perfect for the foyer.
현관 장식용으로 그만이야 맘에 드니?

We already have a vase in the foyer, Eve.
현관에 꽃병 있어요.

Yes, but this will never look right when we redo the floors.
하지만 바닥을 고치면 그건 안 어울려.

I've never understood why they have to be redone.
바닥도 왜 고쳐야 하는지 모르겠어요.

평가하기

1. 영상번역 자막에 대한 설명으로 틀린 것은?
   ① 대사는 간결하게 축약한다.
   ② 가급적 직역을 한다.
   ③ 미국식 단위는 한국식으로 전환한다.
   ④ 속어와 비어의 사용에 특히 주의한다.

   ▌정답: 2

2. 크레딧의 영어표현과 의미가 맞지 않는 것은?
   ① Casting: 배역담당   ② Editor: 편집
   ③ Screenplay: 촬영감독 ④ Special Effect: 특수효과

   ▌정답: 3

3. 다음 대사를 적절하게 자막번역으로 나타내시오

   Simba: Dad! Dad! come on Dad, we gotta go.
   　　　　Wake up! Oops! Sorry. Dad? Dad. Dad. Dad.
   　　　　Dad, Dad, Dad, etc…
   Sarabi: Your son … is awake …
   Mufasa: Before sunrise, he's your son.
   Simba: Dad. Come on Dad. Rrrr… You Promised!
   Mufasa: Okay, okay. I'm up. I'm up.
   Simba: Yeah! //
   Mufasa: Look Simba. Everything the light touches is our king-dom.
   Simba: Wow.

   －만화영화 〈라이온 킹〉 중에서

   ▌모범 번역:　심바:　아빠, 어서 가야죠
   　　　　　　　　　　빨리 일어나세요
   　　　　　　　　　　미안해요
   　　　　　　　　　　아빠, 빨리요

사라비: 당신 아들이 깼어요.
무파사: 해 뜨기 전엔 당신 아들이야
심바: 아빠, 어서요
 약속했잖아요!
무파사: 알았다, 일어나마
심바: (생략)
무파사: 봐라, 심바
 햇빛이 닿는 곳은 모두
 우리의 영토란다

25차시 자막번역 실습 (1)

학습 내용

(1) 외화 자막 번역 이해
(2) 다큐멘터리 자막 번역 실습
(3) 자막번역 특성 이해

사전 평가

* 다음 영상 대본을 자막번역으로 완성하시오.
(1) Justin   Okay, guys, Juliet's going to be here any minutes. How do I look?
   ▮ 모범 번역: 곧 줄리엣이 올 건데. 어때요?
(2) Justin   You think the boutonniere's over the top? It is a little bit, huh? What about my candelabra?
   ▮ 모범 번역: 꽃을 높이 꽂았나요? 약간 그렇죠? 촛대는 어때요?
(3) Jerry   Well, it'd be fine if you had a hunchback and a bell tower. (laugh) Justin, relax. It's going to be fine.
   ▮ 모범 번역: 네가 노트르담 꼽추라면 어울리겠다. 저스틴, 너무 걱정 마
(4) Justin   Well, it's just that this is the first meal Juliet's having with our family and you know I don't want anything to go wrong.
   ▮ 모범 번역: 줄리엣과 우리 가족의 첫 저녁식사인데 잘못되면 안 되잖아요

자막번역은 다음과 같은 순서로 하면 된다.

① 영문대본 확인
  • 화면내용과 빠짐없이 대사가 일치하는지
  • 처음부터 끝까지 대본이 다 있는지

② 영상물 확인
- 화면이 끊어지거나 잘린 부분은 없는지
- 소리는 선명한지
- 타임코드는 있는지

③ 대사 스파팅 작업
- 영문대사를 호흡에 맞게 끊어주는 작업
- 두 사람의 짧은 대사는 묶어주기
- 지도나 표지판, 메모, 편지, 화면 내 자막 등 점검

④ 스파팅 된 대본을 보며 자막 번역
- 의역 및 오역에 유의
- 대사길이에 유의
- 글자 수 및 자막의 안배에 유의(2줄일 경우)

⑤ 번역된 대본을 보며 영상과 대조하며, 빠진 대사가 없는지, 상황에 맞게 번역이 되었는지를 점검한다.

⑥ 오자, 탈자, 맞춤법, 띄어쓰기 점검

⑦ 제출

Genre: TV Situation Comedy
Title: Wizards of Waverly Place by Disney Channel Original
Sub-title: Episode #F045 「Wizards VS. Vampires: Tasty Bites」

Episode Summary
알렉스는 오빠 저스틴이 있는데 그의 뱀파이어 여자친구가 자신의 가족들의 건강한 피를 빨아 먹으려고 한다는 사실을 의심하기 시작한다. 한편, 맥스는 마당에 있는 채소정원에 마법을 걸어서 큰 호박을 만든다. 그리고 그 호박 안에 들어가 살기를 결심한다.

CAST

저스틴 가족들: 아빠(제리), 엄마(테레사), 큰 아들(저스틴), 둘째 딸(알렉스), 막내아들 (맥스)

알렉스 친구(하퍼),

줄리엣 뱀파이어 가족: 아빠 뱀파이어(알루카드), 엄마 뱀파이어(신디), 딸(줄리엣)

등장인물 특징

저스틴 가족들은 마법을 부리며 줄리엣 가족은 뱀파이어이며 이사를 자주 다닌다.

- 제리 루소: 주인공 저스틴의 아빠. 유머스럽고 덜렁거린다. 먹는 것을 좋아하고 아내 테레사의 말에 꼼짝 못하며 천성이 착한 편이다.
- 테레사 루소: 저스틴의 엄마. 자식들을 사랑하며 건강에 대해 관심이 많고 에너지가 넘친다.
- 저스틴 루소: 집안의 첫째 아들이며 다정하고 소심한 편이다. 특히 둘째인 알렉스가 귀여움을 독차지 하는 것에 예민한 편이다.
- 알렉스 루소: 십대 중반으로 특히 아빠의 사랑을 많이 받고 컸으며 귀엽고 재치가 있다. 모험심이 강하며 독립적인 성격이다.
- 루소: 저스틴 가족의 막내이며 장난을 좋아하고 아직 마법이 서툴러서 실수를 많이 한다.
- 하퍼: 알렉스의 가장 친한 친구이며 알렉스를 돕기 위해 엉뚱한 계획을 매번 시도한다. 저스틴을 좋아하며 옷 만들기를 취미로 한다. 성격은 긍정적이고 에너지로 넘친다.

Wizards of Waverly Place - 위버리 마을의 마법사들
Dialogue Script

*한글자막은 김형옥 작가님의 도움으로 구성되었음을 밝혀둔다.

01:00:03:25 Justin   Okay, guys, Juliet's going to be here any minutes. How do I look?
곧 줄리엣이 올건데 //나 어때요?

01:00:10:24 Justin   You think the boutonniere's over the top? It is a little bit, huh? What about my candelabra?
꽃을 높이 꽂았나요?//약간 그렇죠?
촛대는 어때요?

01:00:16:10 Jerry   Well, it'd be fine if you had a hunchback and a bell tower. (laugh) Justin, relax. It's going to be fine.
네가 노트르담 곱추라면//어울리겠다.
저스틴, 너무 걱정 마

01:00:23:21 Justin   Well, it's just that this is the first meal Juliet's having with our family and you know I don't want anything to go wrong.
줄리엣과 우리 가족의//첫 저녁식사인데
잘못되면 안 되잖아요

01:00:28:15 Theresa   Oh, What could possibly go wrong?
잘못 될 게 뭐가 있어?

01:00:31:06 Max   Now I think tonight might be the night I try to eat my dinner blindfolded.
오늘 저녁은 눈을 가리고//먹어볼래

01:00:36:20 Alex   But then you wouldn't know what you were eating.
뭘 먹는지 모르잖아//

01:00:38:22 Max   Oh yeah.
맞아

01:00:40:04 Alex   You should do it.
그럼 해봐

01:00:47:15 Max	Dad, give me the socks you're wearing and some butter. Go. 아빠, 신고 계신 양말하고//버터 좀 주세요 I don't need butter to eat socks. 양말 먹는데 버터가//왜 필요해?
01:00:51:18 Theresa	Good luck not being ashamed of all that, sweetie. 이런 거 너무//부끄러워 할 거 없어 Justin's new vampire friend is coming over for dinner tonight. 저스틴의 뱀파이어 여자친구가//저녁 먹으러 오는 거잖아 I still can't get used to saying that. (slight chuckle) 나도 익숙하지가 않아
01:01:00:15 Jerry	I can. (sing-song) Justin's got a girlfriend. 난 익숙해//저스틴의 여자친구는 A vampire girlfriend. Justin's got a girlfriend. Just ---(chuckles) 뱀파이어 여자친구래// -저스틴의 여자친구는
01:01:06:03 Justin	(overlaps) Dad! Look --- -아빠!
01:01:07:27 Jerry	I'm sorry. I'm just trying to get out all my inappropriate behavior before she gets here. 미안// 오기 전에 부적절한//행동을 미리 다 하는 거야 Hey! Ooh, who wants to see my appendix scar? 요즘 새로 난//흉터 볼 사람?
01:01:18:15 Justin	That's her. 줄리엣이다
01:01:19:14 Jerry	It's right... 그래
01:01:22:07 Justin	Dad, I'm not opening up that door until you put your shirt down! Good.

		아빠, 셔트 내리기 전엔//문 안 열어요
		됐어요
01:01:29:04	Justin	Okay. (clears throat)
		좋았어
01:01:34:14	Juliet	Hi, Justin
		안녕, 저스틴
01:01:34:14	Justin	(exhales) Hello, Juliet. Why, you're a vision of loveliness and enchantment.
		어서 와, 줄리엣
		넌 역시 사랑과//매혹의 화신이야
01:01:42:12	Juliet	Oh, you're so cute when you give me old-timely compliments.
		구식 칭찬을 하니까//더 귀여워 보인다
01:01:45:20	Justin	Well, you're vampire. Vampires are really old, right?
		넌 뱀파이어잖아//아주 오래 된 뱀파이어
		(slight chuckle) I mean, I mean, uh, uh, not-not-not that you're old or look old.
		네가 늙어 보인다는 건//절대 아니고!
		You look great for your age. Which would be...?
		나이만큼 보여//그런데 나이가...?
01:01:56:23	Juliet	(overlaps) Justin, I already told you I'm not telling you how old I am.
		내 나이는 비밀이라고//이미 말했잖아
		If I did you would freak out. Like Caesar did. Oh shoot.
		들으면 기절할거야//시저도 기절했거든
		젠장!
		(freak out : idiom - behave irrationally with fear)
		(shoot : used to express frustration)
01:02:04:29	Justin	(sing-song) I'm narrowing it down.
		대충 알 것 같은데//

01:02:06:24 Alex	(sing-song) Nobody cares.	
	무슨 상관이야	
01:02:10:23 Justin	(clears throat) You know my family.	
	우리 가족 알지?	
01:02:13:25 Juliet	Hi, guys.	
	안녕하셨어요?	
	Wow, it smells really great in here	
	정말 냄새 좋은데요?	
01:02:17:14 Theresa	Well, I've prepared a special meal in honor of our special guest.	
	특별손님을 위한//특별요리를 준비했단다	
	It's my special ten cheese enchilada surprise.	
	치즈를 10개 넣은//엔칠라다*!	
	*enchilada: rolled tortilla with filling	
01:02:30:11 Max	(exhales) The surprise is an eleventh cheese.	
	난 11개는 넣어야//맛있던데	
01:02:34:28 Juliet	Uh, eleven cheeses in one dish?	
	치즈를 11개나요?	
	Um, (exhales) I'm really sorry. Mr. and Mrs. Russo. I don't think I can eat that.	
	죄송하지만 전 그거//못 먹을 거 같아요	
	I probably should have mentioned this earlier,	
	진작 말씀드려야 했는데	
	but vampires are kind of health conscious.	
	뱀파이어들은 건강을//중요하게 생각하거든요	
01:02:47:24 Theresa	Juliet, you're right.	
	줄리엣, 옳은 말이야	
	This cheesy food could be considered unhealthy.	
	치즈가 들어간 건//건강에 안 좋지	
	And my family deserves better than that.	

	우리 가족도 당연히//건강이 중요해
01:02:59:04 Jerry	No, no, no!
	안돼!
01:03:01:14 Theresa	From now on, the Russo's will be eating much healthier.
	지금부터 루소 가족은//건강한 음식만 먹을 거야
	Isn't that right, Jerry?
	안 그래, 제리?
01:03:07:17 Alex	Get in there and fight for our cake.
	빨리 케이크나 건져요
01:03:08:29 Jerry	Right.
	맞아
	(to Theresa) Sure, honey. You know how I always support your unpredictable whims.
	당연하지! 우린 언제나//
	당신 변덕을 이해해
	(to Alex) Sorry.
	미안
01:03:20:04 Theresa	Thank you. Now throw that cake away!
	고마워//그 케이크도 버려
01:03:39:06 Justin	Wow! You've only been here for a few minutes and my family's already better off for knowing you.
	온지 얼마 안 됐는데//벌써 우리 가족이랑 친해졌네
01:03:44:06 Justin	You're incredible.
	넌 역시 대단해
01:03:45:08 Juliet	No, you are, Justin.
	네가 더 대단해//
01:03:46:27 Justin	No, you are.
	아냐, 너야
01:03:47:09 Juliet	(overlaps) No, you are. (chuckles)
	너라니까

01:03:48:06	Justin	(overlaps) (indistinct) Butterfly kiss!
		나비 키스!
01:03:53:16	Alex	Wow, well, uh, this just is great.
		정말 재미있다
		I'm going to go take out the trash.
		난 쓰레기나 버려야지
01:04:06:29	Jerry	I'm going to help her.
		나도 도와줄게

ACT ONE

Theresa   Thanks to Juliet, I have seen the error of our ways.
줄리엣 덕분에//우리 잘못을 되돌아봤어
We are throwing out all of this junk food and we're never looking back.
쓰레기 같은 음식들은//모두 다 버릴꺼야

Alex   Wait, Mom, you can't do that.
엄마, 그럼 안 돼요

Theresa   Of course I can, sweetie, I'm your mom. I can do whatever I want.
안 되긴 뭐가?//난 엄마니까 뭐든 할 수 있어

Alex   Well, then I'm out
그럼 전 빠질래요
I was this close to eating meals with you guys out of convenience.
그동안 같이 먹는게//편해서 같이 먹었는데
but you, Mother, just put a stop to that! So thank you for ruining our family!(cries)(laughs)
엄마 때문에 안 되겠어요//엄마 때문에 다 망쳤다고요
I'm just kidding.
농담이에요.

	Oh. But seriously, I'm not going to eat with you guys. That-It's just so good.
	어쨌든 이제 밥은//따로 먹을래요
Theresa	Hi, Juliet. Guess what's in this bag?
	줄리엣//여기 뭐 들었게?
	Nothing but junk food. I could smell it from a mile away.
	불량식품이죠//냄새만으로 다 알아요
	Vampire sense of smell.
	뱀파이어들은 예민하거든요
	Hey, um, is Justin around?(sniffs)
	저스틴 있어요?
	Oh he's upstairs.
	위층에 있군요
Harper	Look at you.
	요것 봐라
	Cloudy day so you're out without an umbrella.
	흐린 날이라 우산 없이//외출하셨네
Juliet	Excuse me?
	뭐라고?
Harper	I know you're a vampire.
	뱀파이어인 거 다 알아
	I'm Harper. And I just want to let you know that there are no hard feelings.
	난 하퍼야//너한테 유감은 없어
Juliet	No hard feelings about what?
	무슨 유감?
Harper	Oh Justin didn't tell you? (scoffs)
	저스틴이 말 안 해?
	That is just like him, trying to spare other people's feelings.
	역시 다른 사람 감정을//배려하는 사람이야

	He and I have had an on-and-off relationship for years.
	우린 오랫동안 만났다//헤어짐을 반복한 사이야
	We're off now, which is why you guys are on. So I'm cool.
	지금은 네가 나타나서//잠시 헤어진 것뿐이고
Juliet	Whoa, whoa! What's with the garlic? We were just having a conversation
	그 마늘은 뭐야?//우린 대화만 하는 거잖아
Harper	Oh, sorry. I just wasn't sure how this whole thing was going to go.
	미안해, 무슨 일이//생길지 몰라서 말야
Juliet	So you made a garlic necklace
	그래서 마늘 목걸이를//만들었구나

정리하기

1. 자막 번역 실습

   자막번역은 다음과 같은 순서로 하면 된다.

   ① 영문대본 확인
   - 화면내용과 빠짐없이 대사가 일치하는지
   - 처음부터 끝까지 대본이 다 있는지
   ② 영상물 확인
   - 화면이 끊어지거나 잘린 부분은 없는지
   - 소리는 선명한지
   - 타임코드는 있는지
   ③ 대사 스파팅 작업
   - 영문대사를 호흡에 맞게 끊어주는 작업
   - 두 사람의 짧은 대사는 묶어주기
   - 지도나 표지판, 메모, 편지, 화면 내 자막 등 점검
   ④ 스파팅 된 대본을 보며 자막 번역
   - 의역 및 오역에 유의
   - 대사길이에 유의
   - 글자 수 및 자막의 안배에 유의(2줄일 경우) *한 줄에 13자 내외/두 줄 이내
   ⑤ 번역된 대본을 보며 영상과 대조하며, 빠진 대사가 없는지, 상황에 맞게 번역이 되었는지를 점검한다.
   ⑥ 오자, 탈자, 맞춤법, 띄어쓰기 점검
   ⑦ 제출

2. 번역 사례

Juliet	Hi, guys.
	안녕하셨어요?
	Wow, it smells really great in here

정말 냄새 좋은데요?

Theresa　Well, I've prepared a special meal in honor of our special guest.
특별손님을 위한//특별요리를 준비했단다
It's my special ten cheese enchilada surprise.
치즈를 10개 넣은//엔칠라다*!
*enchilada: rolled tortilla with filling

Max　(exhales) The surprise is an eleventh cheese.
난 11개는 넣어야//맛있던데

Juliet　Uh, eleven cheeses in one dish?
치즈를 11개나요?
Um, (exhales) I'm really sorry. Mr. and Mrs. Russo. I don't think I can eat that.
죄송하지만 전 그거//못 먹을 거 같아요
I probably should have mentioned this earlier,
진작 말씀드려야 했는데
but vampires are kind of health conscious.
뱀파이어들은 건강을//중요하게 생각하거든요

평가하기

* 다음 대본을 자막번역으로 번역하시오.

1. Justin   (exhales) Hello, Juliet. Why, you're a vision of loveliness and enchantment.
   ▌모범 번역: 어서 와, 줄리엣. 넌 역시 사랑과//매혹의 화신이야.

2. Juliet   Oh, you're so cute when you give me old-timely compliments.
   ▌모범 번역: 구식 칭찬을 하니까//더 귀여워 보인다.

3. Justin   Well, you're vampire. Vampires are really old, right? (slight chuckle) I mean, I mean, uh, uh, not-not-not that you're old or look old. You look great for your age. Which would be...?
   ▌모범 번역: 넌 뱀파이어잖아//아주 오래 된 뱀파이어. 네가 늙어 보인다는 건//절대 아니고! 나이만큼 보여//그런데 나이가...?

4. Juliet   (overlaps) Justin, I already told you I'm not telling you how old I am. If I did you would freak out. Like Caesar did. Oh shoot.
   ▌모범 번역: 내 나이는 비밀이라고//이미 말했잖아. 들으면 기절할거야//시저도 기절했거든. 젠장!

5. Justin   I'm narrowing it down.
   ▌모범 번역: 대충 알 것 같은데

6. Alex   (sing-song) Nobody cares.
   ▌모범 번역: 무슨 상관이야

자막번역 실습 (2)

학습 내용

(1) Wizards of Waverly Place 자막 실습
(2) 영상 자막 주요 내용 정리

사전 평가

(1) 시간적/공간적 제약으로 인해 가독성을 높여 쉽게 이해되도록 한다. ▎정답: O
(2) 한글 자막 끝에 마침표는 절대 하지 않으며 느낌표와 물음표는 최대한 자제하여 사용한다. ▎정답: O
(3) 인물의 대사가 바로 이어질 때는 자막 앞에 줄표(-)를 표시한다. ▎정답: O
(4) 자막 한 줄에 15-20자 내외로 작성하며 두 줄까지 가능하다. ▎정답: X
(5) 인물의 이름, 지명, 간판명, 음식명 등은 가능한 원문의 발음대로 살려서 나타내준다. ▎정답: O

Theresa	So this is our new garden
	여기가 우리 새 정원이야
	where we'll be growing all sorts of exciting vegetables, including broccoli, which they say has near-magical qualities.
	마법의 효능이//넘친다는 브로컬리같은
	온갖 야채를 키울 거야
Jerry	It'll be magical if I can get it down without a warm cheese sauce.
	치즈 소스 안 치고//먹으면 더 맛있겠네
Max	Hmm, magical qualities, huh?
	마법의 효능?
Jerry	Did you say something, Max?
	뭐라고 했니, 맥스?

Max	Nope, didn't say a word. Hmm, magical qualities, huh?
	아무 말 안 했어요
Theresa	Let's just pretend we didn't hear it that time.
	그냥 못 들은 척 해요
Max	Don't let this garden go to waste. Give all this food a lot more taste
	정원을 망치지 말고//더 맛있는 걸 내려줘!
	Well, that was unexpected.
	이건 뜻밖인데?
Justin	Man, that Pilates class was great,
	필라테스 진짜 재미있다
	You know, I've never felt more-more physically or emotionally centered in all of my life.
	정신적, 육체적으로 이렇게//중심이 잡힌 건 처음이야
Theresa	Hey, Alex, would you like to join us? It would really help strengthen your core.
	알렉스, 너도 할래?//상체가 얼마나 튼튼해지는데
Alex	Oh, no thanks. I like my core loose and in front of the TV.
	아니, 난 상체에 힘을 빼고//TV 보는 게 더 좋아
Justin	Uh, Dad, aren't those shorts a little tight?
	아빠, 그 반바지//너무 끼는 거 아니에요?
Jerry	They're looser than I thought they'd be.
	생각보다 훨씬 덜 끼는데
Alex	Oh! Oh my gosh! What is going on?
	세상에! 왜들 이러세요?
Theresa	A total aerobic workout, that's what's going on.
	에어로빅 운동이지 뭐야
	The perfect complement to healthy eating.
	건강한 식생활을//보충해주는 운동이지
Alex	Uh, Dad, you're okay with this?
	아빠도 괜찮으세요?

Jerry	Yeah, of course. What's not to be okay with?
	그럼//안 괜찮을 게 뭐가 있니
	It's a great idea.
	멋진 생각이잖아
Theresa	Let's start stretching, Jerry.
	여보, 스트레칭부터 해
Jerry	Another great idea.
	역시 좋은 생각이야
Alex	I just-- Oh. Trying to ... Just--
	난 도무지...
	I give up eating with you people and now you're making it impossible for me
	같이 밥 먹는 것도//포기했는데
	to watch television in my own home?
	내 집에서 TV도 못 봐요?
	I just I'm so desperate I'm thinking about going to Harper's house.
	아무래도 하퍼네로//가야 할 것 같아요
	What are you doing?
	뭐 하는 거야?
Max	What? Nothing.
	아무 것도 아냐
	Why do you ask?
	왜 물어?
Alex	Because it looks like you're humming suspiciously to look casual.
	뭔가 숨기려는 기색이//역력하거든
Max	That's exactly what I was doing
	그건 맞아
Alex	Now let's see what you're really up to.
	뭐가 문제인지 빨리 말해
	Oh God.

	이런!
Theresa	Max, what did you do?
	맥스 어떻게 한 거야?
Max	Um, well, I - I just wanted to use magic to make the vegetables taste better
	야채 맛을 더 좋게 하려고//마법을 썼는데
	but I've made a giant pumpkin
	거인 호박이 나왔어요
	I'm going to live in it./First I need to care a door in side of it.
	제가 들어가서 살께요//우선 안쪽에 문부터// 만들고요
Alex	Max, That's a spoon.
	그건 스푼이잖아
Max	I know what its called.
	나도 뭔지는 알아

⟨sandwich shop⟩

Alucard	Alex Russo and friend. What a pleasant surprise
	알렉스와 친구!//정말 반가워
	What can I get for you?
	뭘로 줄까?
Alex	Your daughter out of my house.
	따님 좀 못 오게 해주세요
	She's made it impossible for me to eat anything unhealthy.
	건강에 나쁜 건 뭐든//못 먹게 만들었다고요
Cindy	You know, with all the time Juliet's been spending with your bother,
	줄리엣이 네 오빠랑//만나는 동안
	We could use an extra hand around here.
	우리도 사람이 필요해
	What would you say to a part-time job here at Nite Bite?

	이 식당에서 시간제로//일하지 않을래?
Alex	A job?
	일이요?
	Well, doesn't sound like something I'd do.
	전 별로 내키지 않네요
	But it would get me out of family exercise night.
	하지만 가족운동 시간에//빠질 구실은 되겠네요.
Cindy	Oh look at you. So clever and cunning.
	세상에!//너 정말 영리하구나
	Sometimes we wish Juliet had more of that.
	우리 줄리엣도//이런 면이 필요해
Alucard	Yes, in a lot of ways you're probably more like a vampire than she is.
	우리 딸보다 오히려//네가 더 뱀파이어 같다
Alex	Oh thank you
	감사합니다
Cindy	So it's settled. You'll both start working here immediately, huh?
	그럼 너희 둘 다//당장 일하는 거다?
Harper	Me, too? Yes!
	저도요? 좋아요
Cindy	You know, we find Juliet's health kicks rather irritating, too.
	줄리엣이 건강에 대해//지나치게 염려하긴 하지
Alex	Really? I thought all vampires were health conscious
	전 모든 뱀파이어가//다 그런 줄 알았어요
Alucard	No, it's mainly just the younger generation
	젊은 세대만 그래
	If you can believe it, they sometimes even try to get humans to eat better
	사람들이 더 잘 먹게// 만들어서
	so they'll have healthier blood to suck.
	더 건강한 피를//빨려는 거지

	They're very fanatical about it.
	아주 열심이라니까
Alex	What did you just say?
	방금 뭐라고 하셨어요?
Alucard	I said they're fanatical about it.
	아주 열심히 한댔지
Alex	No, before that.
	아뇨, 그 전에요
Alucard	I said it's mainly the younger generation
	젊은 세대들만 그런다고
Alex	Yes, but after that.
	네, 그 다음에요
Cindy	Oh I think she's talking about the past where you mentioned
	젊은이들이 맛있는//피를 빨아 먹으려고
	how younger vampires try to get humans healthier before drinking their delicious blood.
	사람들을 건강하게//만든다는 말이지
Alucard	Oh yes
	맞아
Alex	That's the one! Okay, um, well,
	네, 그거예요!
	you will excuse me just--
	실례 할게요
	Oh, you've got to be kidding me!
	이건 말도 안 돼!
Alucard	But her shift just started!
	이제 막 일 시작했는데?
Harper	I'll cover her shift.
	제가 대신 할게요.
	I knew how this was going to go. I just didn't think it would happen

so soon!
이럴 줄 알았지만//생각보다 너무 빠르네요

ACT TWO

Justin   Max. There's some mail here for you.
맥스. 편지 왔다

Max   Hold on
잠깐만

Max   This is my mail slot.
이게 우편함이야

Justin   Yeah, I get it.
알았어

Max   I hope you're not jealous that I moved out of the house before you did.
형보다 먼저 독립했다고//너무 질투하지 마

Tell Mommy and Daddy I said hi. Loser.
엄마 아빠한테//안부 전해줘, 멍청아

Justin   Okay. I'll tell them.
좋아, 전해 드리지

Mom, Dad, the kid living in the jack-o'-lantern thinks I'm the loser!
호박 집에 사는 애가//절 더러 멍청이래요!

Alex   Justin, uh, let's talk about Juliet.
저스틴//줄리엣 얘기 좀 해

Justin   Oh, isn't she the greatest? I could talk about her all day.
정말 괜찮은 애지?//종일 얘기해도 모자라

Alex   Yeah, uh, yes, she's cute and she's looking past your jungle toes and we're all real excited for you.
귀엽고 예쁘고//오빠가 좋아하는 건 아는데

but look, she wants to drink your blood.
오빠 피도 빨고 싶어 해

Justin   What are you talking about?

	무슨 소리야?
Alex	I got a job over at the Late Nite Bite and while I was there.
	그 식당에서 아르바이트//얘기하다가 들었는데
	I found out that young vampires like to feed on the healthiest human blood they can find.
	젊은 뱀파이어들이 건강한//사람 피를 찾아다닌데
Justin	I can't believe it. You got a job?
	말도 안 돼//네가 아르바이트를?
Alex	I know, it's weird, huh? I never thought that I would get -- No, stop!
	좀 이상하긴 하지?//나도 일을... 그만!
Alex	I think Juliet is trying to get you healthy so she can drink your blood.
	줄리엣이 오빠 피를 빨려고//건강을 강조하는 거야
Justin	Come on, Alex. Juliet's a vampire with a soul, so she has a conscience
	줄리엣은 영혼이 있는//뱀파이어라 양심적이야
	That's why she volunteers at blood banks on the weekends.
	주말마다 '블러드 뱅크'에서//자원봉사를 하지
Alex	Keep talking, you're almost there.
	계속 얘기해//거의 다 됐어
Justin	And I bet you think it's weird that she sometimes salivates uncontrollably around me when I wear v-neck T-shirts, too. On to sports.
	브이넥 티셔츠를 입으면//내 목 주변에 침을 묻히는 경우는 있지
Justin	Oh my gosh! My girlfriend's going to suck my blood!
	이런! 줄리엣이//내 피를 노리다니!
Alex	Well, look at that, you stuck the landing.
	드디어 눈치 챘네
Juliet	Justin!
	저스틴!
Justin	Juliet!
	줄리엣!

	Vampire speed. Forget about that.
	뱀파이어가 빠르다는 걸//잠깐 잊었어.
Juliet	Hey, why are you wearing a scarf? It's like seventy-five degrees out.
	스카프는 왜 하고 있어?//23도가 넘는 날씨에?
Justin	I'm not wearing a scarf.
	스카프 안 했어
	Oh, you mean this? Okay. I'm wearing a scarf.
	이거?//맞아, 스카프야
Juliet	Why are you acting so weird?
	오늘따라 왜 그래?
	You probably have heatstroke.
	일사병에 걸린 거구나
	Here, let's get that scarf off.
	스카프부터 벗자
	Hey, so guess what?
	이거 볼래?
	I woke up this evening and my fangs had come in. Look.
	저녁에 일어났더니//송곳니가 났더라고
Justin	Stay back!
	물러서!
	Keep your filthy fangs away from my perfect, succulent neck!
	내 튼튼한 목에//송곳니를 대기만 해봐
Juliet	Justin, what are you doing?
	저스틴, 왜 그래?
Justin	Trying to save my life.
	나도 살려고 그런다
	Alex told me you're trying to get me healthy just so you can drink my blood.
	알렉스는 네가 날 건강하게//만들어서 피를 빨려는 거래
Juliet	W-What? No, no, you're my boyfriend. I would never do anything like

	that.
	넌 내 남자친구인데//내가 왜 그러겠어?
Justin	I know, but Alex said that you're just try--
	알아, 하지만 알렉스가...
Juliet	Aren't you always saying your sister's always up to no good?
	넌 늘 알렉스가//귀찮다고 하더니
	Why would you believe her?
	그 애 말만 믿어?
Justin	It's a complicated relationship we have together.
	그렇게 간단한 문제가//아니란 말야
	I'm sorry. I should have known better than to listen to Alex.
	미안해, 무조건//알렉스 말을 듣는 게 아닌데
	Just because she's working for your parents, she thinks she's like some expert on vampires.
	너희 부모님하고 일하더니//뱀파이어 전문가가 됐어
Juliet	Wait, she's working for my parents?
	우리 부모님이랑 일해?
Justin	Yeah, she's over there right now with Harper.
	하퍼랑 둘이 거기서//아르바이트 해
Juliet	Oh my gosh. Okay, um, look, there's no easy way to say this so I'm just going to come right out with it.
	시간 없으니까 결론부터//빨리 말할게
Justin	Okay
	그래
Juliet	My parents might be planning to drink their blood.
	부모님이 개들 피를 빨 거야
Justin	I love you, too. I -- Oh.
	나도 너 사랑해... 뭐?
	You didn't say what I thought you were going to say.
	그건 내가 예상한 말이//전혀 아닌데?

Juliet	Uh, come on! Let's go tell your parents!	

Juliet　Uh, come on! Let's go tell your parents!
　　　　아무튼 빨리 너희//부모님께 알려야 돼
Justin　Mom, Dad! Juliet said she loved me.
　　　　엄마, 아빠!// 줄리엣이 날 사랑한대요
　　　　Well, she didn't, but I thought she was going to.
　　　　말은 안 했지만//금방 할 것 같아요
Juliet　Justin, blood drinking
　　　　피 빠는 얘기 해야지
Justin　And she didn't freak out when I said it.
　　　　내가 말했을 때//화내지도 않았고요
　　　　Thank you, Mom.
　　　　고마워요, 엄마
Juliet　Alex. Harper. Danger.
　　　　알렉스랑 하퍼가//위험하다는 거!
Justin　This is an important milestone in our relationship.
　　　　지금은 우리 관계에서//제일 중요한 시기야
Juliet　My parents are about to drink Alex and Harper's blood.
　　　　우리 부모님이 알렉스랑//하퍼의 피를 노려요
Theresa　What?
　　　　뭐라고?
Juliet　Thank you! Someone who understands danger.
　　　　위험한 걸 아시는 분이//계셔서 다행이에요
Justin　Okay, now that they know that, can we get back to talking about us?
　　　　이제 다 말씀드렸으니까//우리 얘기나 좀 해
Juliet　Gosh, we'll talk about it on the way. Come on.
　　　　가는 길에 해도 돼//빨리!

정리하기

1. 영상 자막 중요 전략
   ① 시간적/공간적 제약으로 인해 가독성을 높여 쉽게 이해되도록 한다.
   ② 한글 자막 끝에 마침표는 절대 하지 않으며 느낌표와 물음표는 최대한 자제하여 사용한다.
   ③ 인물의 대사가 바로 이어질 때는 자막 앞에 줄표(-)를 표시한다.
   ④ 자막 한 줄에 13-15자 내외로 작성하며 두 줄까지 가능하다.
   ⑤ 인물의 이름, 지명, 간판명, 음식명 등은 가능한 원문의 발음대로 살려서 나타내준다.
   ⑥ 자막 완성 후 영상을 보며 대사 스파팅이 제대로 잘 되었는지 검토한다.
   ⑦ 지나친 속어나 비어(碑語)의 사용을 주의한다.
   ⑧ 인물의 특징과 신분, 나이 등을 고려하여 화법의 스타일을 결정해둔다.
   ⑨ // 표시는 새로운 자막(화면)으로 들어간다는 표시이다.

2. 주요 표현 정리
   ① get it down = swallow something: ~을 삼키다.
   ② health kicks: 일시적 관심
   ③ I'll cover her shift.: 제가 대신 할게요 (shift-일하는 시간, 교대시간)
   ④ I get it.: 알겠어요.
   ⑤ Loser = social misfit: 사회 부적응자, 실패자
   ⑥ Jack-o'-lantern: 할로윈 축제에 사용되며 호박 안을 파내고 그 안에 조명 등을 넣어 만든 랜턴의 하나
   ⑦ jungle = "long"
   ⑧ looking past = ignoring something
   ⑨ come... with: "say"
   ⑩ You stuck the landing. (= figure it out : ~을 알아내다.)

* Waverly Place(a narrow street in the Greenwich Village section of New York City, in the borough of Manhattan)

평가하기

* 다음 영어원문을 자막 번역으로 완성하시오.

1. I give up eating with you people and now you're making it impossible for me to watch television in my own home?
just I'm so desperate I'm thinking about going to Harper's house.
   ▮ 모범 번역: 같이 밥 먹는 것도//포기했는데
   　　　　　　 내 집에서 TV도 못 봐요?
   　　　　　　 아무래도 하퍼네로//가야 할 것 같아요

2. If you can believe it, they sometimes even try to get humans to eat better so they'll have healthier blood to suck.
They're very fanatical about it.
   ▮ 모범 번역: 사람들이 더 잘 먹게//만들어서
   　　　　　　 더 건강한 피를//빨려는 거지
   　　　　　　 아주 열심이라니까

3. I think Juliet is trying to get you healthy so she can drink your blood.
Come on, Alex. Juliet's a vampire with a soul, so she has a conscience
That's why she volunteers at blood banks on the weekends.
   ▮ 모범 번역: 줄리엣이 오빠 피를 빨려고//건강을 강조하는 거야
   　　　　　　 줄리엣은 영혼이 있는//뱀파이어라 양심적이야
   　　　　　　 주말마다 '블러드 뱅크'에서//자원봉사를 하지

4. 다음의 영어 표현에 대한 의미를 설명하시오.
   ① get it down.　　　　　　　　▮ 정답: ~을 삼키다.
   ② health <u>kicks</u>　　　　　　　▮ 정답: 일시적 관심
   ③ I'll cover her <u>shift</u>.　　　　▮ 정답: 제가 대신 할게요.
   ④ I get it.　　　　　　　　　　▮ 정답: 알겠어요.
   ⑤ Loser = social misfit　　　　▮ 정답: 사회부적응자, 실패자

| 참고문헌 |

강수언. 1992. 『한국어와 영어의 비교연구』. 서울: 한신문화사
국립국어 연구원. 2007. 『표준국어대사전』. 2628.
김덕기 외. 2005. 『High School English』, (주) 금성출판사 교과서, 자습서.
김상옥. 1996. "영어와 한국어의 수동태에 대한 대조 연구", 박사학위논문, 서울: 건국대학교 영어영문학과
김의락. 2008. 『영어와 번역』. 서울: 도서출판 동인.
김정우. 1995. 『영어를 우리말처럼 우리말을 영어처럼: 이론 편』. 서울: 창문사.
_____. 2006. 『영어번역 ATOZ』. 서울: 동양문고
김종록. 1999. 『한국언어문화론』. 대구: 영한문화사.
김형옥 외 2인. 1999. 『영화번역 이야기』. 서울: 신론사
김효중. 1998. 『번역학』. 대우학술총서 서울: 민음사
_____. 2004. 『새로운 번역을 위한 패러다임』. 서울: 푸른 사상사.
남기심, 고영근. 2008. 『표준국어문법론』(개정판). 서울: 탑 출판사.
두산동아. 2007. 『연세 한국어사전』. 833.
문용. 1999. 『한국어의 발상·영어의 발상』. 서울: 서울대학교출판부.
박갑수 편저. 1984. 『국어문체론』. 서울: 대한교과서(주).

박영목. 1994.「영문번역문체의 생성요인과 그 양상」. 박갑수 편.『국어문체론』. 서울: 대한교과서 주식회사.

박용삼. 2003.『번역학 역사와 이론』. 서울: 숭실대학교

서계인. 2004.『실전영어번역의 기술』. 서울: 북라인.

서정수. 1994.『국어문법』. 서울: 뿌리깊은 나무.

_____. 1996.『국어문법』. 수정증보판. 서울: 한양대학교 출판원.

신성철, 박의재. 1987.『영어교수법』. 서울: 한신문화사

_____. 1996.『영미문화의 이해』. 대전: 문경출판사

안정효. 1996.『번역의 테크닉』. 서울: 현암사.

양정석. 1995.『국어 동사의 의미분석과 연결이론』. 서울: 박이정출판사.

영미문학연구회 번역평가사업단. 2005.『영미명작, 좋은 번역을 찾아서 1』. 서울: 창비

영미문학연구회 번역평가사업단. 2007.『영미명작, 좋은 번역을 찾아서 2』. 서울: 창비

유영난. 1991.『번역이란 무엇인가』. 서울: 태학사

이상원. 2006.「최근의 번역비평서적에서 나타난 번역평가규범 분석」.『국제회의 통역과 번역』, 8(1), 123-141.

이석규 허재영 등 저 2002.『우리말답게 번역하기』. 서울: 도서출판 역락.

이영옥 2000.「한국어와 영어간 구조의 차이에 따른 번역의 문제」.『번역학 연구』1:2, 47-76. 한국번역학회

이은숙. 2007.「해석이론과 등가에 관한 연구」.『번역학 연구』8(1), 245-261.

_____. 2008.「문학번역평가의 문제: 충실성과 가독성을 중심으로」.『통역과 번역』10(2), 83-103.

_____. 2008.「문화적 차이에 따른 한·영 언어비교연구: 경어법을 중심으로」.『언어학 연구』Vol 13, 127-154.

이은숙. 2008. "영어수동구문의 한국어번역 연구", 박사학위논문. 서울: 고려대학교 대학원.

_____. 2009.『번역의 이해』. 서울: 도서출판 동인.

이익섭 외 2인. 1997.『한국의 언어』. 서울: 신구문화사.

이현석. 2006. "문화와 언어표현의 차이에 기초한 영한번역의 방법론 연구", 박사학위논문. 서울: 세종대학교 영어영문학과.

임지룡. 1993.『국어의미론』. 서울: 탑출판사.

장정희, 조애리. 2002.「샬롯 브론테의 제인 에어 번역본 점검」.『안과 밖』14, 140-165.

전성기. 2002.『의미번역 문법』. 서울: 고려대 출판부.

전성기 역. 2001.『번역의 오늘』서울: 고려대학교 출판부(Marianne Lederer. 1994. La traduction aujourd' hui. Paris: Hachette-livre).

_____. 2003.『불어와 영어의 비교문체론』. 서울: 고려대학교출판부. (Vinay, Jean-Paul과 Jean Darbelnet. 1958. Stylistique comparé du français et l'anglais. Paris: Didier)

전정례. 1999.『언어와 문화』. 서울: 도서출판 박이정.

정호정. 2001.「공손어법의 언어문화특수성과 번역」.『한국외대 논문집』5, 169-192.

_____. 2008.『제대로 된 통역 번역의 이해』서울: 한국문화사.

최윤희. 1998.『문화간 커뮤니케이션과 국제협상』. 서울: 커뮤니케이션 북스..

최정화. 2001.『통역 번역 노하우』. 넥서스.

최현욱. 1991.『영어교육을 위한 한미문화의 비교, 영어교육의 실제』. 서울: 한국문화사.

Anzilotti, Gloria I. 1983. Four English/Italian Stories Lake Bluff: Jupiter Press.

Baker, M. 1992. *In other words*. London & New York: Routledge.

Baker, M. 1998. *Routledge encyclopedia of translation studies*, London & New York: Routledge

Bassnet, S. 1980/1991. *Translation Studies*, London & New York: Routledge.

Bassnett-Mcguire, Susan. 1988. *Translation Studies*. London: Routledge.

Bolinger, D. 1977. *Meaning and Form*, New York/London: Longman.

Bronte, Emily. 1972. *Wuthering Heights*. New York: W·W·Norton & Company.

Brooks, N. 1964. *Language and Language Learning*. New York: Harcourt brace and World, Inc.

Catford, J. C. 1965. *A linguistic Theory of Translation*. London: Oxford UP.

Catford, J. C. 1974. *A linguistic Theory of Translation*. London: Oxford UP.

Chesterman, Andrew. 1998. *Translation in Context*. Ed. Amsterdam: John Benjamins.

Farghal, M. 1992. Ideational equivalence in translation. In De Beugrande, R., Shunnag, A. and Heliel, M. H., *Language, discourse and translation* pp. 55-62. Amsterdam/philadelphia: John Benjamins.

Granger, S. 1983. *The BE+PAST PARTICLE Construction in Spoken English*. North-Holland: Elsevier Science Pubs. B. V.

Grice, H. 1975. Logic and Conversation. In A. Martinich (Ed) 1993. *The Philosophy of Language*. Oxford: Oxford Univ. Press.

Gutt, Ernst-August. 2000. *Translation and Relevance: Cognition and Context*. Manchester: St. Jerome.

Hatim, B. 2001. *Teaching and researching translation*. Harlow & New York: Longman.

Hawkins, J. 1985. *The Unity of English-German Contrast*. London: Croom Helm.

Hervey, S. 1998. Speech Acts and Illocutionary function in Translation Methodlogy. In L. Hickey (Ed). *The Pragmatics of Translation*. Clevedon: Multilingual Matters Ltd.

Holmes, James S. 1972. "The Name of Nature of Translation Studies", in Lawrence Venuti (ed.). 2000. *The Translation Studies Reader*, London and New York: Routledge. 175-182.

Hurtado-Albir, A. 1990. *La Notion de Fidélité en Traduction*. Didier Erudition.

Jakobson, Roman. 1959. On Linguistic Aspects of Translation, in Reuben Brower (ed.). *On Translation*. Cambridge: HUP, 232-239.

Katan, D. 1999. *Translating Cultures: An Introduction for Translators, Interpreters and Mediators*. Manchester, UK: St. Jerome.

Kim, Kenny. 2006. *Enjoy CNN News English*. 서울: 종합 출판.

Ladmiral, J. R. 2004. La traduction entre en philosophie, *La traduction entre philosophie et littérature*, A. Lavieri(éd.). L'Harmattan Italia, 24-65.

Lawendowski, B. P. 1978. On Semiotic Aspects of Translation, In Thomas A. Sebeok. (ed.). *Sight, Sound and sense*. Bloomington: Indiana University Press. 264-282.

Levý, J. 1967. Translation as a decision process. In *To honor Roman Jakobson: Essays on the occasion of his 70th birthday*, 2 pp.1171-1182. The Hague.

Munday, J. 2001. *Introducing Translation Studies-theories & applications*. London: Routledge.

Neubert, A. & Shreve, G. 1992. *Translation as Text*. Kent: Kent state University.

Newmark, Peter. 1980. *Approaches to Translation*. Oxford, Pergamon.

Newmark, Peter. 1988. *A Textbook of Translation*. N.Y: Prentice Hall

Newmark, Peter. 1991. *About Translation*. Clevedon: Multilingual Matters LTD.

Nida, E. A. 1964. *Toward a Science of Translating*. Leiden: E. J. Brill.

Nida, E. A. & C. R. Taber. 1982. *The Theory and Practice of Translation.* Leiden: E. J. Brill.

Niranjana, T. 1992. *Siting Translation: History, post-structuralism, and the colonial context,* Oxford, England: University of California Press.

Nord, C. 1997. *Translation as a purposeful activity. Functionalist Approachers explained.* Manchester: St. Jerome.

Nord, C. 1991. *Text Analysis in Translation.* Amsterdam: Rodolpi.

Reiss, K. 2000. *Translation criticism: The Potentials and Limitations: Categories and criteria for translation quality assessment.* (Trans. by E. F. Rhodes). Manchester: St. Jerome.

Rivers, W. M. 1981. *Teaching Foreign-Language Skills* (2nd ed.). Chicago: The University of Chicago Press.

Sager, Juan C. 1993. *Language Engineering and translation: Consequences of Automation,* Amsterdam & Philadelphia: Benjamins.

Sapir, E. 1921. *Language.* NewYork : Harcourt Brace.

Sapir, E. 1949. *Culture, Language, and Personality.* Berkely: University of California Press.

Schleiermacher. F. 1813. "Über die verschiedenen Methoden des Übersetzung", in Störig (ed). 1963, 38-70; trans. By Andre Lefevere (1977) as "On the Different Methods of Translating" in *Translating Literature,* 67-89.

Seleskovitch, D., & Lederer, M. 1998. *Approaches to Interpretation.*

Seleskovitch, D. 1967. *Interpreting for international conference: Problems of language and communication.* Paris: Didier-Eruditio.

Shuttleworth & Cowie. 1997. *Dictionary of Translation Studies,* Manchester: St. Jerome.

Snell-Hornby, M. 1988. *Translation as Intercultural Communication.*

Prague: John Benjamins Publishing Company.
Snell-Hornby, M. 1995. *Translation Studies. An Integrated Approach.* Amsterdam & Philadelphia: John Benjamins.
Stubbs, Michael. 1983. *Discourse Analysis: The Sociolinguistic Analysis.* Oxford: Basil Blackwell Ting-Toomey, S. 1992. Cross-Cultural Face-Negotiation: An Analytical Overview.
Toury, G. 1995. *Descriptive Translation Studies and beyond.* Amsterdam: John Benjamins Publishing Company.
Venuti, Lawrence. 1995. *The Translator's Invisibility.* London: Routledge.
Venuti, Lawrence. 1998. *The Scandals of Translation: Towards on Ethics of Difference.* London: Rourledge.
Watts, R. et al. (Eds.) 1992. *Politeness in Language: Studies in Its History, Theory, and Practice.* Trends in Linguistics: Studies and Monographs 59. New York: Mouton de Gruyter.

참고사이트
국립국어연구원 http://www.korean.go.kr/08_new/index.jsp.
네이버 무비 http://www.naver.com/movie/
드림웍스 http://www.dreamworks.com
영상물등급위원회 http://www.kmrb.or.kr/
영상번역자료 http://www.diskstory.com
영화진흥위원회 http://www.kofic.or.kr/
한국영상자료원 http://www.koreafilm.or.kr/
META http://www.erudit.org/
Translation Journal http://www.accurapid.com/journal/
www.fta.go.kr, Chapter Eighteen-Intellectual Property Rights.

사례분석 텍스트

공경희 옮김. 2001. 『호밀밭의 파수꾼』. 샐린저 제롬. 서울: 민음사.
김병익 역. 1977. 『로빈슨 크루소』. 서울: 문학세계사.
김욱동 역. 2003. 『위대한 개츠비』. 서울: 민음사.
김의승 역. 2003. 『위대한 개츠비』. 서울: 뜻이 있는 사람들.
김종길 옮김. 1994. 『폭풍의 언덕』. 브론테, 에밀리. 서울: 계몽사.
김진욱 역. 1986. 『갈매기의 꿈』. 서울: 범우사.
김혜리 역. 2001. 『로빈슨 크루소』. 서울: 청목사.
류경희 역. 2003. 『걸리버 여행기』. 서울: 미래사.
박영의 역. 2001. 『로빈슨 크루소』. 서울: 혜원 출판사.
박정미 역. 2001. 『걸리버 여행기』. 서울: 청목사.
박혜령 역. 1993. 『로빈슨 크루소』 서울: 홍신 문화사.
서현봉 엮음. 1993. 『재미있는 유우머 영어이야기』. 서울: 박우사.
시사영어사 편집국 역. 1987. 『진주』. 서울: (주)시사영어사.
시사영어사 편집국 역. 1987. 『인간의 굴레』 서울: (주)시사영어사.
유명숙 옮김. 1998. 『폭풍의 언덕』. 브론테, 에밀리. 서울: 서울대학교출판부.
유종호 역. 2006. 『제인 에어』. 서울: 민음사.
염홍기 저. 1995. 『종합무역영어』. 서울: 학문사.
영어교육연구원 편. 1991. 『유우머 영어』. 서울: 삼문당.
이덕형 옮김. 1998. 『호밀밭의 파수꾼』. 샐린저, 제롬. 서울: 문예출판사.
이성호 역. 1974. 『진주』. 서울: 혜원출판사.
인병선 옮김. 2000. 『폭풍의 언덕』. 브론테, 에밀리. 서울: 청목사
임금선 역 2004. 『제인 에어』. 서울: 혜원출판사.
정종국. 1992. 『재미있는 영어이야기: 이솝우화』. 서울: 박우사
정홍택 역. 2000. 『오만과 편견』. 서울: 소담출판사.
장민영 역. 2000. 『위대한 개츠비』. 서울: 청목사.
Bronte, Emily. 1972. *Wuthering Heights*. New York: W · W · Norton &

Company.

Brontë. Charlotte. 1971. *Jane Eyre*. Norton Critical Edition.

Fitzgerald, F. Scott. 1969. *The Great Gatsby*. London: Penguin Books.

John Steinbeck. 2000. *The Pearl*. Penguin Books.

Salinger, J. D. 1983. *The Catcher in the Rye*. Seoul: Tamgu-Dang.

Swift, Jonathan. 1994. *Gulliver's Travels*. Seoul: YBM Si-Sa.

W. Somerset Maugham. 1992. *Of Human Bondage*. Penguin Books.

영어교육 전문 잡지

YBM시사영어사. 1995~1997. 『The English World 영어세계』

YBM시사영어사. 1995. (2,7,10,11호) 『World News 영어청취』

| 찾아보기 |

■ 용어명

SL(Source Language) … 13
ST(Source Text) … 13, 115, 194
TL(Target Language) … 13
TT(Target Text) … 13, 115, 194

<ㄱ>

가독성(readability) … 13, 77, 85, 88, 92
가독성의 개념(concept of readability) … 92, 99
간접번역(indirect translation) … 68
객관성(objectivity) … 195
격조사(case postposition) … 143
관계대명사(relative pronoun) … 159
관형화 내포문(prenominal clause) … 157, 158
교호성(맞바꾸기, reversibility) … 161
구격 조사(implemental postposition) … 147

구어 커뮤니케이션(oral communication) … 28
국제회의 통역사 협회(AIIC) … 48
기능적 등가(functional equivalence) … 33
기능주의(functionalism) … 78, 85
기술번역 이론(descriptive translation theory) … 22
기술적 접근법(descriptive approach to Translation Studies, DTS) … 22
기호간 번역(intersemiotic translation) … 10

<ㄴ>

낮은 맥락(저맥락)(low context) … 58
낯선 독서 경험(alien reading experience) … 77
낯설게 하기(alienating) … 76, 85, 91, 98, 100
내포문(implicated clause) … 153
내포적 등가(connotative equivalence) … 32, 37
높은 맥락(고맥락)(high context) … 58
능동문(active voice) … 193, 195

<ㄷ>

단수/복수(singular/plural) … 136, 148
단형 수동문(passive voice without by +agent) … 116, 117
담론적 행위(discoursive activity) … 20, 26, 27
대명사(pronoun) … 127, 136
대명사화(pronominalization) … 127, 136
대응(correspondence) … 20, 31, 45, 102, 106~109, 112, 125
대응어(correspondent) … 20
대칭성(symmetry) … 161
더빙번역(dubbed translation) … 273, 286

도착어(target language) … 93
도착 텍스트(target text) … 24
동일 주어 삭제 규칙(The rule of same subject elimination) … 141
등가(equivalence) … 11, 13, 14, 17, 19, 20, 25, 26, 31~33, 37, 38, 43, 58, 69~72, 74, 78, 86, 91
등가번역(equivalent translation) … 30
등가적 효과의 원리(the principle of equivalent effect) … 71, 74

< ㄹ >

랑그(langue) … 31

< ㅁ >

맥락(context) … 45, 58, 101, 104, 106, 125, 126, 248, 263~266, 269
명사의 동사전환(verbal shift of noun) … 206, 211
명사의 형용사 전환(adjective shift of noun) … 207
명시적 정보(explict information) … 43
모사(calque) … 67
목적격 조사(objective postposition) … 144
목표언어(target language) … 17, 42, 43, 50, 64, 65, 70, 78, 86
목표언어텍스트(target language text) … 50
목표텍스트(target text) … 31, 76
무생물 주어(inanimate subject) … 183, 184, 186
묵시적 정보(implicit information) … 43
문맥어(contextual word) … 20
문맥적 등가표현(contextual equivalent) … 20
문어 커뮤니케이션(written communication) … 28
문어텍스트(written text) … 273, 286

문학번역(literary translation) … 42, 46, 51, 125

문학적 능력(literary capacity) … 42

문학적 층위(literary level) … 44

문화매개(cultural mediation) … 53

문화비유(cultural metaphor) … 62

문화소(cultureme)번역 … 40, 50

문화어휘(cultural word) … 53, 62

문화적 배경지식(cultural background knowledge) … 55

문화적 요소(cultural baggage) … 53

문화중개(cultural mediation) … 50

문화중재자(culture mediator) … 54, 58

<ㅂ>

바꾸어 말하기(paraphrase) … 122

번안(adaptation) … 64, 70

번역(translation) … 18~22, 26, 33, 35, 38, 39, 43~46, 51, 53~57, 62~74, 77~81, 86, 88, 89~96, 98, 100, 102~105, 107, 113, 117, 118, 125, 130, 248~257, 261~264, 266~268, 271, 274, 275, 277~283, 290~295, 297

번역가(master of translation) … 13, 44, 80, 81, 249, 250, 252, 261, 265~267, 269, 271

번역가의 개입(intervention of a translator) … 250, 265

번역가의 권리(right of a translator) … 49

번역가 헌장(translators charter) … 49

번역규범(translation norms) … 23

번역사(translator) … 13, 18, 20, 22, 26, 40, 42, 43, 45, 46, 51, 59, 65, 69, 73, 77, 80, 87, 88, 91, 93, 98, 99

번역사의 불가시성(invisibility of a translator) … 77

번역사의 역할(role of a translator) … 50

번역사의 인식(cognition of a translator) … 42
번역사의 창의력(creativity of a translator) … 44
번역상황(translation situation) … 46, 51
번역위임사항(translation brief) … 80
번역의 목적(translation purpose/skopos) … 66, 78, 85, 90, 98
번역이론(translation theory) … 22, 70, 78, 81, 86, 88
번역자(person who translates) … 13, 43, 54, 57, 69, 77, 88, 91~93, 98, 99, 100, 254, 261, 263
번역전략(translation strategy) … 66, 76, 81, 85, 91, 93, 100
번역투(translationese) … 124, 131, 261, 263, 269, 278
번역평가(translation assessment) … 247, 256
번역학(Translation Studies) … 21, 22, 78, 79, 81, 86
번역학 지도(Translation Studies map) … 22
번역행위(act of translating) … 20, 26, 27, 33, 39, 78, 86, 88
변조(modulation) … 69, 74
보문(complementary clause) … 153
보문화(complementation) … 153
보이스-오버(voice-over) … 273, 286
비유적 표현(figure of speech) … 53, 55, 57
비인칭 주어(impersonal subject) … 186

<ㅅ>

사회문화적 맥락(socio-cultural context) … 45
세계번역사연맹(FIT) … 47
소통중심번역(communicative translation) … 64~66, 90, 98
수(number) … 133, 148
수동문(passive voice) … 193, 194, 200
수동언어(passive language) … 41

수량사(quantifier) … 151
수신자중심의 접근법(receiver-centered approach) … 71
쉼표(,)(comma) … 167
스코포스(skopos) … 33, 38, 78
스코포스 이론(skopos theory) … 78, 80

<ㅇ>

어휘의 적절성(vocabulary suitability) … 173
언어 유희(word play) … 23
언어간(interlingual) 번역 … 10
언어내부적(intralingual) 번역 … 10
언어장벽(linguistic barrier) … 50
언어적 층위(linguistic level) … 65, 73
언어적 치환(linguistic transposition) … 19
여격 조사(dative postposition) … 147
역동적 등가(dynamic equivalence) … 18, 37, 70, 71, 74
영(零)의 등가(nil equivalence) … 32
영상 자막(subtitling) … 330
영상번역(translation of audio-visual texts) … 273~275, 280, 281, 286, 301
영어 수동문(English passive voice) … 103, 106,~108, 111, 117, 124, 126
오역(an error in translation) … 46, 51, 57, 90, 91, 98, 248, 252, 257, 263, 265, 269, 294, 306, 316
외연적 등가(denotative equivalence) … 32, 37
원문텍스트(source text) … 31, 50, 76
원천언어/원문언어(source language) … 42, 64, 65, 73, 78, 86
은유(metaphor) … 42, 43, 72
음차(音借)번역 … 65, 73, 89
응용번역학(applied Translation Studies) … 22, 23

의미론적 번역(semantic translation) … 66
의미상의 등가(semantic equivalence) … 17, 25, 65, 72, 72
의미의 재현(semantic replication) … 20, 25, 27, 252
의미이론(sense theory) … 20, 26
의미중심번역(semantic translation) … 64, 66
의역(free translation) … 13, 65, 66, 88, 89, 249, 281, 291, 292, 294, 306, 316
이국화 번역(foreignizing translation) … 76, 77, 85
이중 문화자(inter-cultural person) … 58
인지적 보완소(cognitive complements) … 29
인칭대명사(personal pronoun) … 180, 186
일대다 등가(one-to-many equivalence) … 32
일대부분 등가(one-to-part of one-equivalence) … 32
일대일 등가(one-to-one equivalence) … 32
잉여성(redundancy) … 171

<ㅈ>

자국화 번역(domesticating translation) … 76, 77, 85
자막번역(subtitle translation) … 274, 280, 305, 306, 316
자유번역(free translation) … 64, 65, 73
장형 수동문(passive voice including by +agent) … 117
재제작 과정(process of reproduction) … 275
적절성(appropriateness) … 92, 99
접속문(conjunctional clause) … 159
정보의 흐름(information flow) … 33, 38
정확성(accuracy) … 66, 71, 90~92, 98~100, 115, 117, 125, 195
주격 조사(subjective postposition) … 143
주석번역(gloss translation) … 71
주제-서술구조(theme-rheme structure) … 106

줄표(-)(dash) ⋯ 166, 177
직역(literal translation) ⋯ 13, 64, 67
직접번역(direct translation) ⋯ 66, 68
질적 등가(quality equivalence) ⋯ 43

<ㅊ>

차용(borrowing) ⋯ 66, 67
처소(장소)격 조사(locative postposition) ⋯ 145
총체적 의사소통(aggregate communication) ⋯ 20, 26
출발어(source language) ⋯ 57
충실성(fidelity) ⋯ 13, 88, 98
충실한 번역(fidelity translation) ⋯ 64, 88~90, 98, 263
치환(transposition) ⋯ 68, 73, 248, 260
친숙하게 하기(naturalizing) ⋯ 76, 85, 91, 92, 99

<ㅋ>

커뮤니케이션(communication) ⋯ 9, 11~14, 16, 28~30, 37, 39, 47, 52, 58, 80, 81, 87, 89
커뮤니케이션 실패(communication failure) ⋯ 29
커뮤니케이션 효과(communicative effect) ⋯ 29, 37
커뮤니케이션 성공(communication success) ⋯ 29, 37, 40, 50
콜론(:)(colon) ⋯ 169, 177
크레딧(credit) ⋯ 297, 301

<ㅌ>

타지화(foreignization) ⋯ 91, 93, 100
텍스트 규범적 등가(text-normative equivalence) ⋯ 33, 37

텍스트적 등가(textual equivalence) … 38
통사(syntax) … 153
통사론적 측면(an aspect of syntax) … 94

<ㅍ>

표현중심텍스트(expressive text) … 65, 73
품사전환(part of speech shift) … 136

<ㅎ>

한국번역가협회(Korean Society of Translators) … 48
해석이론(Interpretive Theory of Translation) … 89
행위자 생략(ellipsis of agent) … 111
현지화(domestication) … 93
형식적 대응(formal correspondence) … 31, 70
형식적 등가(formal equivalence) … 71
형태적 등가(formal equivalence) … 33, 38
화용적 등가(pragmatic equivalence) … 33, 37
화용적 의미(pragmatic meaning) … 107, 111
효과중심 텍스트(operative text type) … 33, 79

■ 인명

강수언 … 108
김상옥 … 109
김효중 … 89
신성철 … 45
안정효 … 103
이석규 … 56
이영옥 … 102, 112
이은숙 … 102, 102, 105, 110, 111, 194
전성기 … 68, 335
정호정 … 20, 74, 273, 286
최윤희 … 57, 58
최청자 … 55, 63
최현욱 … 45

Anzilotti … 25
Baker … 31, 33, 36, 38
Bolinger … 110
Catford … 19, 25, 27, 31, 37
Darbelnet … 66, 73
Delisle … 20, 21, 25, 27, 31, 37, 54
Etienne Dolet … 10
Gloria Anzilotti … 19
Gogol … 19, 25
Granger … 115, 116, 125
Gutt … 30, 91
Hall … 58, 94

Hans Vermeer … 78, 86
Holmes … 21, 22
Hurtado-Albir … 89
Juhel … 88, 89
Katharina Reiss … 78, 86
Kelly … 88
Köller … 31, 32, 36, 37
Lado … 45
Lawendowsky … 20, 25
Newmark … 64, 66, 73, 89, 90, 98, 118
Nida … 27, 31, 37, 70, 71, 74
Nida의 번역론 … 18
Niranjana … 19, 25, 27
Nord … 20, 43, 50, 80
Reiss … 79
Rydning … 42
Sager … 20
Sapir … 45
Schleiermacher … 76, 85, 91
Seleskovitch … 20, 25, 47
Shuttleworth & Cowie … 274
Snell-Hornby … 81
Toury … 21~23
Venuti … 76, 93, 100
Vermeer … 78, 80
Vinay … 66, 73